Les miroirs truqués

FRANÇOISE DORIN

Françoise Dorin

Les miroirs truqués

Éditions J'ai lu

Pour Sylvie

1

Il est 8 heures d'un matin frisquet de novembre et
Me Adrien Theix, du barreau de Paris, à travers ses
lunettes de myope, observe sans aménité dans la
glace de sa salle de bains ses joues à peine ombrées
de poils naissants, puis y étale sa crème à raser d'un
doigt agacé.

Agacé ?

Oui. Voici pourquoi : si Adrien n'a jamais tâté de
joue d'homme, en dehors de la sienne, à 8 heures du
matin – ni à n'importe quelle autre heure de la
journée d'ailleurs –, en revanche, il lui est arrivé
d'en voir, au régiment ou en vacances. Il a donc pu
constater que ces joues-là révélaient en général un
système pileux plus fourni que le sien. Or, hier soir,
il a affirmé à une de ces « Marie-reposantes » : « Je
n'ai jamais vu une barbe comme la mienne, qui
pousse aussi vite et aussi dru. »

La fille a ri – même pas bêtement – et répondu :
« Tous les hommes disent la même chose. Une
Dalila quelconque leur a susurré un jour dans
l'oreille que c'était un signe de virilité, alors, depuis,
c'est à celui de ces messieurs qui aura la barbe la
plus hirsute, la plus véloce et la plus rebelle. »

Adrien a protesté de sa bonne foi. Elle a ri de
nouveau – toujours pas bêtement – et lancé par-

dessus son épaule : « Comme les autres, mon bon-homme, comme les autres. »

Ça l'a prodigieusement agacé. Comment pouvait-on l'assimiler aux autres, ceux qui trichent, qui truquent, qui rognent ou surchargent la vérité, lui qui ne l'aimait que sortant de son puits, toute nue, toute crue?

Ça l'agace encore ce matin au bout de son doigt qui glisse sur sa joue si peu râpeuse.

Ça l'agace jusqu'à ce que, spectateur de lui-même à chaque seconde, il juge qu'il exagère un peu son agacement et qu'il décide de tourner le dos à la glace et, par la même occasion, à sa bien légère vantardise de la veille. Allez! Hier, c'est terminé. Aujourd'hui est là. Me Theix regarde dans son agenda ce qu'il lui réserve. Peu de rendez-vous en ce vendredi de la Toussaint : un déjeuner avec Courtin, son plus zélé collaborateur, pour l'étude de plusieurs dossiers en instance. Quelques rendez-vous, et puis un dîner, ce soir, avec une « Marie-Monsieur », une exquise consœur dont le seul tort est de se prendre parfois pour un confrère. En somme, un vendredi plutôt plaisant en perspective, suivi d'un week-end, ma foi, plein de promesses. La vie est belle. Qu'elle entre! Me Theix ouvre la porte de sa chambre et hurle dans son entrée avec la puissance de Tarzan dans la jungle :

– Kifétout!

Kifétout est le nom dont l'avocat a baptisé la personne qui se charge chez lui de tous les soucis et des soins ménagers.

Les agences de placement proposent des « employées de maison qualifiées ».

Molière donne à Harpagon un factotum.

Proust avait une gouvernante.

Les gens pas au courant ont une bonne à tout faire.

Les plus évolués ont une « dame qui les aide ».

Me Theix, lui, a une madame qui fait tout, deve-nue par simplification Kifétout.

L'intéressée se montre ravie de cette appellation. De quoi, d'ailleurs, ne serait-elle pas ravie, qui vient de son vénéré patron? Il l'a engagée – plutôt recueillie – il y a dix-sept ans, alors que, pas encore majeure et enceinte de quatre mois, elle venait d'être chassée du domicile familial par son père – un cafetier dont la morale était moins vacillante que la démarche – sous le regard terrorisé de sa mère, une Martiniquaise sans madras et sans soleil, à qui elle doit sa grâce naturelle. Me Theix lui a permis de mettre au monde, puis d'élever convena-blement la petite fille qui lui est née et qui vient d'entrer brillamment en terminale. Il l'a souvent guidée, conseillée, voire consolée. Mais, quand quel-qu'un s'avise de l'en féliciter et de lui dire : « Vous agissez vraiment comme un père avec elle », il répond avec cette lucidité qui lui est chère : « Fou-taise! Ma fille ne cirerait pas mes godasses! »

N'empêche qu'il l'aime bien. Un peu, c'est certain, parce qu'elle facilite au maximum sa vie de céliba-taire-qui-ne-veut-même-pas-savoir-comment-on-cuit-un-œuf. Un peu aussi parce qu'elle sait user, sans abuser, du non-conformisme qui préside à leurs relations et qui satisfait pleinement le « fils de l'épicier » qu'il ne cessera jamais complètement d'être. Surtout, il l'aime bien parce qu'elle est incapable de dissimuler un sentiment qu'elle res-sent ou d'en simuler un qu'elle ne ressent pas. Qu'elle ait l'humeur au beau fixe, à la pluie, à l'orage ou à la tempête, on est renseigné tout de suite. Ce matin, le baromètre de son visage indique très nettement une tendance aux nuages. Tendance confirmée d'abord par l'odeur de tabac qui traîne dans son sillage, alors qu'elle a cessé de fumer il y a un mois en même temps qu'Adrien, ensuite par la voix d'outre-tombe qu'elle a pour lui souhaiter bon appétit, en déposant sur le guéridon le plateau de son petit déjeuner.

– Qu'est-ce qui ne va pas, Kifétout?

– Rien.

Elle s'apprête à sortir, mais il la retient par le poignet.

– Ecoute, Kifétout, de deux choses l'une : ou ça va vraiment et tu changes de tête, ou ça ne va pas et tu me dis pourquoi. Mais ta gueule de martyre muette, ça, je ne supporte pas!

Simultanément, de la poche de son tablier, Kifétout sort son paquet de gitanes et un mouchoir, mais, d'un geste brusque, Me Theix les lui confisque.

– Non! Pas de larmes et pas de cigarette. Des explications, ça vaudra mieux.

Elles ne se font pas attendre. Jean-Pierre, tapissier de son métier, que Kifétout, autant par naïveté que par souci de respectabilité, appelle « mon fiancé », vient de lui annoncer qu'il a pris du retard sur le chantier d'un gros client à Vernon, et que, par conséquent, il ne pourra l'emmener en week-end comme prévu, ni prospecter dans la banlieue, à la recherche du logement qui les abriterait après son divorce.

C'est au moins la dixième fois en un an que Me Theix entend la même chanson, à quelques variantes près. Il en a assez. D'autant que son café est tiède et ses toasts mous.

– *Primo*, dit-il, Jean-Pierre n'est pas ton fiancé. *Secundo*, il n'a pas de chantier à terminer à Vernon, ni nulle part ailleurs. *Tertio*, il n'a pas la moindre intention de divorcer. Et, si tu veux mon avis, c'est même sa femme qui l'a menacé de le faire s'il continuait à te voir et c'est pourquoi il t'a décommandée.

– Non! Ce n'est pas vrai!

– Tu veux une preuve? Je vais téléphoner chez lui.

– Non!

– Tu vois bien que tu sais. Tu ne veux pas savoir, mais tu sais.

L'aveu part dans un déluge de larmes. Me Theix estime que ça vaut bien une cigarette. Il lui rend son paquet... et son mouchoir, puis avance un siège près du sien. Cette fois, elle ne va pas y couper, à la parabole de l'Arabe et des figues. Un des dadas préférés de Me Theix. Kifétout était vraiment la seule personne de son entourage à ne pas lui avoir encore fourni l'occasion de l'enfourcher. Voilà cette lacune réparée.

– Assieds-toi, dit-il, je vais te raconter une his- toire. Ecoute-la bien parce qu'il faudra que tu la racontes à ta fille. Ça pourrra lui être très utile dans la vie.

Kifétout tamponne ses yeux, allume sa cigarette, prend un cendrier et se redresse sur sa chaise : le maître peut parler.

– C'est l'histoire d'un pauvre Arabe qui a marché toute la journée dans le désert sous un soleil écrasant. A la tombée du jour, épuisé par sa course et par la soif, il arrive dans une oasis et s'affale au pied d'un arbre. Enfin, ne plus bouger! Sentir sur ses lèvres desséchées la fraîcheur de la nuit! Oublier son corps! Etre un nuage! Quel bien-être! Il s'étire. Son bras heurte un objet. Il le tâte dans l'obscurité : c'est un sac en papier. Il l'ouvre. Il n'en croit pas ses mains : ce sont des figues! Mais oui! De grosses figues rebondies, pleines à craquer, et – ô merveille! – presque froides. Il en prend une, la respire, puis mord dedans avec avidité. Quel délice! Quel bonheur! Il en prend une autre, puis une autre. Jamais il n'a rien mangé de meilleur. Ces figues sont encore plus juteuses, plus parfumées, plus moelleuses qu'il ne l'espérait, et Allah sait

9

pourtant que son espoir était grand... L'idée lui vient alors de regarder ces fruits pour ajouter au plaisir de son palais celui de ses yeux. Il allume une bougie. Et que découvre-t-il à l'intérieur de ces superbes figues?

Là, Me Theix s'arrête un instant, le temps de finir son café avant qu'il ne soit complètement froid, le temps surtout d'attiser la curiosité de Kifétout, déjà très éveillée, puis il lâche sa réponse avec une mimique qui ne lui aurait pas valu le premier prix au festival de la sobriété:

— L'Arabe, dit-il, découvre des vers grouillant dans la chair pulpeuse.

Kifétout a un mouvement de recul comme si vraiment les vers allaient lui grimper sur les genoux.

— Quelle horreur! s'écria-t-elle.

— N'est-ce pas!

— Elle est affreuse, votre histoire.

— Attends! Ce n'est pas fini.

Kifétout est soulagée. Son bon naturel la pousse à envisager, bien à tort, une suite plus ragoûtante.

— L'Arabe, reprend l'avocat, contemple un moment ces parasites dévastateurs puis, tout à coup, il éteint la bougie... et continue à manger ses figues.

— Quel cochon!

Me Theix savoure ce cri du cœur.

— Toi, tu n'aurais pas agi de la sorte?

— Ah non, alors!

— Qu'est-ce que tu aurais fait?

— J'aurais jeté les figues, évidemment!

— Alors, dans ces conditions, pourquoi ne renonces-tu pas à Jean-Pierre?

Kifétout fronce les sourcils: quel rapport avec son amoureux?

— Il t'apporte, dit Me Theix, comme les figues à l'Arabe, des plaisirs évidents. Or, tu sais que ces plaisirs sont aussi gâtés par des vers: le vermensonge, le ver-lâcheté, le ver-attachement-à-son-foyer, le ver-habitude, le ver-intérêt. Or, à chaque fois, tu éteins la bougie et tu bouffes tes figues, comme l'Arabe.

– Non! Moi j'essaie d'ôter les vers.

– Il y a un an que tu essaies sans le moindre résultat. T'obstiner à croire que tu y parviendras un jour, c'est encore éteindre ta bougie.

– Mais qu'est-ce que je peux faire?

– La réponse t'appartient. A toi seule. Tu as deux solutions : ou tu gardes tes fruits en connaissance de cause et après avoir estimé qu'ils t'apportent plus de satisfactions que de désagréments, et dans ce cas tu ne t'étonnes pas d'avoir de temps en temps des aigreurs d'estomac; ou tu les envoies au diable, et dans ce cas tu ne te plains pas d'avoir soif quelquefois. C'est clair?

– Oui! Mais c'est pas facile.

– Sûrement pas!

– Qu'est-ce qui est le mieux?

– Question de caractère. Il y a des gens qui vivent heureux avec leur bougie éteinte. Certains même les appellent des sages. Et il y a aussi des gens qui ne peuvent vivre heureux, comme moi par exemple, qu'avec des candélabres à sept branches allumés partout. Mais je reconnais que certains les considèrent sinon comme des fous, du moins comme des êtres un peu bizarres.

Malgré toute l'admiration que Kifétout éprouve pour son patron et son désir de lui ressembler le plus possible, elle reste perplexe sur la décision à prendre.

– Demande donc à ta fille ce qu'elle en pense. Pèse le pour et le contre avec elle. Mais attention! C'est à toi de choisir en dernier ressort, pas à elle.

La séance est levée. Du geste, Me Theix invite Kifétout à poursuivre ses délibérations ailleurs. Elle y va sans tarder, songeuse, mais visiblement moins triste que tout à l'heure. C'est déjà ça. Dès qu'elle est partie, Adrien se cale confortablement dans son fauteuil, prend son journal et en commence la lecture, comme d'habitude, par les pages réservées aux spectacles, tant par goût que par intérêt professionnel, sa clientèle étant composée, pour une part assez importante, de gens de théâtre et de cinéma.

Cette première curiosité satisfaite, il s'attaque à la deuxième dans l'ordre de ses préférences : les faits divers. Il ne parvient pas à s'en lasser. Soudain un titre retient son attention : « Un jeune homme se suicide au domicile d'une ancienne actrice ».

Il lit encore : « De notre envoyé spécial à Nice ». Tout de suite après, il dit : « Merde! » Et il pose son journal. Avant même de découvrir dans l'article les noms d'Eva Devnarick et de Bruno Cavezzi, il a la certitude qu'il va s'agir d'eux. Comme si, dans toute la ville de Nice, il ne pouvait y avoir une autre ancienne actrice et un autre jeune homme.

Avant de savoir ce qui est arrivé, il marmonne : « Ça devait arriver. » « Ça », c'est-à-dire un drame, c'est-à-dire un cadavre. Que ce soit celui de Bruno, c'est la seule chose qui le surprenne. Il aurait juré que ce serait celui d'Eva. Eva étranglée par son jeune amant excédé par ses larmes, sa jalousie, sa passion de plus en plus encombrante; ou bien Eva, morte en tombant accidentellement d'une falaise, à l'abri de tout regard, à l'heure presque précise où Bruno aurait été vu par plusieurs témoins dans un bistro de la ville; ou encore – le plus plausible – Eva, endormant définitivement son désespoir avec des barbituriques, aux accents du *Clair de lune* de Werther dans une chambre remplie de fleurs blanches, par souci dérisoire de légende posthume. De toute façon, Eva, victime de son amour tardif – pourtant le premier –, victime d'une ultime illusion, victime de sa bougie éteinte. Oui, la mort d'Eva, quelles qu'en soient les circonstances, aurait été logique. Celle de Bruno, non. Elle est incompréhensible.

Me Theix va en chercher l'explication dans le journal. Celle qu'il y trouve – donnée par Eva – le propulse aux confins de la stupeur et de la rage. Il y est encore quand le téléphone sonne. C'est Isabelle, sa filleule. La fille d'Eva. Son négatif, tant au physique qu'au moral. Il ne s'attendait pas qu'elle se manifestât aussi vite. Aurait-elle enfin entendu la voix du sang après l'avoir si longtemps et si volontairement ignorée? Ah non! C'est une simple coïncidence : elle appelait comme ça, par amitié. Elle n'avait pas encore eu le temps ce matin de lire le journal; d'ailleurs elle n'a plus le temps de rien. Sa clientèle augmente. Celle de son mari aussi. Leur cabinet de kinésithérapie ne désemplit pas : les douleurs des uns font le bonheur des autres. Heureusement que sa belle-mère s'occupe de la maison... et de Thomas. Me Theix devrait venir la voir, les voir. Bien sûr, Auxerre, ce n'est pas la porte à côté, mais quand même, voilà plus d'un an maintenant... il lui manque. Vrai de vrai. Elle aussi lui manque. Vrai de vrai.

– On ne le dirait pas, j'ai l'impression de te déranger.

– Non, mais je suis préoccupé, Isabelle.

– Tes affaires!

– Non, celles de ta mère, figure-toi.

Un reproche est passé dans la voix de Me Theix; mais Isabelle y reste imperméable, comme à chaque fois que son indifférence filiale est visée.

– Cette histoire n'est pas très grave, dit-elle avec désinvolture. Eva s'en consolera, du suicide de son mec.

– Bruno ne s'est pas suicidé.

– Comment? C'est ce que tu m'as dit.

– C'est ce que j'ai lu dans le journal.

– Et tu ne le crois pas?

– Evidemment non! Personne ne le croira, les policiers en tête.

– Pourquoi?

– Enfin, Isabelle, réfléchis, ça ne tient pas debout! Comment veux-tu qu'un garçon de vingt-cinq ans se supprime parce que sa maîtresse de trente ans son aînée veut le quitter, surtout quand ce garçon est beau comme le diable et, de surcroît, sur le point d'épouser la ravissante héritière des montres suisses Zweller?

– J'ignorais qu'il y avait une autre fille dans le circuit. On en parle dans l'article?

– Non. La petite n'a pas encore dû se pointer. Mais ça ne saurait tarder. Elle va tout raconter. Non seulement son idylle avec Bruno, mais encore les folies que ta mère a accumulées depuis un an.

– Quel genre?

– Tu ne comprendrais pas.

Là encore Isabelle perçoit un reproche et ne le relève pas. Il y a plus urgent que de remuer de vieilles querelles. Il y a cette mort qu'elle commence maintenant à considérer avec beaucoup moins de détachement.

– Mais alors, dit-elle, si le dénommé Bruno ne s'est pas suicidé, c'est qu'Eva l'a tué?

– C'est certain.

– Mais... en légitime défense?

– Je pense, oui. Je pense qu'elle a dévié le coup de revolver qui lui était destiné.

– Tu penses? Mais tu n'es pas sûr?

– Je ne suis sûr de rien. Sauf d'une chose : Eva a intérêt à rétablir au plus vite la vérité sur ses relations avec Bruno.

– Ça me semble évident.

– A toi sûrement, mais pas à elle.

– Pourquoi?

Me Theix fulmine intérieurement. Pour poser une

14

question pareille, il faut vraiment qu'Isabelle n'ait pas l'ombre du quart d'une idée de ce que peut être sa mère. Juste résultat d'un injuste entêtement. Depuis qu'à l'âge de cinq ans elle a été séparée d'Eva, jamais elle n'a voulu savoir quoi que ce fût sur elle, même pas si elle était coupable ou non de cette séparation. Jamais elle n'a voulu écouter Adrien. Les seuls renseignements qu'elle détienne lui ont été fourrés de force dans l'oreille par Nina, sa grand-mère maternelle qui était loin d'être au courant de tout... Aujourd'hui, à vingt-quatre ans, c'est la première fois qu'elle daigne – ou qu'elle ose ? – manifester quelque curiosité. Il aura fallu que sa mère devienne une criminelle pour qu'elle s'intéresse enfin à elle! Cette constatation aurait de quoi ranimer les volcans éteints de Me Theix... Mais il estime que ce n'est ni le temps de la colère, ni celui des grandes explications. Tout juste celui de quelques informations sommaires, voire anecdotiques.

– Pour Eva, dit-il, la vie est un roman-photo dont elle s'est distribué une fois pour toutes le rôle de l'héroïne triomphante, à l'occasion poursuivie et fêtée par la presse. Je suis sûr qu'à la seconde où la détonation a retenti, elle a dû imaginer le titre du journal en première page, au moins sur quatre colonnes : « Repoussé par la séduisante Eva Devnarick, son jeune amant, fou d'amour, se tue ».

– En réalité, où était-il, l'article ?

– Au bas de la page quatre, deux petites colonnes, et son nom n'est même pas dans le titre. On la mentionne simplement comme une « ancienne actrice ».

– Pauvre Eva! Elle a dû être déçue.

Oui, pauvre Eva, que sa fille appelle par son prénom, comme une étrangère.

Pauvre Eva qui exaspère Adrien, lui, son meilleur ami, le seul.

Pauvre Eva, si nue sans ses mensonges!

Une grande bouffée d'indulgence pulvérise d'un coup les velléités paresseuses de Me Theix.

– Je ne peux pas m'attarder davantage, dit-il. Je vais partir pour Nice.

Isabelle laisse passer une seconde avant d'avancer timidement une requête, bien normale en soi, mais qui néanmoins surprend agréablement son parrain.

– Tu veux bien me téléphoner ce soir pour me donner des nouvelles?

– Bien sûr!

– Tu seras encore là-bas?

– Presque sûrement.

– Appelle à n'importe quelle heure. Je ne bougerai pas de la maison.

– D'accord. A ce soir.

Dans la minute qui suit, l'avocat mobilise ses troupes et leur indique succinctement leur affectation: sa secrétaire retiendra sa place d'avion, sa chambre d'hôtel à Nice et le taxi pour le conduire à l'aéroport; Courtin décommandera son dîner, débrouillera seul les dossiers et lui en fera un résumé concis pour son retour; Kifétout préparera son sac de voyage.

Quelques heures plus tard, quand il ouvre celui-ci dans la chambre fonctionnelle de son hôtel niçois, Me Theix y découvre, enveloppée dans du papier d'aluminium, une bougie. Une carte l'accompagne où Kifétout, de son écriture appliquée, a tracé ces quelques mots: « Soyez tranquille. Je n'éteindrai plus la mienne ».

Adrien sourit et, quoique jugeant son geste particulièrement ridicule, avant de se rendre au commissariat il glisse dans la poche de son pardessus la bougie, promue sinon porte-bonheur, du moins porte-sagesse. Ce qui d'ailleurs dans son esprit revient un peu au même.

2

Le lendemain, Me Theix, en début d'après-midi, débarque à Orly et franchit, tête baissée, la fine frange des personnes qui ont bravé le froid et la neige pour venir chercher les voyageurs en provenance de Nice.

– Adrien!

Il se retourne et ne reconnaît Isabelle qu'après un temps d'hésitation.

– Tu as drôlement changé!

– Dans mon cas, ça ne peut être qu'en mieux.

– C'est vrai! Tu as embelli.

– Je suis un peu moins moche, quoi!

Me Theix regarde sa filleule en cherchant les causes de cette amélioration spectaculaire. C'est elle qui finit par les lui donner.

– Dix kilos de moins, des verres de contact et un nez rectifié. Tout ça pour un aveugle, il faut le faire!

L'humour grinçant dans lequel Isabelle a pris l'habitude de diluer ses complexes amuse moins Adrien qu'il ne l'émeut, surtout quand cet humour s'exerce à propos de Marc, ce garçon courageux, aux yeux absents à la suite d'un accident, qui l'a épousée il y a quatre ans et la rend parfaitement heureuse. Elle l'a connu dans un centre de rééducation pour aveugles. Tout de suite elle lui avoua qu'elle avait décidé de travailler dans cet établissement non par grandeur d'âme, mais uniquement parce qu'elle savait, avec son physique, ne pouvoir plaire qu'à quelqu'un qui ne la verrait pas. Marc, touché par cette franchise du désespoir, lui prouva rapidement qu'elle avait raison. Me Theix en conçut pour le jeune homme une sympathie immédiate qu'il regrettait de ne lui témoigner, faute de temps, que très rarement.

– Il va bien, Marc?

– Très bien. C'est lui qui m'a payé mon opération esthétique. Il a gagné une petite somme au loto. Il me l'a donnée. Il est chouette, non?

Adrien pense qu'il est mieux que « chouette »; qu'il est quelqu'un de qualité, celui qui a mis des sourires sur le visage renfrogné de sa filleule, qui a percé sa carapace, renversé ses murailles. Lui, il n'y était jamais arrivé. Malgré ses efforts maintes fois renouvelés, jamais il n'avait pu apprivoiser cet animal blessé, jamais pu « déplier » cette gamine refermée sur elle-même qui, parce qu'elle se détestait, détestait tout le monde : son père à qui elle devait ses yeux trop petits, son nez trop long, sa bouche trop grande, sa taille trop haute; sa mère qui, elle, était jolie et à qui elle ne devait rien; tous ceux qui la complimentaient sur ses beaux cheveux dorés, seul élément positif auquel décemment pouvaient s'accrocher les plus flatteurs ou les plus indulgents; sa grand-mère paternelle à qui elle devait son prénom qui lui allait si mal; ses camarades de classe dont elle décourageait les moqueries ou la pitié en se rebaptisant, avec une cruauté provocante, Isalaide. Que de souffrances et de lucidité dans ce surnom! Elle a oublié les unes et a gardé l'autre. A présent, elle tire même une certaine fierté de sa propre définition : « Foutue gueule et fichu caractère! »

Isabelle, qui surplombe son parrain d'une bonne demi-tête, marche, légèrement devant lui, en direction de la station de taxis.

Comme convenu, il lui a téléphoné la veille au soir pour lui rendre compte de sa journée. Il n'était pas optimiste. Eva s'enfermait dans des mensonges de plus en plus déraisonnables, de plus en plus dangereux, d'abord avec lui dont elle savait pertinemment qu'il ne la croyait pas et qui la suppliait de se rétracter, ensuite avec le commissaire Baudoin, chargé de son affaire, qui, lui, faisait de moins en moins semblant de la croire.

Isabelle avait demandé des éclaircissements sur l'attitude de sa mère, si invraisemblable à ses yeux, si prévisible à ceux de son parrain; mais elle s'était heurtée, comme à son premier coup de téléphone, à la même fin de non-recevoir, avec le même motif : « Tu ne comprendrais pas. »

Alors Isabelle avait dit : « Si tu es rentré demain de Nice, je viendrai peut-être à Paris. »

Aujourd'hui, Adrien l'a rappelée de Nice avant de quitter son hôtel. Cette fois il était carrément pessimiste. Eva avait craqué et avoué une vérité, inimaginable même par lui. Il n'a pas voulu en dire davantage par téléphone, sinon que, instruit ce matin de la nouvelle situation par le commissaire Baudoin, il s'est précipité à la prison pour apporter à Eva son double soutien d'ami et d'avocat; mais elle a refusé de l'écouter. Même de le regarder. Obstinément, le visage dans ses mains, les oreilles bouchées avec ses pouces, elle l'a supplié de partir jusqu'à ce que, de guerre lasse, il obtempérât.

Alors Isabelle a dit : « J'arrive! Il faut que je sache. Je n'ai plus le droit de ne pas savoir. Je prends le premier train pour Paris. »

Le hasard a voulu que sur le chemin de la gare elle rencontrât une amie qui lui proposa de l'accompagner en voiture. Comme elles sont arrivées près d'Orly à l'heure où l'avion d'Adrien devait atterrir, Isabelle s'y est fait déposer.

– Pour gagner du temps, précise-t-elle à son parrain.

Puis aussitôt elle ajoute, sans même avoir vu les yeux d'Adrien se lever vers le ciel, comme pour le prendre à témoin de l'inconscience de sa filleule :

– Oui, je sais : avancer de trente minutes un entretien qu'on refuse énergiquement depuis plus de quinze ans, c'est idiot!

Les yeux de Me Theix virent sec à l'indulgence souriante.

– Merci de m'avoir évité de te le dire, répond-il.

Isabelle ralentit le pas et prend fermement le bras de son parrain. Comme disait sa grand-mère Nina, elle le « croche ». En l'occurrence elle aime bien cette expression.

Ils s'installent dans un taxi au moment où commence le flash d'information de 14 heures.

– La radio vous gêne? demande le chauffeur.

– Non, non, au contraire.

L'actualité politique, réduite en ce jour des morts, s'efface devant le prix des chrysanthèmes, la rigueur de la température et l'imprévu des faits divers. Mais soudain, la voix du journaliste de service s'anime : une dépêche de dernière minute vient de lui parvenir.

« Elle concerne, dit-il, l'affaire d'Eva Devnarick et confirme notre précédent bulletin. L'ancienne actrice, considérée jusque-là comme premier témoin, vient d'être inculpée pour meurtre sur la personne de son jeune amant Bruno Cavezzi. C'est après avoir entendu la fiancée de celui-ci, Christine Zweller, que le commissaire Baudoin a pris cette décision. La thèse du suicide étant éliminée, reste à déterminer maintenant s'il s'agit d'un homicide volontaire ou accidentel. Me Theix, l'avocat parisien bien connu des milieux du spectacle, s'est refusé à toute déclaration sur ce sujet et même sur l'éventualité pour lui d'assurer la défense d'Eva Devnarick, son amie de longue date. »

Le chauffeur de taxi baisse l'intensité sonore de son poste.

– Ah! celui-là, c'est un fortiche!

– Qui?

– Theix, l'avocat.

– Vous le connaissez?

– Oh! comme ça... Par un copain. Emile, qu'il s'appelait. Il avait trucidé sa bourgeoise. D'un coup de burin! Moche... C'est Theix qui l'a sorti d'affaire. Pas la bonne femme, évidemment, Emile. Il a plaidé le crime passionnel. C'était pas du tout cuit. Parce que, Emile, c'était plutôt la passion du pinard qu'il avait. Eh ben quand même, il lui a décroché l'acquittement!... Manque de pot, le lendemain, mon Emile, il fête ça avec ses potes, il prend une cuite, et crac! en sortant du bistro, une voiture le nettoie. Raide sur le coup! Ça fait penser, des trucs pareils! On n'échappe pas à son destin... Moi, à la place de Theix, je l'aurais eu saumâtre : se décarcasser pour sauver un mec et le retrouver au cimetière pour une connerie... c'est vache! Je dirai même plus, à la limite, c'est malhonnête!

Adrien échange un regard amusé avec Isabelle et lui glisse dans l'oreille :

– Je l'ai eu effectivement saumâtre! Je m'en souviens très bien.

Tout au long de la course, le chauffeur, poussé par la curiosité maligne de ses clients, poursuit son apologie de l'avocat. Il s'inquiète même de ne pas avoir vu son nom dans le journal depuis un petit bout de temps! C'est simple, quasiment depuis la mort d'Emile. Il se demande si ce n'est pas ça qui l'aurait dégoûté. Adrien le rassure.

– Non, je crois qu'il est devenu plus spécialement avocat d'affaires, mais qu'il n'a pas renoncé pour autant aux assises.

– Ah ben, tant mieux! C'est pas que j'aie envie de trucider quelqu'un. Mais dans la vie on ne sait jamais ce qui peut se passer.

– Ça c'est vrai, on ne sait jamais.

– Regardez la mère Devnarick... Je suis sûr qu'elle

21

était pas née pour être une criminelle, cette femme-là!

– Certainement pas.

– Notez que, si elle est entre les mains de Theix, elle a pas à se biler. Il va lui arranger ça en moins de deux!

Ce n'est pas tout à fait l'avis d'Adrien. Il ne le cache pas à Isabelle, dès qu'il se trouve seul avec elle dans son bureau.

– Tu vas la défendre quand même? demande-t-elle.

– Evidemment!

– Qu'est-ce que tu vas pouvoir raconter?

– Sa vie.

– Il n'y a pas vraiment de quoi attendrir les jurés.

– Pourquoi pas? Ça m'attendrit bien, moi, depuis plus de quarante ans.

– Oui, mais toi...

– Quoi, moi?

– Tu l'aimes, non?

– C'est ta grand-mère qui t'a raconté ça?

– Oui. Elle prétendait que tu n'avais jamais réussi à oublier Eva et que c'est à cause d'elle que tu ne t'es jamais marié.

Adrien détruit d'un sourire où se mêlent l'indulgence et l'ironie sa belle image d'amoureux transi, relève ses lunettes sur le sommet de son front, comme à chaque fois qu'il veut se couper du monde extérieur pour réfléchir, puis brusquement prend un stylo et griffonne à toute vitesse quelques lignes sur le bloc-notes de son bureau.

– Qu'est-ce que tu écris? demande Isabelle.

La réponse vient seulement quand Theix pose sa plume.

– Une phrase qui m'est venue à l'esprit tout à l'heure dans l'avion, pour ma plaidoirie.

Avant même qu'elle en exprime le désir, Me Theix

lit la phrase à Isabelle, déjà inconsciemment avec sa voix d'avocat :

– « N'oubliez jamais, messieurs les jurés, qu'Eva Devnarick s'appelle de son vrai nom Simone Trinquet et que cette blonde diaphane que vous avez devant vous est en réalité une brune appétissante... »

Au procès, à cette phrase, Simone Trinquet esquissa un sourire gêné.

3

Le plus grand panneau du cabinet de Me Theix est occupé entièrement par un meuble à casiers cartonnés verts, provenant d'une ancienne étude de notaire. Il n'est pas très beau, mais pratique : une clé dont Adrien – méfiant à l'extrême – ne se sépare jamais suffit à verrouiller l'ensemble et mettre ainsi tous les dossiers qu'il contient à l'abri des indiscrets. Présentement il rattache cette précieuse clé à son trousseau avec des mines de Barbe-Bleue, après avoir apporté sur son bureau deux classeurs écornés, l'un d'un rose fané sur lequel se détachent à l'encre noire deux initiales : S. T. (Simone Trinquet); sur le second, d'un rose plus vif, deux autres lettres : E. D. (Eva Devnarick).

Isabelle brûle de les ouvrir.

– Il y en a des paperasses, là-dedans!

– A peu près cinquante ans de souvenirs...

– Cinquante ans?

– Eh oui! J'ai commencé très tôt à conserver tout ce qui concernait ta mère.

– C'est drôle. Pourquoi?

– D'abord, parce que j'ai toujours été du genre

qui ne jette rien. Ensuite parce que je pressentais plus ou moins confusément que ces archives pourraient un jour m'être utiles. Enfin, et surtout, quand tu es née, j'ai pensé que ces lettres qui sont là, ces photos, ces télégrammes, ces articles de presse t'aideraient à mieux comprendre ta mère – quels que soient les rapports que tu aies avec elle, et pourtant j'étais loin d'imaginer à ce moment-là que vos rapports seraient aussi... négatifs.

La curiosité conduit la main d'Isabelle vers les classeurs.

– Je peux?

– Non, il vaut mieux que tu découvres ces documents en même temps que les événements qui s'y rapportent. Sans quoi tu ne vas pas t'y reconnaître.

– D'accord!

Me Theix se met alors à raconter à Isabelle la vie de sa mère... en pensant à sa plaidoirie.

– J'ai toujours connu Eva, commence-t-il. Ou plutôt Simone, car pour moi elle est restée Simone.

– Pour moi elle n'est qu'Eva. Ça ne m'a jamais frappée mais, tout à coup, ça me semble curieux de changer de nom en cours d'existence.

– C'est le mensonge de base quand on rêve d'une autre vie.

– Tu crois?

– En tout cas, dans ta famille, c'est significatif : ta mère, ta grand-mère et ton arrière-grand-mère ont vécu partiellement avec un faux prénom, et bien souvent avec un faux âge.

– Mon arrière-grand-mère aussi?

– Oui.

– Elle ne s'appelait pas Eléonore?

– Non, Rosalie.

– Alors elle n'avait pas non plus failli épouser un prince hongrois?

– Non.

– Ni été une des reines de Paris?

– Non!

Me Theix sort du premier classeur une photo jaunie sur laquelle une vieille femme avachie, mais outrageusement maquillée, montre un diadème à deux enfants éblouis : une fillette aux longues nattes brunes et un garçonnet à lunettes, légèrement plus âgé.

– Tiens, la voilà, ton aïeule, Rosalie Lambert, en 1937, peu avant sa mort. Elle devait avoir aux environs de soixante-cinq ans, en faisait dix de plus et en avouait dix de moins. Les deux enfants, ce sont ta mère et moi. Le diadème, une pacotille bien entendu, était prétendument celui que le « prince » avait hérité de sa famille hongroise et qu'elle aurait dû porter à leur mariage si, la veille, son futur époux ne s'était tué au cours d'une partie de roulette russe! Nous adorions, ta mère et moi, cette histoire, comme toutes celles qu'elle nous racontait d'ailleurs... Un peu des contes de fées, pour nous, mais avec des personnages vrais.

– Que vous croyiez vrais.

– Ils l'étaient. Elle les avait vraiment approchés mais... en tant que camériste d'une grande courtisane de l'époque, Eléonore Dautun. D'où son prénom. C'est auprès d'elle, de ses amies et de ses soupirants qu'elle avait glané les anecdotes dont elle s'institua au fil des années l'héroïne : le prince hongrois était le protecteur de sa patronne; le fiancé tué malencontreusement d'une balle de revolver la veille de ses noces, celui d'une de ses rivales. Les fêtes de tous ces oisifs dorés, leurs bals, leurs amours, leurs chagrins, leurs caprices, leurs faillites ou leurs déclins sont devenus peu à peu les siens.

– Elle a fini par vous l'avouer?

– Penses-tu! C'est une de ses anciennes collègues, une cuisinière, qui tout à fait par hasard a vendu, devant moi, la mèche à mes parents; lesquels, fort discrets de nature, m'ont vivement recommandé de tenir ma langue.

– Ce que tu n'as pas fait, j'espère?

– Non, un jour que ta mère m'agaçait à se vanter de ses origines aristocratiques, je lui ai dit la vérité : qu'elle était la petite-fille de Rosalie, une accorte soubrette, et du notaire de sa patronne qui, dans la bonne tradition, l'avait séduite et abandonnée.

– Et alors?

– Ta mère n'en a tenu aucun compte et a continué à égrener les souvenirs de son grand-père, le prince hongrois, mort tragiquement, en laissant à sa fiancée le fameux diadème et la promesse d'une naissance.

– Et, m'a-t-on dit à moi, une bourse pleine d'or, grâce à laquelle Eléonore... enfin, Rosalie, s'est acheté une grande boutique de modes où ma grand-mère est née parmi les taffetas et les dentelles.

Adrien éclate de rire. Il reconnaît bien là l'imagination débordante de la dynastie féminine des Trinquet.

– Il n'y a jamais eu, dit-il, de bourse pleine d'or dans ta famille. Ni de grande boutique de modes. Il y a eu quelques billets donnés en cadeau d'adieu par le notaire à Rosalie enceinte. Une bien modique somme qui lui suffit tout juste à prendre une petite blanchisserie, rue Notre-Dame-de-Lorette. C'est là que ta grand-mère est née, entre les fers à repasser et le poêle qui les chauffait.

Isabelle est plus amusée que surprise par ce qu'elle apprend. Même enfant, elle a toujours accueilli les histoires familiales avec beaucoup de circonspection.

C'est donc sans étonnement – mais avec l'intérêt qu'on accorde à ceux qui nous confirment dans nos opinions – qu'Isabelle écoute la suite du récit de son parrain.

– A la guerre de 14, Rosalie quitte la blanchisserie dont les affaires périclitent pour devenir concierge dans l'immeuble, plus que modeste, de la rue de Steinkerque, entre Pigalle et Anvers, où ta mère et moi sommes nés, moi trois ans avant elle.

– Eva est née dans une loge de concierge?

– Non! Attends! Pour l'instant c'est Rosalie qui y débarque avec sa fille Janine, âgée de quinze ans. La petite est jolie et gracieuse. Il n'en faut pas plus pour que sa mère investisse en elle toutes ses ambitions déçues – comme plus tard d'ailleurs ta grand-mère investira les siennes dans sa fille, la future Eva Devnarick.

– Processus classique!

– Bref, sûrement influencée par l'exemple de son ex-patronne, passée allégrement de l'entrechat à la galanterie, Rosalie décrète que sa fille sera danseuse. Elle le devient. Avec beaucoup plus de bonne volonté que d'aptitudes véritables. Sous le nom de Nina Lambertini, elle se produit au cours de galas et de tournées en province dans un numéro de danses nettement folkloriques, mais sans qu'on sache jamais de quel folklore il s'agit. Un engagement d'une semaine dans un cabaret de Liège permet même à Rosalie d'affirmer aux locataires de la rue de Steinkerque que le talent de sa fille a franchi les frontières.

– Et permit à Nina, beaucoup plus tard, de me casser les oreilles avec sa carrière internationale.

– En réalité, elle végétait lamentablement dans son métier. Quant à Rosalie, elle se lamentait que son idiote de fille n'ait pas encore trouvé, avec son physique, l'aristocrate fortuné qui les sortirait toutes les deux de la loge où elles vivaient misérablement. Avec les années, ses inquiétudes grandirent et ses exigences diminuèrent. C'est pourquoi, dès que Charles Trinquet – pas plus connu sous le nom de Carlos – emménagea au second étage de la rue de

Steinkerque, Rosalie vit en lui le sauveur et, dans la carte de visite épinglée sur sa porte, un signe du destin.

Cette carte, Me Theix la sort de son classeur avec la mine satisfaite du vendeur qui sait que son client ne va pas être volé sur la marchandise.

Au centre du bristol, deux noms : Carlos et Monica. Mais... le « et Monica » est barré d'une croix. Sous les deux noms, en italique : « danseurs internationaux » (eux aussi ils avaient poussé une pointe jusqu'en Belgique). Mais... là également il y a une rectification prometteuse : le « s » de danseurs est supprimé, le « ux » terminal d'internationaux remplacé par un l. Ce qui donne : danseur international. En bas et à gauche de la carte, une inscription de rêve : imprésario, Bob Walton. Pig. 12.20. Il s'agissait tout bonnement de Robert Valton, imprimeur de son état et beau-frère de Charles Trinquet, qui traitait ses affaires ou prenait ses messages en son absence. Le diminutif et le W n'étaient là que pour vaporiser, sur le central téléphonique un peu populaire, les effluves rassurants de Broadway!

Cette carte enchante Rosalie qui n'a plus alors qu'une idée en tête : y substituer au nom fraîchement rayé de Monica celui de sa fille. Ce n'est pas très difficile car Charles vient d'être ignominieusement lâché par sa compagne et partenaire au profit d'un prestidigitateur qui l'a escamotée avec une maestria toute professionnelle. Fou de dépit, Charles cherche au plus vite à se venger. Or Nina, plus jeune et plus jolie que Monica, a une bonne tête de vengeance. Elle a aussi une bonne tête de victime. Elle accepte, sans récrimination mais sans joie, d'épouser celui que sa mère lui présente comme une aubaine, à la condition que Rosalie vienne habiter avec eux. Condition bien accueillie par Charles dont la vanité se satisfait mal d'une belle-mère concierge et qu'il promeut aussitôt au rang de secrétaire pour ses amis et relations.

– C'est ainsi, conclut Me Theix, en montant de deux étages, que ta mère et ta grand-mère s'élevèrent dans l'échelle sociale.

– Et c'est là qu'Eva est née?

– Oui, très exactement neuf mois après la nuit de noces. Ce dont ton grand-père, qui n'était pas la moitié d'un imbécile, s'enorgueillit en proclamant à qui voulait l'entendre que « pour un coup d'essai, c'était un coup de maître! ». Il épuisa quand même assez vite les joies de cette fanfaronnade et ne tarda pas à s'apercevoir que cette paternité allait lui poser de sérieux problèmes dans un proche avenir. En effet, pendant ses fiançailles avec Nina, et jusqu'à ce que celle-ci soit trop visiblement enceinte, il avait remonté avec elle le numéro de danse espagnole qu'il exécutait naguère avec cette traîtresse de Monica et commandé à son beau-frère, Robert, de nouvelles affiches et de nouvelles cartes de visite ainsi libellées : « Carlos et Nina, le couple de feu ».

Isabelle pouffe de rire dans sa main comme une collégienne.

– Monsieur et Madame Trinquet... le couple de feu! C'est pas triste!

– Plus que tu ne le penses! Sous cette appellation – non contrôlée –, tes grands-parents se produisirent dans divers établissements de second ou troisième choix, mais de première nécessité pour leurs finances. Ils obtinrent un gentil succès dû pour beaucoup au charme de Nina, mis savamment en valeur par des transparences peut-être pas typiquement ibériques, mais très efficaces. Ce gentil succès, transformé rapidement en triomphe par les cervelles échauffées de la rue de Steinkerque, permettait d'augurer un avenir sinon brillant, du moins possible. La naissance de ta mère remit tout en question.

La grossesse et l'accouchement difficiles de Nina suivis d'une double phlébite laissèrent sur son corps des traces telles que les aguicheuses transparences (même en double épaisseur) devinrent inenvisageables. La sémillante Nina, on peut le dire puisque ton délicat grand-père ne s'en privait pas, était devenue une « dondon ». C'est alors que Charles eut l'idée mirobolante, après avoir exploité les qualités physiques de sa femme, d'en exploiter les défauts. En un minimum de temps, il mit au point un numéro comique – bien connu dans les music-halls d'avant-guerre sous le nom de danse ratée. Il ne resta plus au beau-frère Robert qu'à imprimer de nouvelles cartes de visite : « Carlos et Nina, danseurs humoristiques » et de nouvelles affiches où « le couple de feu » fut remplacé par « le couple du rire ».

– Tu n'en as pas gardé quelques spécimens? demande Isabelle.

– Non, mais j'ai des photos de leur numéro.

– Montre !

– Tout à l'heure. Avant, je voudrais t'expliquer exactement en quoi consistait ce numéro. C'est important, parce qu'il a empoisonné toute l'enfance de ta mère et l'a probablement poussée vers ses premières évasions, je veux dire, ses premiers mensonges.

– Tu les as vus, toi, mes grands-parents, à cette époque-là, sur scène?

– Quelques années plus tard. Mais c'était le même numéro. Ils l'ont traîné toute leur vie jusqu'à ce que la pauvre Nina ne puisse plus lever ses jambes pleines de varices.

Image pénible qui dérange les certitudes méprisantes qu'Isabelle nourrissait pour sa grand-mère. D'autres vont suivre, bien pires, soulevées par les souvenirs de son parrain.

– J'ai neuf ans, poursuit-il, et ta mère six quand

« le couple du rire » passe à l'Européen, un music-hall près de la place Clichy aujourd'hui devenu Théâtre en Rond. Rosalie, pleine de fierté, propose des billets de faveur à mes parents. Elle est une bonne cliente de l'épicerie, ils n'osent pas refuser. Nous voilà donc, un dimanche après-midi, nous les enfants, au premier rang, sur nos manteaux pliés, pour qu'on voie bien, devant Rosalie et mes parents. Après l'ouverture d'orchestre et un dresseur de chiens, la présentatrice, avec jupette à mi-cuisses – presque osée – et choupette noire dans ses cheveux platinés, vient annoncer : « Et maintenant des gags, du rythme, du charme et de la bonne humeur avec " le couple du rire " : Carlos et Nina! Et youpy! » Le rideau se lève sur Charles Trinquet, seul dans un halo de projecteurs bleus – la lune, sans doute! Il paraît beaucoup plus grand qu'à la ville. Avec son haut-de-forme, ses talonnettes intérieures et ses talons rehaussés, il gagne au moins vingt-cinq centimètres. Il est vêtu d'un frac noir sur lequel ondoie une cape, également noire, doublée de satin blanc, ma foi assez élégante. Pour lui, il ne lésinait pas. Il ôte cette cape et lui imprime quelques mouvements de tourbillon, vestiges de son précédent numéro ibérique qu'il ne s'est pas résigné à abandonner. Ce court intermède terminé, il salue pendant que la pauvre Nina, affublée d'un tutu en satin bleu ciel, à la corolle exagérément raide et au bustier cruellement moulant, coiffée et maquillée en poupée de foire, entre sur scène dans un projecteur vert – premier gag –, reçoit sur la tête la cape que Carlos vient de jeter négligemment – deuxième gag – et s'écroule en poussant un hurlement qui est censé signaler sa présence à son partenaire – troisième gag. Carlos se précipite, soulève sa cape, découvre, horrifié, le visage clownesque de Nina et rabat la cape dessus – quatrième gag. Il recommence l'opération jusqu'à ce que l'hilarité de la salle s'apaise, puis, enfin, lance la cape en coulisse ainsi que son couvre-chef. Alors débute le numéro proprement dit. Le principe en est simple : sur une musique romantique à souhait, lui, en gentleman compassé, constamment digne, elle, en ballerine ahurie, constamment ridicule, ils exécutent les figures d'un pas de deux traditionnel. Chaque figure aboutit à une catastrophe, toujours provoquée par Nina. Tour à tour, elle lui arrache les manches de son habit, lui met le doigt dans l'œil, tombe par terre, lui écrase les orteils et se retrouve enfin avec le pied dans la poche de son pantalon! Je te laisse imaginer tous les effets que l'on peut tirer de cette situation... et ce n'était pas la pire... La pire, qui a eu une importance capitale dans la vie de ta mère, tu le verras, terminait en apothéose leur numéro : à la suite de je ne sais plus quelle fausse manœuvre, Nina, la tête en bas, les jambes accrochées au cou de Carlos, présentait son gros derrière de satin bleu sous le nez de celui-ci. La vulgarité des mimiques qui s'ensuivaient déchaînait les rires gras des spectateurs, dont, hélas! ceux de mes parents. Dieu, que je leur en ai voulu! Je crois finalement que les enfants sont plus sensibles au ridicule que les adultes. A près de cinquante ans de distance, j'en éprouve encore de la gêne.

Isabelle, pas loin d'éprouver la même sensation, ne s'attarde pas à regarder les quelques photos de Carlos et Nina dans l'exercice de leurs fonctions, que son parrain vient de lui tendre sans même leur jeter un coup d'œil.

— Et encore, dit-elle, toi tu n'étais pas le fils de ces gens-là. Mais pour leur fille, tu te rends compte...

Bien sûr qu'Adrien se rend compte. Il sait que les gosses ont un tel besoin d'admirer leurs parents que souvent ils leur prêtent les qualités qu'ils souffrent de ne pas leur trouver : « Mon père est le plus... », « Ma mère est la plus... » Il se souvient que lui-même, quoique les siens lui eussent fourni par leur amour, leur bonté, leur bon sens, de légitimes motifs de fierté, eut souvent honte d'eux à cause de leur métier : épiciers! Notamment lorsque, soucieux de le sortir de leur milieu, ils l'inscrivirent dans un cours privé. Au maître qui lui demandait, devant ses camarades, selon la coutume de l'époque, ce que faisait son père, il répondit : « négociant », et précisa, à mi-voix, devant son insistance : « en produits alimentaires ». Toute la classe ricana sous cape, et pendant de longues années Adrien eut l'impression d'être marqué au fer rouge du sceau maudit réservé au fils d'épicier. Ce n'est que peu à peu, avec l'évolution sociale, qu'il prit l'habitude de s'en vanter, plus par snobisme que par fierté rétroactive. En revanche, très vite, il reconnut l'heureuse influence de sa condition sur sa réussite.

Il se souvient aussi que plus tard, à la faculté de droit, sous l'Occupation, un de ses condisciples accusa ses parents – à juste titre, il en convient – de s'enrichir au marché noir. Profondément blessé dans son orgueil filial, pour défendre leur honneur – le sien –, il prétendit, contre toute raison, contre toute prudence, que son père était le chef d'un réseau de résistance! En 1943! De quoi distraire un bon moment ces messieurs de la rue Lauriston! Oui, voilà où peut mener la honte d'un fils aimé et aimant. Alors, vous pensez bien qu'il comprend, Me Theix, ce qu'a pu ressentir sa petite voisine, Simone Trinquet, si jeune qu'elle fût, en constatant la manière dégradante dont son père exploitait les fesses de sa mère! Il s'en est tout de suite rendu compte. C'est même ce qui les a rapprochés, cette honte que leurs parents leur inspiraient... bien que ce fût à des titres différents et bien qu'ils eussent devant ce sentiment commun des réactions radicalement opposées. Adrien, lui, s'ouvrit de son problème à son père, lui expliqua à quel point il se sentait gêné parmi ses condisciples qui n'avaient pas les mêmes vêtements que lui, ni le même vocabulaire, ni les mêmes dimanches, ni le même quartier. Il le supplia de le remettre dans une école où il serait enfin « comme les autres ». Mais Fernand Theix ne céda pas. Ah non! pas question! Il n'avait voulu qu'un enfant justement pour pouvoir lui donner l'instruction et l'éducation qu'il n'avait pas eues et faciliter ainsi son ascension sociale. Quant à la honte d'Adrien, il était bien placé pour connaître son origine : l'orgueil, et lui prescrire un remède : fournir un exutoire à cet orgueil. Autrement dit, prouver sa supériorité dans un domaine quelconque; attirer l'attention sur un aspect flatteur de sa personnalité. Lui, Fernand, faute d'autre moyen, il avait braqué les projecteurs sur son sens commercial et à partir de là les gens ne s'étaient plus intéressés qu'à cela. Alors, il pensait, comme ça, que si Adrien devenait par exemple le crack de sa classe, peut-être bien que ses petits copains, eux aussi, oublieraient... le reste et que lui ne les verrait pas du même œil. Quand on regarde les gens de haut, le panorama change. Et plus on s'élève, c'est une évidence, plus il change. Alors, la conclusion s'imposait : il fallait dominer.

Et, rageusement, Adrien s'appliqua à dominer sa classe. Il n'en tira, dans ses rapports avec ses camarades et avec lui-même, que des satisfactions.

Devenu jeune homme, complexé par sa petite taille, ses membres courtauds, son nez épaté et ses lunettes de myope, il se souvint de la leçon paternelle et n'attaqua les filles qu'en position dominante sur le plan matériel ou intellectuel.

Avant que Me Theix s'égare dans le labyrinthe de ses aventures amoureuses, Isabelle le ramène abruptement à son point de départ :

— Et ma mère, elle, comment s'est-elle débrouillée avec sa honte familiale?

34

– Elle l'a d'abord cachée, puis ensevelie sous un amas de mensonges glorieux.

– Mais toi qui savais, tu ne la contredisais pas?

– Non. Ses mensonges étaient ses armes de défense et je n'osais pas la désarmer... ni la rendre ridicule. En plus, souvent, elle ne me mentait pas directement. Elle racontait ses histoires à ses petites copines d'école, notamment à une de nos voisines de quartier, Marceline, qui les répétait à son frère aîné, Paulo, qui me les répétait entre deux parties de billes, au square d'Anvers. Moi, je me contentais, quand il se montrait sceptique, de certifier sur mon honneur l'exactitude des affirmations de Simone. Une fois même, pour le convaincre, il m'a fallu jurer sur la tête de mes parents... ce qui a torturé ma conscience pendant au moins une semaine!

– Elle avait dû mettre le paquet!

– Elle avait prétendu que le véritable nom de son père – un noble espagnol – était Carlos del Trinquetto, et qu'à la suite de sa naturalisation il avait francisé son nom en Trinquet.

– Et tu as entériné cette énormité?

– Bien obligé! La veille au soir, elle avait pleuré dans mon giron parce qu'une fille l'avait appelée « la Trinquette ».

– Tu étais trop bon! Il aurait mieux valu que tu endigues tout de suite son imagination.

– Je n'y serais pas arrivé.

– Qu'est-ce que tu en sais?

– D'abord, l'héritage de sa mère et de sa grand-mère, de ce côté-là, était trop lourd. Ensuite, elle avait encore plus qu'elles des raisons de se barder de mensonges.

– Tu veux dire par là que son enfance a été plus pénible que la leur?

– Sur le plan affectif, c'est certain. Songe que, le plus souvent, elle vit seule avec Rosalie dont le rôle d'éducatrice se résume à la nourrir – n'importe comment –, à l'habiller – très mal – et à la distraire par la lecture à haute voix de romans à deux sous ou par le récit falsifié de sa jeunesse glorieuse. Quant à ses parents, lorsqu'ils reviennent entre deux contrats, ils lui reprochent sa naissance qui a brisé leur carrière...

– Ce n'est pas une raison! Tous les enfants malheureux ne deviennent pas des menteurs. Regarde-moi...

– Toi, tu t'es réfugiée dans la révolte.

– Pourquoi n'en a-t-elle pas fait autant?

– Question de caractère! Et puis n'oublie pas que les enfants de cette époque-là ne soupçonnaient même pas qu'on puisse se révolter contre les parents. Ils subissaient – on subissait – l'autorité parentale sans même penser à la discuter. Je vais même sans doute t'étonner, voire te choquer, mais nous étions fiers de cette autorité.

– Fiers!

– Parfaitement! On se vantait, oui, c'est le mot, on se vantait de l'autorité paternelle! Ainsi, lorsque mon père s'est opposé catégoriquement à mon départ du cours privé, j'en ai remis sur la rudesse de notre affrontement, pour mieux valoriser la fermeté de sa décision. J'étais fier que, malgré tous mes efforts, il ne m'ait pas cédé! Fier d'être un enfant qu'on surveillait de près, auquel on s'intéressait, donc qu'on aimait. Tu comprends?

– Difficilement! Moi, j'aurais tellement souhaité qu'on me fiche la paix...

– Pas ta mère! Elle souffrait terriblement qu'on ne s'intéresse pas à elle, qu'on ne la surveille pas, donc qu'on ne l'aime pas. De cette négligence aussi elle a eu honte et, comme le reste, elle l'a travestie. Je vais t'en donner un exemple qui me semble particulièrement typique : un jour, Simone – elle devait avoir dans les neuf ans – revient de son école et demande qu'on lui achète une paire de chaussons de danse sans pointe parce que son professeur de gymnastique a décidé d'apprendre à ses élèves quelques rudiments de danse rythmique en vue d'un petit intermède qu'il est chargé de régler pour la distribution des prix. Le premier jour, sa requête est accueillie par : « On n'a pas le temps, on verra ça demain ! » Le lendemain par : « Tu n'as qu'à prendre les vieux chaussons à pointe de ta mère et les bourrer de coton pour qu'ils soient moins grands ! » Le troisième jour par : « Je n'ai jamais vu une gosse aussi collante ! » Le quatrième jour par : « Tu n'as qu'à pas y participer, à leurs singeries, tu ne manqueras rien ! » Le cinquième jour – le pire – par : « Tu n'as qu'à leur dire qu'on est des artistes et qu'on n'a pas d'argent à dépenser pour des foutaises ! » Le sixième jour, la veille du cours de gymnastique, au retour de l'école, Simone vient me voir. Elle m'expose son problème – sous le sceau du secret – ainsi que la solution qu'elle compte lui apporter... avec mon concours. Elle sort de son cartable un corsage en lamé or, volé dans l'armoire de sa mère, et sa paire de pantoufles en feutre rouge, dont les boutons qui devaient en tenir la bride manquaient. Son projet consiste à les faire passer pour les chaussons de danse hongrois offerts jadis à sa grand-mère par son fiancé, le fameux prince. Comment y parvenir ? Tout simplement en découpant des fleurs dans le corsage en lamé et en les collant sur les pantoufles.

– Et elle l'a fait ?

– *Nous* l'avons fait. De ma propre initiative, j'ai remplacé les brides des pantoufles par un ruban doré ayant appartenu à une boîte de chocolats.

– Ça devait être beau !

– Sans doute pas, mais Simone jubilait. Le lendemain, au moment des exercices rythmiques, elle présenta ses chaussons de danse, hongrois et princiers, à ses camarades et à son professeur, comme une véritable relique. Par chance pour elle, elle tomba sur des compagnes naïves qui l'envièrent et sur un professeur qui fit semblant d'être dupe. Elle rendit grâce à la tendre complicité de sa grand-mère qui lui avait confié ce précieux souvenir... en cachette de ses parents! Car eux n'auraient jamais toléré une telle libéralité. Et voilà! Elle avait recréé les rôles familiaux, tels qu'elle aurait souhaité les leur voir jouer : la mamie-gâteau et les parents sévères!

Cet exemple qui stupéfie Isabelle n'en est qu'un parmi d'autres. Cent fois, pendant son enfance, Simone prend le mauvais rôle pour ne pas le donner à ses parents. Cent fois elle les défend, non pas par amour mais pour se protéger, elle, contre la honte qu'elle ressent.

Elle n'a que du pain sec pour son goûter? Normal! On l'a punie et elle l'a bien mérité!

Elle porte un chandail usé? Bien fait pour elle, qui s'entête à ne pas mettre le neuf qu'on lui a acheté!

Son père oublie de signer son carnet? Pas du tout! C'est elle qui a oublié de le lui présenter!

Sa mère ne vient jamais la chercher à la sortie de la classe? C'est elle qui le lui interdit!

Sa mère l'envoie en classe avec de la fièvre? Non! C'est elle qui a fait baisser le thermomètre!

Aucun membre de sa famille n'assiste à la distribution des prix et à la fête qui suit? Ah! ça, c'est une malchance incroyable : à chaque fois, il y a dans la famille un deuil, ou une maladie, qui les prive au dernier moment de cette joie qu'ils espéraient tant!

Me Theix s'interrompt. Ses yeux viennent de rencontrer ceux d'Isabelle, légèrement embués.

– C'est pathétique! dit-elle.

– N'exagérons rien. Il y a des enfances plus douloureuses.

– Je sais, mais ce qui me touche rétrospectivement, c'est une petite phrase qu'elle m'a écrite un jour, quand elle a divorcé de mon père.

– Quelle phrase?

– « Je voudrais tant que tu aies une enfance aussi heureuse que la mienne! »

Me Theix remonte à nouveau ses lunettes sur son front, reprend son bloc-notes, son stylo et écrit:

« Songez, messieurs les jurés, au drame de cette petite fille mal aimée, rejetée, humiliée, digne de figurer dans un roman de Dickens et qui se voulait pour les autres l'héroïne – espiègle et choyée – de la comtesse de Ségur. »

Au procès, à cette phrase, Simone Trinquet baissa la tête.

4

Adrien raccroche le téléphone.

– Ils sont vraiment insensés! dit-il.

A ce moment précis, il évoque à Isabelle ces pères bouffis d'orgueil devant leur progéniture et qui essaient de prendre l'air de ne pas avoir l'air. La seule différence, c'est que les rôles sont renversés. Adrien est un fils et ce sont ses parents qui lui inspirent cette admiration béate. Ce n'est pas nouveau. Depuis quelques années, il sort de son portefeuille leurs photos aussi facilement que d'autres en sortent celles de leurs bambins, avec le même genre de commentaires: « Et encore! Ça, c'était l'année dernière, juste après l'opération de maman. Vous la verriez maintenant, elle est beaucoup mieux! »; ou bien : « Ah! là, c'est papa en train de biner son jardin. Il était furieux parce que je l'avais photographié sans veste! J'ai rarement vu un homme de cet âge aussi coquet! » Quand les gens l'abreuvent des mots de leurs enfants, lui, il leur répond par les mots de ses parents. La dernière de Fernand ou la dernière de Marguerite. En général des gaillardises, des audaces de vocabulaire ou des remarques pertinentes qui étonnent autant dans la bouche des vieillards que dans la bouche des enfants. Il ne se lasse pas non plus de relater leurs exploits, ou ce qu'il juge comme tels. Isabelle le sait et gentiment lui pose la question qu'il attend.

– Qu'est-ce qu'ils ont fait, encore?
– Ils sont allés ce matin à la messe à Pluvigner. A pied.
– A pied?
– Oui! Tu te rends compte, à quatre-vingt-quatre et soixante-dix-neuf ans! Par moins cinq! Six kilomètres!
– Tu exagères! Seulement trois.
– Non! Six avec le retour. Et ça grimpe, au retour...

Isabelle, pour avoir parcouru à bicyclette le chemin entre Pluvigner et le manoir d'Adrien où demeurent ses parents, pourrait lui rétorquer qu'une seule côte, d'un pourcentage très doux, en rompt la platitude rigoureuse sur à peine plus de deux cents mètres; mais elle s'en garde bien, pressée qu'elle est de voir son parrain quitter ses chères routes bretonnes en direction de la rue de Steinkerque. Elle amorce discrètement le virage.

– Qu'est-ce qu'il t'a dit au juste, ton père, à propos d'Eva?
– Qu'il était navré. Ma mère aussi, bien entendu. Ma mère surtout, peut-être. Elle aimait beaucoup la tienne. Elle aurait tellement voulu avoir une fille.

– Ils l'ont beaucoup connue, Eva?

– Plutôt, oui!

Ça y est! La machine aux souvenirs est réenclen-
chée. Isabelle redouble d'attention. Son parrain va
aborder une période – entre 1939 et 1945 – sur
laquelle sa grand-mère n'a jamais été très bavarde.
Il semble que pour elle il n'y ait eu que deux faits
marquants. Le premier, en mai 1939, la mort de
Rosalie. Le second, en juin 1944, celle en déportation de Charles Trinquet et le changement de
situation qui s'ensuivit. Ces deux deuils, si cruellement ressentis par Nina – à ce qu'elle disait –,
avaient justifié jusque-là aux yeux d'Isabelle la réti-
cence de sa grand-mère à évoquer ces années
noires. Maintenant qu'elle connaît un peu mieux la
famille Trinquet, elle se doute bien que cette discrétion a des raisons moins honorables.

Me Theix ne tarde pas à le lui confirmer : Simone
a treize ans quand elle découvre, un matin, le corps
inerte de sa grand-mère Rosalie, morte dans la nuit
d'une embolie. Elle est seule dans l'appartement.
Ses parents sont en tournée. Alertés par Robert
Valton, lui-même alerté par les Theix, ils arrivent
seulement le matin de l'enterrement dont les forma-
lités ont été réglées, à contrecœur, par le beau-frère
de Charles. Aussitôt la cérémonie terminée, ils
repartent après avoir laissé une petite somme d'argent à leur fille ainsi que la recommandation, en
attendant leur retour, d'être bien sage, bien raisonnable et de s'adresser à l'oncle Bob au cas où elle
aurait besoin de quelque chose. Ce qui est, selon
eux, bien improbable. De quoi vraiment pourrait
avoir besoin une gamine de treize ans qui a un lit
pour dormir et un voisin épicier qui lui ferait
volontiers crédit? De rien. Ils en sont tellement
persuadés qu'ils ne s'en inquiètent pas plus d'une
demi-douzaine de fois, sur cartes postales, pendant
les deux mois que dure leur absence.

– Pendant ces deux mois, continue Me Theix, ta mère vit pratiquement chez mes parents. Elle monte au second juste pour se coucher. Sa chambre est située au-dessus de la mienne et nous communiquons par balais interposés, grâce à un code sommaire : un coup, ça va bien. Deux coups, ça ira mieux demain. Trois coups, ça va mal. Quatre coups, tâche de monter.

– Je suppose que ce sont les quatre coups que tu entendais le plus souvent.

– Erreur ! Je n'ai jamais entendu qu'un seul coup. Ta mère, une fois de plus honteuse de sa situation de quasi-orpheline, a décidé de convaincre tout le monde qu'elle est très heureuse et que ses parents si merveilleux souffrent plus qu'elle de cette séparation à laquelle les contraint leur brillante carrière. Pour accréditer ces misérables fabulations, elle s'envoie elle-même des lettres, en imitant l'écriture de sa mère et en gommant ou barbouillant le cachet de la poste sur l'enveloppe.

– Elle te le disait, à toi ?

– Bien sûr que non ! Elle me les montrait, comme à ses camarades de classe, mais comme j'étais plus vieux et surtout plus prévenu, j'ai tout de suite découvert la supercherie.

– Et là encore, tu l'as bouclée ?

– Tu aurais fait comme moi.

– Sûrement pas !

Me Theix répond à la réprobation de sa filleule par la lecture d'une de ces lettres apocryphes de la Simone de son enfance qu'il vient de tirer de son classeur :

– « Ma petite fille chérie... »

Adrien ne va pas plus loin. Il lève la tête vers Isabelle. Il tient à préciser l'importance de cet en-tête et répète :

– « Ma petite fille chérie... » Tu te rends compte ? Une enfant qu'on n'a jamais appelée que par son diminutif : Momone, qu'elle détestait, ou par son surnom : Bouboule, qui la crucifiait. C'est triste, non ?

– Révélateur en tout cas.

Adrien reprend sa lecture :

– « Comme tu nous manques ! Nous ne cessons pas, ton père et moi, de parler de toi et de te suivre par la pensée. Nous avons toujours ta photo avec nous, celle de ta communion où tu es si jolie. Dès que nous arrivons dans la chambre d'un nouvel hôtel, nous la mettons sur la table de nuit. C'est un peu comme si tu étais là. Nous te parlons, nous te regardons et, le soir, avant d'éteindre la lumière, nous t'envoyons un baiser.

» Nous nous ennuyons tellement de toi que nous avons décidé de venir t'embrasser entre deux trains. Evidemment, ce n'est pas raisonnable parce que les voyages sont coûteux, fatigants et que ce serait terrible si nous rations la représentation du soir. Mais enfin... Nous viendrons dimanche prochain. Nous irons directement en sortant de la gare chez ton oncle Bob. Viens nous y rejoindre vers 11 heures. Il nous a invités à déjeuner. Comme ça, tu n'auras pas à préparer un repas et nous ne salirons pas l'appartement. Et puis, je préfère ne pas y retourner, parce que j'aurais trop de mal à le quitter.

» A dimanche donc, mon petit trésor, le bonheur de te serrer dans nos bras. En attendant, reçois mille tendres baisers de tes parents qui t'aiment.

» Signé : ta maman.

» P.-S. Nous avons partout un succès fou et, si tu entendais les acclamations du public, tu serais aussi fière de nous que nous le sommes de toi. »

Isabelle prend la lettre des mains de son parrain et la relit en silence. Il lui apparaît encore plus clairement que chaque phrase de sa mère recouvre systématiquement un de ses espoirs déçus, un de ses rêves envolés. Elle est bien près d'approuver son parrain d'avoir respecté ces mensonges destinés uniquement à réchauffer un cœur frileux. Et encore... elle ignore, pour le moment, ce que sa mère s'est imposé pour les rendre crédibles! Elle le découvre peu à peu, avec stupéfaction, à travers les souvenirs d'Adrien. Il a suivi Simone de loin, tout au long de ce fameux dimanche où, selon les termes de sa propre lettre, elle devait revoir ses parents : le matin, habillée au mieux de ses maigres possibilités, elle descend chez les Theix. Elle feint la plus joyeuse excitation à la perspective de ces retrouvailles si attendues : il lui faut des témoins à son bonheur. C'est également pour cela qu'en quittant ses voisins elle va bavarder gaiement avec la concierge de l'immeuble, puis au square d'Anvers, lieu de rendez-vous des enfants du quartier, avec Marceline, Paulo et d'autres amis. Ensuite, elle se rend gare de l'Est et se dirige aussitôt vers le bureau de renseignements. C'est seulement le soir qu'Adrien comprend l'utilité de cette démarche, quand Simone, pleine d'assurance, lui dit que ses parents ont repris le train de 17 h 12 qui arrive à Epernay à 20 h 34. Il peut vérifier : ça, au moins, c'est vrai. Cette précaution prise, Simone s'achète une demi-baguette de pain dans une boulangerie et revient à la gare dans la salle d'attente. Elle en sort plusieurs fois pour regarder l'heure à la grande pendule, pour aller aux toilettes, pour tromper son ennui en faisant les cent pas dans le hall. Au cours de sa dernière déambulation, elle s'arrête devant l'étal d'une marchande qui vend journaux, tabac et souvenirs. Elle demande le prix de différents objets, compte ce qu'elle a dans son porte-monnaie et, après plusieurs hésitations dues à son impécuniosité, jette son dévolu sur deux d'entre eux qu'Adrien, de son poste d'observation assez lointain, ne peut identifier. Vers 17 heures, au moment où

44

ses parents sont censés repartir vers leurs obligations professionnelles, Simone quitte la gare avec ses petits paquets sous le bras.

Dès qu'Adrien est certain qu'elle reprend, toujours à pied, le chemin du retour, il saute dans un taxi pour la devancer rue de Steinkerque. Elle arrive une bonne demi-heure après lui et lui raconte sur-le-champ tous les détails de « la merveilleuse journée » qu'elle vient de passer : le déjeuner avec ses parents au restaurant – oui, au restaurant! –, une surprise qu'ils ont voulu lui réserver; les plats extraordinaires et inconnus qu'elle a commandés; la tendresse de sa mère qui, renonçant à sa réserve habituelle, n'a pas cessé de l'embrasser; la fierté de son père qui ne lui a pas ménagé les compliments; leur émotion à l'un comme à l'autre en la retrouvant, puis en la quittant sur le quai. Nina a même pleuré. Pas Carlos – forcément, un homme! –, mais dans son trouble il a failli oublier de lui donner les souvenirs rapportés pour elle des villes où ils sont passés... Oh! des babioles! Juste pour lui montrer qu'ils pensaient à elle et juste deux, parce qu'ils ne peuvent pas trop charger leurs valises : des bêtises de Cambrai et une petite poupée de Strasbourg, habillée en costume local. Mais leur plus beau cadeau, c'est la promesse de revenir dans quinze jours – pas dimanche prochain mais l'autre – pour une nouvelle escapade!

Cette fois, c'est trop! Isabelle soupçonne son parrain d'inventer à son tour.

– Ah non! s'écrie-t-elle, tu ne vas quand même pas me dire que, quinze jours plus tard, ma mère a recommencé sa comédie!

– Je peux te le jurer! Exactement la même. A cela près que, comme elle n'avait plus d'argent pour s'acheter des cadeaux, elle m'a raconté qu'on les avait volés à ses parents dans leur chambre d'hôtel la veille de leur départ!

– Pendant qu'elle y était, elle a dû te les décrire.

– Je ne m'en souviens pas mais c'est probable. Elle était capable de n'importe quoi pour authentifier ses mensonges. Pense que, les deux dimanches où elle avait soi-disant déjeuné fastueusement en famille, elle a poussé le raffinement jusqu'à refuser de partager notre dîner, sous prétexte qu'elle ne pourrait pas avaler une bouchée après son festin du midi! Stoïquement, elle a assisté à notre repas sans toucher à rien, presque écœurée à la vue de nos plats, alors qu'elle devait crever de faim avec son morceau de pain sec dans le ventre depuis le matin.

– C'est quand même assez fantastique pour une gamine de treize ans.

– D'autant que Simone avait un solide coup de fourchette.

– Ça lui a bien passé par la suite!

– Jamais! L'appétit d'oiseau de ta mère est une de ces légendes qu'elle s'est créées plus tard quand elle a décidé de jouer les créatures éthérées. Mais elle était d'une nature très gourmande, voire boulimique.

– D'après Nina, elle n'a jamais que grignoté.

– Oui, mais elle se privait.

– Et moi qui l'ai tellement enviée!

– Pour ça et pour mille autres choses, tous ceux qui l'ont approchée ont envié ta mère. Ce fut l'objectif de son existence : qu'on l'envie.

– Et ton objectif à toi, maintenant, c'est qu'on la plaigne?

– C'est de rétablir la vérité.

Avec un à-propos qui fait sourire Me Theix et sa filleule, Kiféťout interrompt leur conversation pour leur proposer du thé et une tarte au citron qu'elle vient de confectionner à leur intention. Isabelle hésite... et refuse. Adrien est prêt à l'imiter pour lui épargner d'inutiles tentations mais justement elle les recherche... pour s'habituer à y résister. Alors...

La tarte de Kifétout aurait été susceptible de poser des problèmes à saint Antoine lui-même. Isabelle lui résiste avec une tasse de thé (sans sucre), une deuxième, une troisième, et puis elle cède... Furieuse contre elle-même et pleine d'admiration pour sa mère. C'est bien la première fois!

— Chapeau! Elle avait une sacrée volonté.

— Et, en plus, celle de la cacher.

Isabelle achève sa part de tarte, boit une dernière tasse de thé et, résolue à ne pas prolonger une épreuve aussi peu concluante, va reporter le plateau dans la cuisine où règne une redoutable odeur d'oignons rissolés, promis pour le dîner à une destination nettement incompatible avec les basses calories. Elle fuit ces lieux de perdition et rejoint dans le bureau son parrain qui l'attend, une lettre à la main.

— Qu'est-ce que c'est?

— Une lettre de ta grand-mère Nina à ma mère.

— Une vraie, celle-là?

Isabelle y jette un coup d'œil. L'écriture de Nina ressemble bien à l'imitation que la petite Simone en a faite. Mais l'attention d'Isabelle, retenue un instant par le joli talent de faussaire de sa mère, se fixe bientôt sur la date de la lettre : le 7 juillet 1939.

— Carlos et Nina étaient encore en tournée?

— Non, mais revenus fin juin, ils étaient repartis presque aussitôt pour Vichy où ils avaient décroché un engagement de trois mois dans une boîte de nuit.

— C'était la période des vacances scolaires. Ils auraient pu emmener leur fille!

— Ils l'ont emmenée.

— Ah! Quand même!

— Attends! Ecoute la lettre de Nina envoyée de Vichy, une semaine après leur arrivée :

« Chère madame Theix,

» Pardonnez-moi de vous importuner mais je suis très ennuyée et vous êtes la seule personne à qui je peux m'adresser. Simone ne supporte pas le climat d'ici. Elle dort mal, ne mange presque pas et devient nerveuse. Bref, nous ne pouvons, à notre grand regret, la garder avec nous et comptons la renvoyer à Paris dans quelques jours.

» Je sais que votre petit Adrien est en vacances chez ses grands-parents en Bretagne. Si Simone pouvait y aller aussi nous en serions très heureux et elle pareillement. Bien entendu nous paierions la pension.

» En attendant impatiemment de vos nouvelles, je vous prie... »

En bonne mère, Isabelle s'indigne.

– Quel culot!

– Il faut dire à la décharge de Nina que la conduite de son ineffable mari – depuis déjà pas mal de temps – aurait justifié les revendications féministes les plus élémentaires et que c'est peut-être pour éviter à sa fille le spectacle peu édifiant de ses déboires conjugaux qu'elle a voulu l'éloigner.

– C'est lui prêter un bien grand sens des responsabilités maternelles.

Me Theix ne s'attarde pas à défendre Nina. Ce qui lui importe, c'est que Simone l'ait défendue, ainsi que son père d'ailleurs; c'est qu'elle ait, là encore, excusé ses parents, en s'accusant elle-même d'avoir été odieuse. Ce qui lui importe, c'est qu'elle les ait défendus à nouveau quand, contraints par les événements politiques de revenir à Paris, ils l'ont laissée en Bretagne et qu'en octobre, à la rentrée scolaire, devant ses camarades dont les pères étaient mobilisés, elle ait transformé le sien – réformé pour pieds plats – en patriote désespéré de ne pouvoir servir son pays. Ce qui lui importe, c'est qu'elle ait maintenu l'image de parents qu'elle rêvait, souvent à ses dépens et malgré les démentis que lui apportait la réalité.

Qu'est-elle, cette réalité, pour Simone Trinquet en ce premier automne de guerre?

Elle a quatorze ans depuis le mois d'août dernier. C'est une adolescente boulotte. Mme Theix, en l'absence de Nina, lui a expliqué succinctement, comme on le faisait dans ce temps-là, les mystères de la formation; mystères dont un seul retint son attention : quand on « devenait jeune fille », on maigrissait. Or, pour elle, « ça » n'a rien changé. La graisse l'enrobe de la tête aux pieds, enlevant toute grâce à ses membres, pourtant bien galbés, et aux traits, pourtant réguliers, de son visage. Même ses yeux n'arrivent pas à jaillir de cette gangue. Pourtant ils sont beaux et, surtout, d'une couleur très rare. Adrien l'apparentait à celle d'un torrent descendant d'une montagne moussue qu'il avait vu un jour de soleil, en Auvergne. Simone, elle, la définissait comme celle de « l'océan mouillé de pluie », expression qu'elle avait dénichée dans un conte du *Lisez-moi bleu*, magazine très prisé de sa grand-mère Rosalie. Bref, ses yeux sont verts. Malheureusement, en dépit de cela, aucune espérance ne les anime...

Mais ce physique relativement ingrat la soucie bien moins que sa vie familiale. Certes, ses parents sont là, mais si visiblement et si audiblement désunis qu'elle a de plus en plus de mal à le cacher. En classe, c'est encore possible : elle peut raconter ce qu'elle veut, on ne vérifie pas. Avec le petit monde de la rue de Steinkerque, c'est plus difficile. Elle essaie quand même.

Son père rentre de plus en plus souvent seul, au petit matin? Pas étonnant! La nuit, il s'occupe de l'imprimerie de son frère qui est au front.

Il a ameuté l'immeuble avec ses cris? Mais non! C'était pour rire, il racontait une histoire.

On l'a rencontré dans le quartier avec une fille? Bien sûr! Elle la connaît : c'est une relation de travail.

On a entendu un bruit de vaisselle cassée? Ah oui!... c'est elle, la maladroite, qui a lâché des assiettes.

Ces « camouflages » mis au point avec sa mère et propagés par elles deux – leur seule complicité –, ne trompent personne. Mais persone ne le montre. D'ailleurs, Simone cloue le bec à ses contradicteurs éventuels en ponctuant ses mensonges par cette phrase fort habile : « Vous savez qu'il y a des gens qui ne me croient pas. Faut-il qu'ils soient bêtes... et méchants! »

N'empêche que tout cela, réalité et fiction, est pénible à vivre, si pénible que Simone éprouve quelque soulagement en apprenant que ses parents sont engagés dans un cabaret d'Alger à partir du 24 décembre, pour deux semaines. Ils y resteront six mois pendant lesquels Mme Theix, en l'absence de son mari, retenu sous les drapeaux, entoure Simone d'une vigilante tendresse. Celle-ci, pour ses camarades, élève la mère d'Adrien à la dignité de marraine afin de les convaincre par cette vague parenté que ses parents, toujours si attentifs, ne l'ont pas abandonnée entre des mains étrangères.

C'est une période assez heureuse pour Simone : elle découvre entre Adrien et sa mère les joies d'une vie de famille paisible et, auprès d'une certaine Mme Korsoff, les joies des entrechats et des jetés battus. En effet, avant de la quitter, ses parents ont accédé à un de ses souhaits mille fois formulés : prendre des cours de danse. Ce fut l'occasion pour elle de vanter leur compréhension et leur générosité, cette fois au moins avec une raison valable, encore qu'elle se soit rendu compte par la suite que leur intention n'était pas véritablement désintéressée. Enfin, sur le moment, pleine de reconnaissance, elle se rue à l'école de Mme Korsoff et s'y révèle une élève douée surtout d'une ardeur et d'une ténacité peu communes. Fort honnêtement, son professeur l'avertit qu'elle ne sera jamais la Pavlova... Traduction de Simone pour son entourage : « Mme Korsoff m'a affirmé que je pourrai devenir Ginger Rogers. » Ce qui est son rêve de l'instant. Hormis cette nouvelle utopie, elle laisse dans les bras de Terpsichore une demi-douzaine de kilos. Ce fut le résultat le plus tangible de ces six mois d'efforts.

Ses parents arrivent à Paris une quinzaine de jours avant les Allemands. Charles est rayonnant : la débâcle de l'armée française à laquelle – Dieu merci ! – il n'a pas la honte d'avoir participé, le réjouit fort. Il est temps qu'« on » vienne mettre un peu d'ordre dans cette pétaudière. Nina, elle, souffre des jambes, du foie et d'un épuisement général tel que, si cela avait existé à ce moment-là, elle aurait eu une dépression nerveuse. Elle n'a droit de la part du médecin qu'à « un mal du pays qui va se passer très vite maintenant qu'elle est de retour » et de la part de son mari à « un coup de flemme dont le traitement se trouve au bout de sa chaussure ».

– Chaque époque a ses diagnostics, conclut Me Theix.

– Et surtout ses imbéciles !

– Oui. Et, dans ces circonstances, ton grand-père a vraiment battu ses propres records.

– Qu'est-ce qu'il a fait ?

– Il a injurié ma mère parce qu'elle s'apprêtait à partir avec moi pour la Bretagne, chez mes grands-parents, et qu'elle insistait gentiment pour entraîner Nina et Simone dans cette prudente retraite.

– Il était furieux que ta mère ne lui propose pas, à lui aussi, de partir ?

– Pas du tout! Ce grand planqué, à titre militaire, se faisait une gloire, à titre civil, de ne pas déserter devant les occupants et entendait que sa femme et sa fille restent là pour les recevoir.

– C'est un comble!

– Rassure-toi. Nous sommes partis quand même.

Les deux mères et les deux enfants s'entassent dans la fourgonnette de l'épicerie avec des bagages, des conserves, des couvertures, du linge et plein de ces objets inutiles qui semblent indispensables dès qu'on croit en être privé pour toujours. Me Theix garde un bon souvenir de ce voyage, heureusement effectué avant le pénible exode des citadins, ainsi que de leur installation dans la ferme que ses grands-parents exploitaient pour le compte des propriétaires du manoir voisin qu'il racheta plus tard.

Pendant les quelques mois qu'ils passent dans cette campagne privilégiée, Nina et Simone, par la force des choses, se rapprochent. Rapprochement très relatif que Simone s'empresse de présenter à Adrien comme une passion mutuelle. Quand il risque quelques doutes, fondés sur l'observation de leur comportement, elle lui rétorque que cette passion n'est pas visible par les autres pour la bonne raison que Nina lui a recommandé de réserver leurs élans aux moments d'intimité, afin de ne pas indisposer leurs hôtes par des démonstrations intempestives d'une tendresse qu'ils n'ont pas la chance de connaître...

A ce personnage de fille comblée d'une mère aimante, Simone en adjoint un autre : celui de la future danseuse en proie aux exigences de son art, personnage qu'elle accrédite en effectuant quotidiennement, avec un acharnement méritoire, en plein champ, les exercices appris avec Mme Korsoff.

Au cours de sa vie, Simone s'identifia à bien d'autres personnages, mais ces deux-là furent ses premières créations. C'est pourquoi Me Theix a tenu à les signaler au jury... enfin à Isabelle, pour le moment.

Essentiellement préoccupé du sort de son amie, Me Theix ne s'attarde pas sur ses retrouvailles avec son père, qui a jugé inutile de poursuivre sa retraite au delà de Pluvigner; sur le retour de ses parents à Paris en septembre, pour tâter le vent; sur celui de Nina une semaine plus tard; enfin sur le sien et celui de Simone à la fin du mois pour la rentrée scolaire. Rapidement donc, il en vient aux premiers mois de l'Occupation, rue de Steinkerque.

Très vite, Simone doit affronter une honte nouvelle : dans l'immeuble, on n'appelle plus ses parents que « les collabos du deuxième ». Le bruit se répand chez les commerçants du quartier où les conversations s'arrêtent quand elle arrive, et jusque dans son école, par l'intermédiaire de Marceline, où elle est reléguée dans le clan, assez restreint, des brebis galeuses.

Seuls les Theix se montrent compréhensifs – du moins envers Nina et Simone. Ce n'est pas leur faute si Charles s'est rangé ostensiblement du côté des vainqueurs, heureux d'être craint à travers eux et de détenir – il le ressent ainsi – un peu de leur puissance. Pas leur faute non plus s'il a forcé sa femme à reprendre du service dans un cabaret de Pigalle presque exclusivement fréquenté par les occupants, à trinquer avec eux après leur numéro, et s'il a poussé le zèle jusqu'à remplacer sur des affiches et des cartes de visite Carlos par Karl.

Non, ce n'est pas leur faute, mais Simone n'en souffre pas moins pour ça. Et que faire? Avec quel mensonge peut-elle lutter contre cette vérité connue de tous que les Trinquet pactisent avec l'ennemi? Elle finit par trouver, servie par le hasard. Un matin, elle glisse dans le cabinet de toilette. Sa bouche heurte rudement le rebord du lavabo et se met à enfler de façon spectaculaire. Adrien, à qui elle raconte sa mésaventure avant d'aller en classe, ne la croit pas, comme souvent les menteurs quand ils disent la vérité. Il pense qu'elle a été battue par son père et lui enjoint de l'admettre. Alors subitement l'éclair jaillit dans la tête de Simone : elle va focaliser l'opprobre général sur Charles afin que Nina et elle-même en soient préservées; elle va ouvertement se désolidariser de lui et récupérer l'auréole familiale à leur seul profit. Elle avoue donc à Adrien la fausse vérité : oui, c'est bien son père qui l'a frappée... L'inspiration lui vient au fur et à mesure que s'accroît l'indignation d'Adrien. Il l'a frappée parce que... parce que... il l'a surprise en train d'écouter la radio anglaise avec sa mère... Nina a voulu s'interposer mais il l'en a empêchée par la force... Il les a menacées des pires sévices l'une et l'autre, si elles recommençaient.

Simone, sur le chemin de l'école, enjolive cette version des faits de quelques détails propres à rendre son père parfaitement odieux et sa mère merveilleusement héroïque. Elle en assure la diffusion dans la classe par la recommandation de Marceline de ne pas ébruiter l'affaire. L'effet produit encourage Simone à continuer : dans les mois suivants, ses camarades la voient arriver avec des hématomes que la qualité de sa peau lui rend relativement faciles à provoquer ou avec des pansements sur un endroit quelconque de son corps et de son visage. Bien sûr, à chaque fois elle fournit une nouvelle explication, qui a toujours le même but : dénoncer la tyrannie paternelle et glorifier la solidarité maternelle. C'est ainsi qu'en peu de temps Simone repeint l'image de sa vie moitié en noir, moitié en bleu tendre et tire de cette double coloration l'orgueil du martyre soutenu par l'amour, qui l'aide à vivre pendant toute l'année scolaire. La dernière pour elle, précise Me Theix.

Isabelle s'étonne.

– Comment la dernière? Si je t'ai bien suivi, on est en juillet 1941 et elle n'a pas encore seize ans?

– Oui et alors?

– Elle a passé son bac à quinze ans?

– Elle ne l'a jamais passé. Pas plus que son brevet, d'ailleurs.

– Ah ben ça!

– Qu'est-ce qui t'étonne?

– J'ai chez moi une lettre où elle s'étend copieusement sur son bac, sur ses examinateurs et sur le sujet qu'elle a eu en philo.

– « Connaissance de soi et des autres »?

– Exactement!

– C'est celui que j'ai traité et les détails qu'elle t'a donnés sur sa dissertation, elle les tenait de moi. Ainsi que ceux de son interrogation miraculeuse en géographie, sur la Bretagne, et désastreuse en physique-chimie par un professeur qui avait la mèche et la moustache d'Hitler.

– Ça n'a pas l'air de t'épater.

– Non. Elle s'est souvent approprié les meilleurs souvenirs des autres pour les substituer aux siens.

– Ah bon! Elle n'a pas emprunté qu'à toi?

– Oh non! A tous ses amis et connaissances. Surtout pendant ces quatre ans d'Occupation où elle en a particulièrement bavé dans la boulangerie des Leroux.

Isabelle lève le pouce comme une enfant désireuse d'arrêter un jeu. Elle n'a pas plus entendu parler de boulangerie que de Leroux. Elle croyait, elle :

Que sa mère avait poursuivi ses études au lycée Jules-Ferry. Non! Ça, c'est Marceline.

Que, le dimanche, elle allait à bicyclette dans les

environs de Paris, chercher du ravitaillement. Non! Ça, c'est Paulo.

Qu'elle avait passé son bac. Non! Ça, on le sait, c'est Adrien.

Qu'en 1943 elle avait eu une idylle romanesque et périlleuse avec un jeune Israélite prénommé Simon. Non! Ça, c'est Lydie, la fille du boucher.

Qu'au début de 1944 son père avait été déporté dans un camp. Non! Ça, c'est précisément le pauvre Simon.

Qu'à la suite de cela, par esprit de revanche, elle s'était engagée dans la Résistance. Non! Ça, c'est Mme Korsoff.

Que, devenue soutien de famille, elle avait travaillé chez une délicieuse marchande de tissus du marché Saint-Pierre, Mme Clémence. Non, ça, c'est Josette, la fille de la concierge.

Me Theix rétablit la vérité qui est beaucoup plus simple et beaucoup moins prestigieuse : tout le temps que sa mère a prétendu avoir consacré à ses chères études, à de périlleuses amours, à la vente de tissus et à des activités clandestines, elle l'a passé exclusivement à s'échiner dans la boulangerie de la despotique Mme Leroux et à subir, sous peine d'être renvoyée, les exigences sexuelles de son fils. Si Adrien en épargne à Isabelle les détails sordides, en revanche il tient à lui révéler la cause initiale – et fort louable – de la misère morale et matérielle de sa mère.

– En septembre 1941, dit-il, Simone, qui passe ses vacances avec moi, toujours dans la ferme de mes grands-parents, reçoit une lettre de sa mère. Celle-ci, qui a travaillé tout l'été avec son mari, souffre de troubles circulatoires tels qu'il lui faut absolument renoncer à la danse. Elle demande à sa fille de rentrer au plus vite à Paris car son père la juge apte à devenir sa partenaire dans son fameux numéro burlesque, après de sérieuses répétitions, bien sûr.

– Quelle horreur!

– C'est exactement la réaction de ta mère. Elle se voit à la place de Nina, en poupée grotesque, prenant des airs ahuris et des postures inesthétiques qui déclencheront le rire de la soldatesque teutonne. Elle voit surtout cette image, pourtant lointaine, des fesses de Nina sous le nez de son père et imagine les siennes, comme jadis celles de sa mère, objet de dérision et de salacité. Alors, pour une fois sincère, elle s'écrie : « N'importe quoi... mais pas ça! »

– Je la comprends.

– Moi aussi je l'ai comprise. Restait encore à trouver ce n'importe quoi à faire plutôt que « ça ». J'ai écrit immédiatement à mes parents pour qu'ils aident Simone. Par retour du courrier, ils me répondirent que Mme Leroux acceptait de la prendre comme commise à l'essai. Les gages étaient modestes, mais elle serait nourrie, blanchie et – merveille pour elle qui redoutait d'habiter maintenant rue de Steinkerque – logée. Elle n'imaginait pas, ni mes parents non plus évidemment, dans quelles conditions! Je revins avec elle, comme elle m'en avait supplié, tant elle craignait d'affronter seule les foudres de son père. A notre grande surprise, ce furent celles de sa mère qui se déchaînèrent. Charles, lui, fut superbement compréhensif... et pour cause! Il n'attendait que le refus de Simone pour prendre une autre partenaire. Il l'avait déjà choisie : une petite blonde, ronde des yeux, du nez et du mollet, souple de corps et de caractère, légère à la ville comme à la scène et qu'il aimait presque autant que lui. Ce qui n'est pas peu dire! Il avait sans doute déjà répété avec elle – à tout hasard – car, très vite, il invita Nina à se reposer.

– Elle lui en a beaucoup voulu, à ma mère?

– Dame! A cause d'elle, il n'y avait plus que la moitié de l'argent qui rentrait; et puis, quelques mois après, il n'y eut plus rien.

– Pourquoi?

– A l'été 1942, Charles partit pour l'Allemagne présenter son numéro avec sa blondinette.

– C'était ça, le camp de concentration!

– Eh oui!

– Il y est resté longtemps?

– Définitivement. Il laissa en partant une fausse adresse et ne donna jamais de ses nouvelles. C'est seulement à la fin de la guerre que Nina apprit qu'il avait été tué dans un bombardement, quelques mois plus tôt, à Hambourg.

– Alors, c'est à ce moment-là que, pour vivre, Nina a pris une place de gérante dans un grand restaurant?

– Non! Pas dans un grand restaurant. Dans une boîte de nuit de Pigalle où Charles et elle s'étaient produits pendant un an. Et pas comme gérante.

– Comme quoi, alors?

– Avec notre pudeur actuelle nous dirions « préposée aux toilettes ».

Me Theix profite de la surprise d'Isabelle pour prendre son bloc-notes et y écrire :

« Rappelez-vous, messieurs les jurés, que la détresse de Simone Trinquet se mesure à l'énormité de ses mensonges et jugez de celle qu'elle éprouva, adolescente, pour, au fil des années, avoir travesti en déporté un fasciste notoire, et en gérante ce qu'on appelait encore, en 1944, une dame-pipi. »

Au procès, à cette phrase, Simone Trinquet ramassa le mouchoir qu'elle venait de jeter par terre.

5

Ah! Les Américains arrivent à Paris. Isabelle est contente : ça va être plus gai! Ça l'est effectivement pour Simone. Grâce aux régimes conjugués des occupants et des Leroux mère et fils, elle est devenue une jeune fille non pas mince, mais agréablement potelée dont on découvre enfin les yeux superbes et le corps harmonieux, quoique encore, à son goût, beaucoup trop enveloppé. Elle s'inscrit à l'un des organismes connus sous le nom de *Welcome Committee* où nos libérateurs pouvaient trouver la jeune fille française qui leur servirait, selon leur désir, de guide pour visiter notre capitale, d'interprète pour faciliter leurs achats, de cavalière pour assister à un spectacle ou à une soirée dansante ou bien encore de confidente pour soulager leur cœur nostalgique.

Au bout de quelques mois, les monuments de Paris, ses rues, ses boutiques, ses dancings, ses restaurants n'ont plus de secrets pour Simone. La langue de Shakespeare, ou plutôt celle de Buffalo Bill, en revanche, continue à en garder quelques-uns. C'est un jeune officier de marine, Philip Danning, qui les lui révèle, en pratiquant avec elle la méthode dite, de nos jours, d'immersion partielle. Partielle car Simone s'est créé en l'honneur de son bel Américain une famille bourgeoise, ruinée par l'Occupation, et notamment une mère, veuve rigoriste, qui n'aurait jamais toléré qu'elle découchât et pas davantage qu'elle lui amenât un garçon chez elle. Donc pas d'immersion linguistique, ni de tout autre ordre d'ailleurs, pendant la nuit. Les jeunes gens disposent néanmoins de la journée entière pour l'étude de l'anglais... et d'eux-mêmes, puisque, au lendemain de leur rencontre, Simone a quitté son emploi à la boulangerie, incompatible avec sa dignité de fille de famille – même en difficulté –, et s'est décrétée étudiante en droit, toujours à cause d'Adrien qui peut lui fournir des renseignements sur sa faculté. Quant à Philip, à la suite d'une grave blessure à la tête, il bénéficie d'une permission de convalescence qui lui laisse toute liberté... sauf quand même celle de prolonger indéfiniment son séjour.

Il lui faut donc un jour songer à son rapatriement – avec un certain plaisir – et, par la même occasion, à se séparer de Simone – avec un relatif déplaisir.

Isabelle sursaute.

– Pas plus?

– Non. Il était prêt à lui promettre de revenir... *soon. Very soon.* Prêt à lui écrire *every day* et à penser à elle *for ever*, mais ça n'allait pas plus loin.

– Nina m'a parlé d'un amour de conte de fées! Tiens! je me rappelle ses mots : un amour fou et fort comme la jeunesse, et fugitif, comme elle.

– Ça, pour être fugitif...

– Ils se sont mariés quand même?

– Oui. Parce que Simone est tombée miraculeusement enceinte, peu avant qu'il lui annonce son départ. Et comme lui avait vraiment reçu une éducation rigoriste, il n'a pas hésité à l'épouser. Mais pas de gaieté de cœur.

Cela, Philip Danning l'avoue à Adrien le jour même de ses noces, entre deux whiskies-coca. Il craint l'accueil de ses parents dont il est le fils unique et tardif. Ils lui vouent un amour tentaculaire et supporteront certainement très mal de le partager avec une étrangère – dans les deux sens du mot – sans diplôme, sans fortune et sans moralité – puisqu'elle a péché avant le mariage –, bref, en tout point indigne de lui.

Les craintes de Philip se révélèrent plus que justifiées. Pour qu'Isabelle puisse en juger, Adrien sort de son dossier une lettre que l'Américain lui a écrite alors que Simone était sur le point d'accoucher et commence à la lui lire :

– « *Dear Adrien*...

– C'est en anglais?

– Evidemment!

– Alors, traduis.

– Pourquoi? Tu le parles couramment.

– Je suis allergique à ton accent.

Adrien, qui a horreur d'étaler ses faiblesses en général et celle de sa prononciation en particulier, ne se fait pas prier pour employer sa langue natale. Il reprend :

– « Cher Adrien...

– Ça, quand même, j'avais compris.

– « Je vous écris de la salle d'attente de la maternité de Blackmund. Simone est à quelques mètres de moi, dans la chambre n° 20 (son âge) où je viens de la déposer d'urgence avec deux mois d'avance. On m'a prévenu que l'accouchement serait long. Je suis terriblement nerveux et j'ai eu tout à coup l'idée de vous écrire pour me calmer un peu. Vous êtes le seul à qui je puisse vraiment me confier. Je ne sais si Simone vous a écrit. Elle prétend que non, mais je crains que, même si elle l'a fait, elle ne vous ait pas raconté l'exacte vérité. Je me suis aperçu que c'était son " péché mignon " [en français dans le texte]. »

– Elle t'avait écrit?

– Oui. Tout baignait dans l'huile : beaux-parents exquis. Endroit merveilleux. Amis charmants, Philip adorable. Vie de rêve...

– Je vois. Tu peux poursuivre ta lecture.

– « Notre retour fut encore plus difficile que je ne l'avais prévu. Blackmund est une petite ville de province, presque un village. Il y a des voisins qui vous épient et des ménagères qui cancanent chez les commerçants. Mes parents ont une maison coquette et confortable mais ni luxueuse ni très grande avec, devant, un bout de jardin semblable à tous ceux qui bordent notre rue et qui est leur fierté. Nous habitons chez eux, dans ma chambre de jeune homme. Nous n'avons pour vivre à quatre que la retraite de mon père et ma pension de blessé de guerre. Simone a été immédiatement très déçue et ne l'a pas caché à mes parents qui, de leur côté, ne lui ont pas celé leur hostilité. Entre eux qui me reprochaient de leur avoir ramené une bouche supplémentaire à nourrir (et bientôt deux) et Simone qui me reprochait de ne pas prendre sa défense, ma vie a été infernale.

» J'espère que tout cela s'arrangera quand j'aurai fini mes études de dentiste (dans un an) interrompues par ma mobilisation et quand Simone pourra prendre un job – ce dont elle a été jusqu'ici empêchée par sa grossesse pénible. Je compte aussi beaucoup sur le bébé pour détendre l'atmosphère familiale. »

Me Theix pose le mince feuillet de papier pelure sur son bureau.

– C'est fini? demande Isabelle.

– Non. Ça, c'est la première partie de la lettre.

Me Theix se saisit d'un autre feuillet.

– Voici la seconde :

« Cher Adrien,

» Je viens de retrouver par hasard ce que je vous écrivais pendant que Simone accouchait. Depuis, six semaines ont passé et je m'aperçois que ma dernière phrase est prémonitoire, bien que le sens en ait complètement changé. En effet, comme je l'espérais, l'atmosphère familiale s'est détendue grâce au bébé. Mais pas grâce à sa présence, grâce à son absence. Lorsqu'on m'a appris sa mort en même temps que sa naissance, je me suis étonné de n'en éprouver aucun chagrin. A croire que j'ai pressenti à la seconde tout ce que j'allais devoir à cet accident *a priori* regrettable; à croire que l'instinct est plus sûr que tous les raisonnements.

» Avec les autres j'arrange la vérité afin de la rendre moins choquante, mais puisque c'est vous qui m'avez appris à "allumer ma bougie" [en français dans le texte], je pense que vous ne m'en voudrez pas d'être si crûment sincère. »

— Ah! ce que c'est drôle!

— Quoi?

— De penser que ton histoire de bougie a franchi l'océan... et que, peut-être, des petits Américains, grâce à toi, *light on the candle.*

— Sûrement! Les enfants de Philip en tout cas.

— Il en a eu?

— Deux. Le premier, un an après son divorce, en 1947.

— Ils ont divorcé si vite que ça?

— La suite de la lettre de Philip te renseignera :

« Malheureusement Simone, elle, est une spécialiste de la bougie éteinte et j'ai eu quelque difficulté à lui montrer la situation sous son vrai jour. Heureusement, elle a fini par admettre que la cohabitation avec mes parents était à la fois inévitable pour plusieurs années encore et impossible; qu'au lieu de se haïr dans un bref délai, il valait mieux se quitter tout de suite bons amis. Mes parents, heureux à l'idée d'en être débarrassés, étaient même prêts à lui payer avec leurs économies son voyage de retour en France mais elle a préféré se rendre à Los Angeles, chez un couple d'amis américains, les Clayton, qu'elle avait connus, paraît-il, à Paris, et qui l'avaient invitée à séjourner chez eux. Aux dernières nouvelles elle y était toujours et semblait très contente. De mon côté, j'ai repris avec délice ma vie de garçon. Quant à mes parents, ils nagent dans le bonheur.

» Si par hasard vous aviez l'occasion de passer dans la région, ne manquez surtout pas de m'en prévenir, je serais ravi de vous revoir. En attendant... »

Isabelle n'a pas plutôt ouvert la bouche que déjà Me Theix, d'un geste de la main, l'invite à se taire, puis à écouter la lettre que Simone lui a écrite de Los Angeles et qui est datée curieusement du même jour que celle de Philip.

— « Mon bien cher Adrien.

» Ne m'en veuille pas de t'avoir laissé si longtemps sans nouvelles et de ne t'en donner aujourd'hui que très brièvement.

» J'ai perdu mon bébé à sa naissance avant terme, il y a six semaines, et c'est un souvenir si affreux que je ne veux plus en parler à personne. C'est la raison pour laquelle j'ai quitté la maison de Blackmund où le chagrin de mes beaux-parents et celui de Philip ne faisaient qu'aviver le mien. Ils ont tous trois compris que je ne pourrais surmonter ce choc physique et moral que loin d'eux et ont très gentiment insisté pour que j'aille me reposer chez des amis à eux, les Clayton, qui ont à Los Angeles une superbe villa avec piscine et jardin. Ce sont des gens charmants qui me dorlotent comme leur propre fille. Dans mon malheur, tu vois, j'ai de la chance; plus en tout cas que mon pauvre Philip qui s'est résigné à notre séparation dans mon intérêt mais qui en souffre terriblement. Heureusement, Blackmund n'est pas très loin et il pourra passer tous les week-ends avec moi. Je l'attends d'ailleurs d'une minute à l'autre et je vais te quitter pour m'apprêter à le recevoir comme son amour le mérite.

» A bientôt plus longuement. Je t'embrasse très fort.

» Signé : ta vieille amie Simone. »

Me Theix joint par un trombone la lettre de Simone à celle de Philip et contemple les feuillets réunis avec la satisfaction du collectionneur devant une pièce rare.

— Ce n'est pas beau, ça? Le même jour, apprendre par lui qu'il l'a joyeusement larguée et par elle qu'il a consenti par amour à l'éloigner pendant quelque temps!

— Effectivement... ça illustre bien les dérobades de ma mère devant ses constats d'échec.

— Et tiens-toi bien, pour lui extirper la vérité, il a fallu que j'aille jusqu'à Los Angeles la pousser dans ses derniers retranchements.

Cette rencontre américaine entre les deux anciens voisins de la rue de Steinkerque n'aura pas les résultats qu'Adrien en escomptait. Les lettres courtes et rares qu'il a reçues de Simone depuis un an l'intriguent. Les Clayton y occupent la plus grande place : lui, Edward, est psychanalyste; elle, Jill, lui sert de secrétaire. Les superlatifs pleuvent sur eux et sur leur entourage. Ils sont les gens les plus exquis, leurs enfants les plus attachants, leurs amis les plus passionnants qu'elle a jamais rencontrés. Elle participe si étroitement à leur vie familiale exemplaire et à leur vie mondaine si intéressante qu'elle n'a plus le temps de penser à ses problèmes. Ni d'en parler. Ça, c'est évident. Toutes les questions qu'Adrien ne manque pas de lui adresser à chaque courrier au sujet de Philip et de leur avenir – commun ou pas – n'obtiennent que des réponses évasives ou même pas de réponse du tout. La chasse aux renseignements se révélant impraticable à distance, Adrien décide de s'y essayer sur place.

Avocat stagiaire chez un maître du barreau parisien depuis un an, il profite donc de ses trois semaines de congé pour se rendre aux Etats-Unis, espérant y satisfaire sa curiosité, tant touristique qu'amicale.

Dans les premiers jours du mois d'août 1947, il s'envole pour New York et, de là, au volant d'une voiture de location, gagne Los Angeles par étapes, dont la dernière, très brève, à Blackmund. Il y reste juste le temps de flâner dans la petite ville, d'imaginer la déception de Simone quand elle l'a découverte...

Le temps de déguster un ice-cream gigantesque au drugstore et de s'attendrir avec le patron, un Italien disert, sur la *french girl* qui était venue quelquefois pleurer près de lui – entre déracinés on se soutient...

Le temps de déranger les parents de Philip dans leurs travaux de jardinage...

Le temps de les amadouer avec quelques compliments sur leur pelouse...

Le temps d'apprendre que leur fils est parti pour la journée avec sa future femme, américaine celle-là, et gentille, et sérieuse. Pas comme « l'autre ». Là, ils ont prononcé un mot qui ne figurait pas au vocabulaire d'Adrien mais qui d'après leur moue méprisante devait être l'équivalent de putain...

Le temps de comprendre clairement qu'à Los Angeles, chez les Clayton, Simone court d'aventure en aventure et que, s'il est vraiment un de ses amis, il doit – *you understand? – sure! –*, il doit la ramener en France avant que cela finisse mal pour elle...

Le temps de mal cacher son désarroi sous des

formules de politesse... et il est remonté dans sa voiture avec un indéfinissable sentiment de malaise et de culpabilité. Lui qui, une heure auparavant, se réjouissait à l'idée de surprendre Simone juste le jour de son anniversaire et de le fêter avec elle... Drôle de fête en perspective! Enfin... Il ne va quand même pas reculer si près de son but!

Il est aux environs de 19 h 30 quand il sonne à la porte des Clayton. Fort jolie porte d'une fort jolie maison, précédée d'un fort joli jardin. Si la piscine est derrière comme semble l'indiquer le bruit des plongeons qui parviennent de cette direction, les descriptions enthousiastes que Simone a données des lieux sont fidèles. Sa description de Jill Clayton qui a ouvert la porte à Adrien l'est déjà beaucoup moins. Certes, c'est une femme qui porte sa petite quarantaine avec une grande distinction, mais la douceur, contrairement aux affirmations de Simone, n'est pas *a priori* sa qualité dominante. *A fortiori* encore moins. Mrs Philip Danning? Elle ne connaît pas. Simone Trinquet? Non plus. Ah! une Française qui habite chez eux? S'agirait-il par hasard de « Saïmon Trinkouet »? Oui? Elle ne pouvait pas deviner. Bien sûr que cette fille est là mais il n'est pas question de la voir pour le moment. Elle prépare le buffet pour leur réception de ce soir. Après, elle doit coucher les enfants, puis servir à boire aux invités, puis remettre un peu d'ordre dans la cuisine. Elle est payée pour ça, pas pour recevoir des amis. Même s'ils arrivent de Paris. Même s'ils ne peuvent pas rester. Même si c'est son anniversaire. Il n'a qu'à revenir demain, c'est le jour de congé de Simone. Qu'il passe la prendre à 10 heures. Elle la préviendra.

Le lendemain, le jeune Me Theix est là dans sa voiture devant la maison des Clayton... à 9 heures. Un quart d'heure plus tard, Simone en sort et le découvre avec l'air dépité d'un voleur pris la main dans le sac. Elle tente de se défendre : il aurait dû l'avertir. Elle aurait été si contente de bavarder avec lui. Mais là, elle est désolée, ça lui est impossible. Elle a un rendez-vous si important pour son avenir qu'elle ne veut pas en parler par superstition. Si son espoir se confirmait, elle en tiendrait immédiatement Adrien au courant. D'ailleurs, dans cette occurrence, elle reviendrait probablement en France pour quelque temps mais... on n'en est pas encore là...

La brusquerie avec laquelle Adrien la saisit par les poignets et l'entraîne dans sa voiture lui interdit toute réaction.

— Maintenant, ça suffit! dit-il. Je n'ai pas parcouru dix mille kilomètres pour entendre tes bobards.

— Ce ne sont pas des bobards. J'ai vraiment rendez-vous.

— Avec qui?

— Ça ne te regarde pas.

— Avec qui? Les portières sont verrouillées : tu ne sortiras pas avant de m'avoir répondu.

— Eh bien, si tu veux le savoir, j'ai rendez-vous avec un grand metteur en scène de cinéma.

— Son nom?

— Tu ne le connais pas.

— Son nom!

La vanité l'emportant sur la prudence, Simone lâche le nom de Bill Corman. Adrien s'étonne devant ce nom, fort connu, même de cinéphiles moins avertis que lui. Il lui cite les principaux films du réalisateur. Est-ce bien de lui qu'elle a voulu parler? Mais oui! C'est un client et ami des Clayton. A chacune de ses visites, il lui a manifesté le plus vif intérêt et, hier, il lui a demandé de venir chez lui, afin de l'entretenir d'un scénario où il y aurait un rôle pour elle. Adrien se garde de tout commentaire et pare au plus pressé.

– A quelle heure t'attend-il?

– Tout de suite. Je suis déjà en retard.

– Où habite-t-il? Je vais t'y conduire et lui expliquer d'où je viens et pourquoi je suis là.

– Tu n'as pas le droit de te mêler de mes affaires!

– Ce n'est pas un droit, Simone. C'est un devoir. En tout cas, je le ressens comme tel et je te préviens que je n'y faillirai pas.

Il y a quelque chose de si inhabituellement solennel dans le ton d'Adrien que Simone cède : c'est vrai qu'elle a rendez-vous avec Bill Corman mais pas avant le dîner. C'est vrai aussi qu'elle a quitté la maison des Clayton de bonne heure avec l'intention d'éviter leur rencontre. C'est encore vrai qu'à présent elle est ravie de pouvoir bavarder avec lui et d'avoir des nouvelles de Paris, surtout du quartier, de leur quartier. Il lui en donne tout au long de la route qui les mène à la plage de Santa Monica où ils ont décidé de passer la journée.

Les parents Theix songent de plus en plus à la retraite. Avec l'argent gagné sous l'Occupation, ils ont racheté la ferme de leurs vacances, à côté de Pluvigner. Ils s'y retireront dès qu'Adrien les aura quittés – ce qui ne saurait tarder.

Mme Leroux est décédée et son horrible fils, transformé par l'amour, est devenu – juste retour des choses – l'époux soumis de Marceline, qui trône désormais au comptoir de la boulangerie.

Paulo pédale gaillardement sur toutes les pistes de France et de Navarre. Plusieurs fois déjà il a eu droit aux honneurs de *L'Equipe*.

Josette, la fille de la concierge, a capté définitivement la confiance et l'affection de Mme Clémence. Elle en sera certainement un jour l'héritière. En attendant, elle dirige sa boutique de tissus.

Mme Korsoff a été décorée de l'ordre de la Libération.

Robert Valton, le frère de Charles, a vendu son imprimerie et s'est installé dans le Midi. Il écrit de temps en temps à Nina.

Quant à Nina... Simone interrompt le bulletin d'informations d'Adrien. Elle correspond régulièrement avec sa mère. Elle sait.

– Tu sais quoi?

– Qu'elle va particulièrement bien depuis qu'elle a sous-loué mon ancienne chambre à un vieux monsieur charmant qui la gâte et lui tient compagnie.

– C'est un vieux monsieur, mais pas du tout charmant, qui la traite comme sa bonne.

– Pourquoi ne s'en débarrasse-t-elle pas, alors?

– Parce qu'il l'a obligée à quitter son emploi afin de l'avoir jour et nuit à sa disposition et qu'il la fait vivre.

– Elle aurait dû me le dire.

– Lui as-tu dit, toi, que tu étais la bonne des Clayton, que tu avais été acculée au divorce par l'hostilité de tes beaux-parents, l'égoïsme de ton mari et que ta belle aventure américaine se solde par un fiasco total?

– C'est faux!

Adrien attend d'avoir trouvé un coin tranquille le long de la côte pour continuer cette conversation. Il la juge par avance si importante, si lourde de conséquences qu'il ne veut pas que son attention en soit détournée par des détails matériels. Il les règle donc tous : le parking, le parasol, les maillots, les serviettes de bain, et c'est seulement quand ils sont enfin étendus, tête à l'ombre et corps au soleil, qu'il reprend le dialogue comme s'il n'y avait pas eu d'interruption.

– Qu'est-ce qui est faux dans ce que je t'ai dit?

– Tout. D'abord, je ne suis pas la bonne des

Clayton. Ce sont des amis de mon ex-mari. Je leur rends quelques services et je garde leurs enfants en échange de leur hospitalité et d'une légère rémunération. Ensuite, c'est moi qui ai voulu divorcer parce que, après la mort de mon bébé, je ne supportais plus ni mes beaux-parents, ni mon mari qui ne rêvait que de me refaire un gosse. Enfin, ma belle aventure américaine, comme tu dis...

– Arrête! Ne t'enferre pas plus longtemps!

– Quoi?

– Je connais la vérité par Philip. Il m'a écrit exactement ce qui s'était passé.

– Exactement? Qu'est-ce que tu en sais? Pourquoi le crois-tu lui plus que moi?

– Parce que lui n'a aucune raison de me mentir.

– Et moi j'en ai?

Depuis son plus jeune âge, Adrien préfère la dialectique à la colère. Alors avec calme, avec méthode, il récapitule par ordre chronologique toutes les histoires que Simone, enfant puis adolescente, a inventées et que lui a parfois entérinées et, en tout cas, jamais dénoncées. De ses petits chaussons de danse hongrois à son mariage-conte-de-fées, tout y passe sans que Simone puisse réfuter le moindre détail. Elle écoute sans un geste, sans un mot, son effeuilleur moral et quand, enfin dépouillée de ses derniers mensonges, elle ne se retrouve qu'avec la vérité sur la peau, elle éclate soudain :

– Eh bien, oui, j'ai menti, dit-elle, à moi et aux autres. J'ai menti parce que ma vie me faisait horreur et que je ne pouvais la supporter qu'en la transformant, en la déformant. Si j'avais eu, comme toi, des parents qui m'entourent de tendresse, de soins, de sollicitude, des parents qui s'entendent bien, qui aient un métier honorable et une conduite décente, des parents qui m'aiment, tout simplement, est-ce que tu crois vraiment que je m'en

71

serais inventé d'autres? Si j'avais eu de vrais motifs
de fierté personnelle, si j'avais fréquenté la faculté
de droit au lieu de l'arrière-boutique de Mme Leroux, si j'avais été douée pour le commerce comme
Josette, pour le sport comme Paulo, pour les études
comme toi, pour le courage comme Mme Korsoff,
pour l'amour comme Marceline, est-ce que tu crois
que je vous aurais emprunté à tous vos exploits, vos
chances, vos réussites? C'est quand on n'est rien ou
quand on n'a rien qu'on a besoin de se vanter d'être
ou d'avoir quelque chose.

— La vantardise est une chose. La mythomanie en
est une autre.

— C'est pareil, à des degrés différents.

— Non! Pour moi, le vantard part d'une vérité
qu'il exagère. Le mythomane crée une autre vérité.
Le vantard, pour prendre un exemple convention-
nel, c'est le pêcheur qui ajoute cinquante centimètres au modeste brochet qu'il a sorti de l'eau. Le
mythomane, c'est celui qui n'a jamais tenu une
canne à pêche et qui raconte sa victoire en Ecosse
sur un saumon de trois cents kilos.

— N'empêche que, dans les deux cas, le principe
est le même : on ment ou on exagère pour cacher
une insatisfaction.

— Je l'admets et d'ailleurs je n'apprécie pas plus
les vantards que les mythomanes.

— Eh bien, tu ne dois pas apprécier grand monde :
chacun de nous est, plus ou moins, l'un ou l'autre.

— Ah non! Quand même...

— Bien sûr que si! Presque tous les gens mentent
sur eux-mêmes.

— Pas du tout, je t'assure que moi...

— Mais toi, encore une fois, tu es heureux, ta vie
te plaît, tu n'as pas besoin de la valoriser ou de te
valoriser à tes propres yeux ou aux yeux des autres.
Malheureusement, tu es une exception. Les gens,

dans leur ensemble, sont insatisfaits d'eux-mêmes ou de leur vie. Alors, ils mentent, un peu, beaucoup, passionnément et même à la folie : Philip n'a pas été blessé en service commandé sur son beau navire, mais au retour d'une virée peu glorieuse à moto. Jill Clayton n'est pas une femme comblée, mais – à juste titre – jalouse. Edward Clayton dissimule son ennui sous le masque du joyeux luron; sa mère, son angoisse de vieillir sous celui d'une grand-maman philosophe. Quant à leurs amis, ils ne sont ni aussi riches, ni aussi puissants, ni aussi aimés qu'ils le prétendent. Ils mentent et je mens. Ce n'est pas plus grave que ça.

– Mais si! C'est grave!

– Moins, il me semble, que de se flinguer après avoir regardé la vérité en face ou de l'oublier dans la drogue ou dans l'alcool.

– Enfin, à t'entendre, on croirait vraiment qu'on ne peut affronter la vie qu'avec, à portée de main, un revolver, une bouteille ou une seringue.

– Non! Il y a aussi, et heureusement, les mensonges.

– Il ne faudrait quand même pas en faire une panacée. Il y a des gens qui vivent sans et très bien.

– Oui, toi, je sais.

– Mais il n'y a pas que moi.

– D'accord! Les autres privilégiés de ton espèce également.

– Je ne suis pas un privilégié, ni par la fortune, ni par la naissance, ni par la nature. Le seul privilège que je me reconnaisse, c'est d'être lucide. Et ça, ça s'acquiert. C'est une question de volonté, de discipline mentale. Moi aussi, figure-toi, j'ai mon petit lot de complexes : l'épicerie familiale, le béret basque de mon père, les cuirs de ma mère, l'argent de poche qui m'était compté parcimonieusement. Quant à mon physique, tu dois bien te douter qu'il ne me procure pas de joies ineffables. Tu dois bien te douter qu'avec les filles mon mètre soixante-trois (et demi!), mes membres trapus, mes lunettes de myope et ma gueule carrée, ça me gêne un peu!

– Oui, mais ça, tu ne peux rien y faire. A moins de casser toutes les glaces et de crever tous les yeux, tu ne peux pas raconter que tu ressembles à Gary Cooper.

– Pardon! Je pourrais raconter qu'une fille est tellement amoureuse de moi qu'elle me l'a dit; ou bien que ma virilité me vaut plus de conquêtes que si j'étais un Apollon; ou bien que j'ai la chance incroyable de tomber sur des femmes qui préfèrent l'intelligence à la beauté et, de surcroît, la pauvreté à la richesse; ou encore, faussement modeste, que je n'arrive pas à m'expliquer mes innombrables succès mais que, pourtant, le fait est là : je plais. Eh bien, non, le fait n'est pas là : je ne plais pas. Je le sais et je le dis. Ce qui me permet d'éviter les désillusions et d'agir positivement.

– C'est-à-dire?

– En l'occurrence, me ruer sur le travail puisque j'ai admis que je dois compter exclusivement sur ma réussite pour séduire.

– Je ne suis pas moins réaliste que toi : moi, j'ai admis que je devais compter – pas exclusivement, mais d'abord – sur mon charme pour réussir.

– Réussir dans la galanterie?

– Non, dans le milieu artistique. Il ne s'agit pas de coucher mais de m'imposer par mon physique.

– Alors tu n'es pas réaliste. Sans vouloir te vexer, il y a aux Etats-Unis des tas de filles plus jolies et plus spectaculaires que toi et qui, en plus, connaissent à fond leur métier.

– Oui, mais moi j'ai l'avantage d'être étrangère et les Américains y sont très sensibles. Regarde Marlène Dietrich, Greta Garbo.

– Pardonne-moi, mais je pense qu'elles avaient au départ d'autres atouts.

– Elles ont eu surtout la chance de rencontrer l'une von Sternberg, l'autre Stiller qui les ont modelées, façonnées et ensuite lancées.

– En somme, si je comprends bien, tu attends toi aussi ton Pygmalion.

– Evidemment! C'est pourquoi, quand j'ai cherché un emploi dans les petites annonces des journaux, j'ai sauté sur l'offre des Clayton qui habitaient à Los Angeles, à deux pas d'Hollywood. Ça multipliait mes chances de rencontre.

– Pour le moment, ça n'a multiplié que tes aventures et tes déconvenues.

– Comment ça?

Là, Adrien, nanti seulement des vagues renseignements que les parents de Philip lui ont fournis sur la vie dissolue de leur ex-belle-fille chez les Clayton, se risque à prêcher le faux pour savoir le vrai. Il le fait avec une telle assurance que Simone finit par lui avouer une, puis deux, puis trois « romances » avec des amis des Clayton. Bien sûr... la première avec un producteur, les deux autres avec des acteurs... Mais c'est un pur hasard. Leur métier n'a absolument pas dicté son choix. Elle ne leur a même jamais parlé de ses aspirations... enfin, très peu... juste pour leur demander des conseils. Elle s'est intéressée à eux simplement en raison de leur gentillesse et de sa solitude, puis désintéressée d'eux en raison de leurs sentiments trop encombrants. C'est son drame avec les hommes : ils s'attachent trop à elle!

Adrien la laisse aller jusqu'au bout de sa version enjolivée, puis subitement lui assène sa traduction dans son langage dépouillé d'artifice.

– Bref, tu t'es tapé trois types avec l'espoir que leur position t'ouvrirait les portes dorées du vedettariat et, quand tu les as mis au pied du mur, ils ont décampé.

Adrien s'attend à une averse de dénégations violentes, d'injures, de menaces. Il ne reçoit qu'une petite plainte douloureuse qui le glace :

– J'aimais mieux quand tu faisais semblant de me croire.

Lui aussi il aimait mieux. C'était plus facile que de jouer les démolisseurs de rêves. Mais il le faut. Pour son bien. Elle ne doit pas en douter. Elle a grandi. Ses utopies risquent de l'entraîner trop loin. Elles l'ont déjà entraînée trop loin. Il est temps de prendre conscience des réalités. Elle s'est jetée par intérêt dans trois médiocres aventures qui ne lui ont rien apporté qu'une mauvaise réputation dans le cercle des Clayton et peut-être un peu de dégoût d'elle-même. Et la voilà maintenant qui fonde de nouveaux espoirs sur sa rencontre avec Bill Corman alors qu'elle sera aussi décevante sur le plan professionnel et encore plus déprimante sur le plan moral. Certes, Corman est un monsieur célèbre et talentueux, mais âgé, mais usé, dont une fille de vingt ans normalement constituée ne peut se réjouir ni s'enorgueillir de tripoter les chairs flasques et subir l'haleine fétide.

Adrien craint d'avoir un peu trop appuyé sur la pédale lyrique. Sans les manches de l'avocat qui amortissent les effets, sans la solennité du prétoire, ses paroles, sur cette plage ensoleillée, lui paraissent un peu excessives. Les chairs flasques, à la rigueur... d'après les reportages dans les journaux, sont peut-être défendables, mais l'haleine fétide, à juger sur papier, c'est plus léger. Il semblerait pourtant, à la réaction de Simone, qu'il soit tombé juste.

– Mais je n'ai pas l'intention d'être la maîtresse de Corman!

– Et quoi d'autre alors?

– Il a pour moi une affection paternelle. D'ailleurs, il m'a dit que je ressemblais à une de ses filles.

– Est-ce que tu te fous de moi? Est-ce que tu crois vraiment que ce type t'a invitée ce soir à dîner pour te raconter *Le Petit Chaperon rouge*?

– Non! Pour bavarder, pour m'observer et voir si je corresponds au personnage qu'il me destine dans son prochain film.

– Si c'est un personnage de petite pute qui s'envoie un vieux monsieur pour décrocher un rôle, tu as toutes tes chances.

– Tu n'as pas le droit de me traiter comme ça!

– Et toi, tu n'as pas le droit de gâcher ta vie, ou du moins ta jeunesse.

– D'abord, je ne la gâche pas. Ensuite, même si c'était le cas, c'est mon affaire. Celle de personne d'autre. Je suis libre, divorcée et majeure, en plus, depuis hier.

Adrien juge le moment particulièrement opportun pour sortir de son sac de plage le cadeau qu'il a apporté de France pour l'anniversaire de Simone et minutieusement choisi. C'est un bougeoir. Mais attention, pas n'importe quel bougeoir : celui de leurs anciennes vacances bretonnes. En effet, la ferme des grands-parents Theix, où Simone a passé sans doute ses meilleurs jours, n'avait pas encore l'électricité au temps où ils y allaient, et le soir, on donnait à chacun des enfants un bougeoir pour regagner sa chambre. C'étaient deux coupelles en faïence peinte. Le décor de l'une – celle attribuée à Adrien depuis son plus jeune âge – représentait un paysage marin avec mouettes, bateaux et filets de pêche. Le décor de l'autre – qu'on attribua à Simone – représentait un paysage champêtre avec arbres, fruits et fleurs. Tous les soirs, ces deux bougeoirs provoquaient la même scène : Simone voulait celui d'Adrien qu'elle estimait le plus beau et Adrien ne voulait pas le lui céder parce que c'était le sien et qu'il n'avait aucune raison d'en changer. Chamailleries d'enfants qui n'avaient d'autre but que de prolonger un peu la soirée mais qui conférèrent par la suite, rue de Steinkerque, une notoriété amusée au « bougeoir d'Adrien ». C'est cet objet tant de fois convoité que l'ancien petit garçon offre à l'ancienne petite fille. Ça sent bon l'air pur de la campagne et de l'enfance. Adrien espère que cette grande bouffée de fraîcheur va chasser les remugles de M. Corman et de son environnement qui traînent autour de Simone. Il se trompe. C'est l'air pur qui l'indispose. Elle se précipite sur le papier d'emballage pour y renfermer le bougeoir. Il retient sa main.

— J'ai un autre cadeau pour toi. Mais laisse celui-là, car l'un ne va pas sans l'autre. L'un n'a d'intérêt que parce qu'il rappelle l'autre. Mon père m'a offert les deux ensemble, également pour un de mes anniversaires. Celui de mes dix ans. Je les garderai jusqu'à ma mort.

— Mais non, puisque tu me les donnes.

— Je les garde dans ma tête.

— Explique! Je ne comprends rien.

C'est là qu'Adrien explique pour la première fois à Simone la parabole du petit Arabe et de sa bougie. Elle la comprend si bien et si vite qu'Adrien peut passer sans transition de la fiction à la réalité.

— Tu m'as dit que tu étais libre, et c'est vrai. Libre d'accepter les fruits extérieurement alléchants de Bill Corman, mais en sachant bien qu'à l'intérieur ils sont pourris et de toute façon nocifs pour toi.

Simone proteste une nouvelle fois de la pureté de ses intentions : ses relations avec le metteur en scène seront exclusivement d'ordre professionnel et amical ou ne seront pas. Si ce soir elle s'aperçoit qu'il s'intéresse à autre chose qu'à son talent, forte de ses expériences précédentes, elle le plantera là, sur-le-champ. Une nouvelle fois, Adrien lui demande d'allumer sa bougie et de lui jurer, si elle en a l'audace, qu'à sa lueur elle voit le « Big Bill » sous les traits d'un papa-gâteau, détaché des biens de ce monde. Simone ne jure pas : elle a appris avec les parents Theix à croire aux maléfices du parjure. Elle esquive sa réponse par une question.

– Si je renonce à Corman, qu'est-ce que tu me proposes à la place?

Ah! enfin, on s'engage dans la bonne voie. Encore faut-il convaincre Simone que c'est vraiment la bonne. Adrien en a souvent esquissé le tracé, contournant ici les obstacles, gommant là les aspérités. Sa route, bien qu'étroite, peut, à son avis, soutenir la concurrence des chemins pentus et tortueux qui mènent problématiquement au septième art. Il dévoile donc son plan à Simone avec confiance : d'abord elle doit revenir en France. Dès qu'il y sera lui-même, dans deux jours, il lui enverra l'argent de son retour. L'appartement de la rue de Steinkerque étant occupé, elle pourra loger dans une chambre de service que son patron mettra volontiers à sa disposition, il s'en est assuré.

Il lui trouvera à Paris un emploi similaire à celui qu'elle a chez les Clayton, et même sans doute moins astreignant quant aux horaires. Ce qui est important si elle souhaite, comme il le pense et comme il le lui conseille, profiter de ses heures de loisirs pour apprendre un métier qui lui plaise. Pourquoi pas la danse ou la comédie, si elle y tient vraiment? A moins que la vie qui réserve toujours des surprises – même agréables – ne lui apporte sur un plateau doré l'amour avec un grand A et qu'elle n'ait plus d'autre envie que de fonder un foyer heureux. Il connaît parmi les amis de son âge plusieurs garçons qui seraient pour elle des maris parfaits, sous tous rapports.

Soudain le visage de Simone, jusque-là indéchiffrable, s'anime.

– Et pourquoi pas toi?

Alors ça, Adrien n'a pas prévu. Son plan ne comportait pas ce genre d'accident de parcours. Mais qu'importe! La parade est facile : elle lui vient promptement sur un ton léger :

– Mais parce que je ne t'aime pas!

– J'en suis beaucoup moins sûre que toi!

Allons bon! Qu'a-t-elle donc encore imaginé? La brusque résurgence d'un amour d'enfance? Non point! Un désir irrépressible? Que nenni! Bel et bien une passion inavouée! Elle lui en énumère les preuves immédiatement, avec une vélocité confondante. S'il ne l'aime pas, pourquoi l'a-t-il toujours défendue, protégée, excusée? Pourquoi se réjouissait-il des absences de ses parents qui la rapprochaient de lui? Pourquoi a-t-il haï les Leroux, surtout le fils, bien entendu? Pourquoi n'a-t-il jamais eu de sympathie pour Philip? Pourquoi l'a-t-il mise en garde contre son mariage? Pourquoi sa tête d'enterrement à la mairie? Pourquoi ses lettres d'inquiet, d'inquisiteur, de jaloux rongé par l'absence? Et pourquoi ce voyage où il a englouti certainement toutes ses économies? Oui, pourquoi? Pour lui souhaiter un bon anniversaire? Pour avoir des nouvelles de sa santé? Voyons! Quelle blague! Uniquement pour lui faire comprendre ce qu'il n'a jamais osé lui dire! Pour la prendre par la main, la ramener au bercail et essayer enfin de la garder. Voilà!

Adrien est abasourdi. S'il y a quelqu'un qui pouvait se croire raisonnablement à l'abri des élucubrations de Simone, c'est bien lui. Surtout aujourd'hui où il vient de lui signaler aussi clairement les dangers de son imagination. Eh bien, non! Elle ne l'a pas épargné! Mieux! C'est elle qui, à présent, brandit l'étendard de la vérité contre lui.

– Approche-la de ton cœur, ta fameuse bougie, et tu y verras mon nom inscrit en grosses lettres.

En trois secondes, la pensée d'Adrien franchit trois étapes. La première étape : mon Dieu! si elle savait... Deuxième étape : pourquoi, après tout, ne saurait-elle pas? Troisième étape : il faut absolument qu'elle sache!

– Claire, murmure-t-il.

– Quoi, Claire?

Adrien désigne son cœur.

– C'est le nom qui est inscrit là.

– Qui est-ce?

– La jeune fille que j'aime, celle-là véritablement en secret. Elle a très exactement toutes les qualités que je demanderai à ma future compagne : beauté, intelligence, élégance suprême de corps et d'âme. En outre, je ne le cacherai pas, quoique ça ne plaide pas en ma faveur : famille cousue d'or et de relations.

Cette déclaration, qui perturberait la femme la plus confiante en son pouvoir, n'ébranle pas un instant la certitude tranquille de Simone.

– T'es-tu déjà demandé pourquoi tu n'avais pas encore épousé cette perle?

Il est évident, au ton insidieux de Simone, qu'elle connaît la réponse : Adrien n'a pas passé la bague au doigt de Claire – si toutefois elle existe – parce qu'il n'a pas perdu l'espoir de la conquérir, elle, et qu'il est, comme les autres, sous son emprise fatale. Décidément ses rêves ont la vie dure. Tant pis pour elle! Adrien va leur assener d'autres coups.

– Je n'ai pas épousé Claire parce qu'elle aurait refusé. Je ne l'épouserai sans doute jamais car il faudrait qu'elle soit encore libre, ou redevienne libre quand moi-même j'aurai une chance de l'intéresser, c'est-à-dire, si tout va bien, pas avant une dizaine d'années.

— D'ici là, tu peux changer d'idée et d'idéal féminin.

— Non! Claire est mon mètre étalon. Je n'aimerai jamais qu'elle ou quelqu'un qui lui ressemblera à tout point de vue.

— Et, bien entendu, je ne lui ressemble pas?

— Vous êtes aux antipodes.

Adrien craint d'entendre que les extrêmes se touchent et que justement cet antagonisme doit l'inciter à la réflexion. Mais non! C'est pire : elle l'enveloppe d'un regard compatissant, lui tapote la joue, lui ébouriffe affectueusement ses cheveux de « sale gosse têtu », bref adopte l'attitude de la gentille infirmière qui sait son patient atteint d'un mal incurable, qui sait qu'il sait et respecte son silence.

Adrien en est sûr, ce soir elle dira à Bill Corman avec des mines attendries qu'elle vient de quitter un vieil ami d'enfance qui est fou d'elle depuis toujours, mais n'a jamais osé se déclarer de peur d'être éconduit. Elle ajoutera sans doute qu'elle est son mètre étalon et qu'il n'épousera jamais qu'une femme à son image.

Adrien est pareillement sûr que toute contestation, que toute indignation de sa part seraient annexées par Simone au profit de sa nouvelle lubie et se retourneraient contre lui. Maintenant, qu'il soit gai ou triste, muet ou disert, qu'il parte ou qu'il reste, qu'il change de fille tous les jours ou qu'il mène une existence monacale, ça la confirmera dans son idée : il l'aime. Définitivement.

Trois jours plus tard, Simone écrivit à Nina pour le lui dire. Celle-ci s'empressa de lui répondre qu'elle s'en était toujours doutée et qu'elle l'approuvait d'avoir renoncé à une union qui aurait entravé sa carrière.

Dix ans plus tard, Simone fit la confidence de cet

amour secret et désespéré à son deuxième mari, un ami d'Adrien.

Vingt-cinq ans plus tard, elle s'en vanta encore, par lettre, à sa fille Isabelle.

Me Theix prend à la hâte des notes sur son bloc. Dans sa plaidoirie il en ressortira ceci :

« Aujourd'hui, trente-quatre ans après la scène que je viens, avec un maximum d'honnêteté, de vous résumer, messieurs les jurés, j'ai appris par une journaliste que Simone Trinquet restait persuadée que je nourrissais toujours pour elle des sentiments refoulés et qu'elle expliquait ainsi ma place au premier rang de ses défenseurs. Or, pardonnez-moi cette muflerie au nom de la justice, il n'en est rien. Je ne suis ici que par conscience professionnelle et j'aurais refusé d'y être, je le jure sur l'honneur, pour toute autre raison. »

Au procès, à cette phrase, Simone Trinquet leva les yeux au ciel.

6

Il est près de 19 heures, ce même samedi, quand un client de Me Theix téléphone : sa femme vient de succomber dans un accident de la route, à quelques kilomètres de leur maison de campagne. Elle y vivait avec sa tendre amie depuis qu'il y a deux ans son mari et elle s'étaient séparés, aussi las l'un que l'autre de se tromper sous le même toit. Elle l'avait acculé par des procédés mesquins à un divorce ruineux. Il voyait s'en rapprocher la date avec une angoisse grandissante et se surprenait les derniers temps, de plus en plus souvent, à nourrir des pensées criminelles envers sa trop « chère » épouse... Et voilà que cette mégère non apprivoisée disparaît miraculeusement dix jours à peine avant la première comparution en conciliation.

— C'est peut-être de mauvais goût, s'écrie Adrien au bout du fil, mais vous avez vraiment une veine de cocu!

Qu'avait-il dit là, grands dieux! L'homme est indigné. D'accord, la défunte n'avait pas toujours été très correcte, mais c'était sa femme quand même! D'accord, ils ne s'étaient jamais beaucoup aimés et jamais très bien entendus, mais c'était sa femme quand même! Non, il n'avait pas oublié qu'elle allait le mettre sans vergogne sur la paille, mais c'était sa femme quand même! Depuis qu'il connaît l'horrible nouvelle, il est anéanti. Adrien, lui, est furieux. Dès qu'il a raccroché, il déverse sa bile sur Isabelle:

— C'est insensé! Il y a trois jours, dans ce même bureau, ce type rêvait que sa femme soit à cent pieds sous terre. Aujourd'hui elle y est – ou presque – et il geint!

— Honnêtement, s'il avait sauté de joie, j'aurais trouvé cela indécent.

— Je ne lui en demandais pas tant. Mais il aurait pu au moins reconnaître que cet accident l'arrangeait et que, raisonnablement, il ne pouvait pas en éprouver un profond chagrin. Pour moi, c'est ça qui aurait été décent et non pas de jouer les veufs éplorés.

— Oui, mais pas pour lui. Lui, comme la plupart des gens, il a des critères et il s'y conforme aveuglément: un mari qui perd sa femme, quelles que soient leurs relations, doit être triste. Alors lui, il est triste.

— Il dit qu'il l'est, mais moi je te garantis que, ce soir, c'est un homme soulagé, délivré, un homme heureux. Seulement, lui aussi, il éteint sa bougie parce qu'il ne veut pas voir.

84

– Ou il n'ose pas faire voir. Je crois que souvent notre attitude nous est imposée par la peur du qu'en-dira-t-on.

Peut-on ainsi expliquer celle de Simone? Sans doute, certaines fois. Avec Corman notamment. Les pensées d'Isabelle et de son parrain suivent le même chemin et aboutissent au même regard sur les photos qu'Adrien était en train d'étaler sur son bureau quand le téléphone a sonné.

Isabelle les prend ainsi qu'une loupe pour mieux les examiner. Ce sont des photos découpées jadis dans différents magazines par Adrien. Elles représentent Bill Corman pendant le tournage d'un film, dans une soirée de gala, à la remise de son Oscar, dans un jardin avec son petit-fils, au bord de sa piscine au milieu d'un essaim de jolies filles. Il serait exagéré de prétendre qu'Isabelle a l'indulgence peinte sur le visage.

– Il avait l'œil plus joyeux que la fesse, le vieux!

– Pas si vieux que ça. A peine cinq ans de plus que moi maintenant.

– Et donc quarante-deux de plus que ma mère à l'époque?

– Ouais!

– Evidemment... dans ces conditions c'est plausible.

– Quoi?

– Ce que Nina m'a raconté : que finalement Corman n'avait été pour Eva qu'une espèce de père adoptif, de guide, de gourou comme on dirait maintenant, et qu'elle n'a jamais eu que de la reconnaissance pour lui et de l'admiration.

– Bien sûr que c'est plausible!

– Mais ce n'est pas vrai.

– Si! Si!

– Tu mens!

Le ton d'Isabelle est trop affirmatif pour

qu'Adrien songe à nier, et puis il n'a pas envie de perdre la confiance de sa filleule.

— Ecoute, Isabelle, j'aimerais mieux ne pas poursuivre sur ce chapitre.

— Eh ben, dis donc! Il doit être drôlement croustillant pour que tu te montres tout à coup aussi discret.

— Il y a des choses qu'il m'est difficile de te dire.

— Pourquoi?

— Il s'agit de ta mère, quand même.

Isabelle explose à son tour. Ça, c'est un peu fort! Voilà que son parrain, lui aussi, réagit selon les critères conventionnels comme son client contre lequel à l'instant il s'insurgeait. Il a beau savoir qu'Eva est quasiment une étrangère pour elle, qu'en dehors de ses cinq premières années, dont elle n'a gardé aucun souvenir, elles n'ont jamais vécu ensemble... ça ne fait rien! Il éteint sa bougie et... c'est sa mère, quand même! Eh bien non, sa mère, celle qu'elle considère comme telle, celle qu'elle s'est choisie, c'est la mère de son mari, celle qui lui a apporté la tendresse et la compréhension dont elle avait toujours été frustrée. Par celle-là, qu'elle a appelée spontanément maman, elle souffrirait d'être déçue. Pas par l'autre. Après tout, elle n'est pas la première enfant à préférer sa mère d'adoption à sa génitrice.

Libéré de ses scrupules, et heureux de l'être, Adrien reprend la direction de la vérité par la voie express.

— Bon! C'est vrai, ta mère a couché avec Corman, mais bien entendu pendant dix mois dans ses lettres elle m'a affirmé le contraire et j'avais fini par la croire.

— Ah! Je ne suis pas mécontente que tu te sois laissé avoir, comme moi.

— Beaucoup plus!

C'est Edward Clayton qui révéla à Adrien l'ampleur de sa crédulité.

En juin 1948, il débarque à Paris, sans sa femme, curieux de rencontrer « l'amoureux transi » de Simone et soucieux, par solidarité masculine, de le détourner de l'objet de sa passion. Passion il n'y avait pas, mais surprise il y a : non seulement Eva est la maîtresse en titre de Corman, mais elle l'était déjà depuis une semaine quand, sur la plage de Santa Monica, elle avait âprement défendu la pureté des intentions de Corman! D'où sans doute son mouvement de répulsion quand Adrien, un peu au hasard, en avait évoqué les chairs flasques et l'haleine fétide. Clayton tire son chapeau devant l'exploit de la petite Française. Le praticien en lui est surtout admiratif. Dame! Elle a réussi où il avait échoué. En effet, depuis trois ans il s'escrimait en vain pour que Corman retrouvât sa joie de vivre, laquelle se localisait chez lui au-dessous de la ceinture. Or, il suffit à Simone d'une seule séance pour prouver facilement la supériorité de son savoir sur celui de Freud! Le psychanalyste n'en était pas revenu. Le metteur en scène non plus. Ils crurent d'abord à un hasard; mais, au bout de trois autres expériences – à deux jours d'intervalle seulement –, toutes trois aussi positives que la première, Clayton, sportivement, homologua la performance, et Corman, lui, exigea immédiatement d'avoir son « infirmière » à plein temps et à domicile. Exigence que Simone traduisit dans une de ses lettres à Adrien par : « Bill a voulu que je vienne habiter sa maison afin de mieux étudier toutes les facettes de ma personnalité »!

Clayton, qui manifestement ne range pas l'orgueil à la même place qu'Adrien, pense que Simone peut être fière : c'est pour elle une belle promotion! Elle dispose d'une des plus belles propriétés de Beverly Hills, d'une voiture, d'un couple de domestiques et d'un compte ouvert dans les magasins de Los Angeles. Evidemment, il y a Corman... et l'obligation de maintenir son euphorie sexuelle dont dépendent ses libéralités et la présence de Simone à ses côtés.

Il y a aussi les deux filles du metteur en scène qui se relaient auprès de leur père pour dénoncer les pièges de « l'intrigante » et lui montrer à quel point cette liaison est préjudiciable à sa santé, son art, sa gloire et, accessoirement, à leur héritage. La situation de Simone reste donc précaire et le restera car − Clayton l'affirme à Adrien − Corman ne fera jamais de sa protégée du moment ni son épouse ni une vedette de cinéma. Il se contente d'entretenir ses illusions. Sans grande difficulté : elle les nourrit de peu.

En dix mois, elle a construit un somptueux château de gloire, sur la vague promesse d'un bout d'essai..., quand le maître la jugera prête. Il n'a pas fixé de date, mais ça sera long : il faut d'abord qu'elle perde son horrible accent français, qu'elle apprenne à jouer la comédie, à danser, à chanter. Il faut aussi conjointement qu'elle se transforme physiquement. Elle est trop... française. Si elle vise une carrière internationale – et que peut-elle viser d'autre ? – elle doit avoir un physique international; et puis un nom international; et puis une personnalité internationale. Tout ça demande du temps. Beaucoup de temps. Et de la réflexion. Beaucoup de réflexion. Et du travail. Beaucoup de travail. Il faut qu'elle soit patiente. Ce serait une erreur grave, voire irréparable, de la propulser dans ce métier si dur avant qu'elle ait réuni toutes les chances d'y réussir.

Récemment, « Big Bill », hilare, a confié à Clayton que Simone n'est vraiment pas douée et que le cinéma ne risque pas de la lui enlever. Il peut donc l'encourager en toute tranquillité et avec un certain sadisme dans cette voie qu'il sait pour elle sans issue. Clayton estime que Corman a trouvé le bon filon et qu'il l'exploitera aussi longtemps qu'il en aura envie.

Il en eut envie six ans pendant lesquels Simone se persuada que Marlène Dietrich et quelques autres n'avaient qu'à bien se tenir.

Isabelle s'agite dans son fauteuil, manifestant l'impatience que sa mère, elle, n'avait pas eue.

– En six ans, elle s'est quand même bien aperçue que ce type était un beau dégueulasse, qu'il la menait en barque et la gardait uniquement parce qu'elle était plus agréable et plus efficace que des piqûres de Bogomoletz?

– En tout cas, une fois de plus, elle s'enveloppa dans un nuage de chimères pour ne pas s'en apercevoir – ou du moins essayer.

– Eh bien, il a fallu qu'il soit épais, le nuage!

Il l'était! Adrien eut l'occasion de le constater quelques mois après son entrevue avec Clayton.

Corman, accompagné de Simone, s'arrêta quarante-huit heures à Paris avant de rejoindre en Côte d'Ivoire l'équipe du film qu'il allait tourner. Ils descendirent au Crillon où l'ancienne locataire de la rue de Steinkerque s'empressa de donner rendez-vous à son ex-voisin qui, lui, y habitait encore.

A 7 heures précises, Adrien est dans le hall de l'hôtel et prie le concierge de prévenir Mlle Trinquet de son arrivée. L'homme aux clés d'or, visiblement surpris, lui fait répéter le nom, compulse par acquit de conscience son registre et confirme ce que son œil a déjà dit : cette personne ne compte pas au nombre des clients de l'hôtel. Adrien insiste :

– C'est une jeune fille qui accompagne Bill Corman.

– Ah! Mlle Devnarick. Eva Devnarick.

Adrien, légèrement perturbé, s'apprête à préciser

qu'il s'agit d'une brune de taille et de corpulence moyennes, quand soudain son interlocuteur lui désigne du regard une créature blonde, élancée, fantomatique, qui s'approche du comptoir.

– C'est cette personne que vous cherchez?

Adrien répond par l'affirmative, uniquement à cause des yeux. Les yeux verts qui eux n'ont pas changé et qui le dévisagent avec satisfaction et amusement. Encore troublé par cette apparition inattendue, il lui tend la main.

– Tu ne m'embrasses pas? demande-t-elle.

– Je n'osais pas : une inconnue dont j'ignorais jusqu'au nom!

Elle a un gracieux haussement de l'épaule droite en oblique vers le menton – sûrement le fruit de longues séances devant la glace – et lui propose une joue dont le méplat surprend ses lèvres habituées depuis toujours à plus de moelleux.

– Bill n'en a pas encore fini avec les journalistes. On va aller prendre un drink en l'attendant.

Elle prend soin de précéder Adrien sur le chemin du bar afin qu'il puisse apprécier de loin sa démarche nouvelle, à rendre jaloux le plus ondulant des félins, et sa silhouette, nouvelle également, à laquelle adhère littéralement une robe en jersey noir. Noirs sont également les bas qui gainent ses jambes qu'elle croise fort haut en s'asseyant, noire l'étole de vison qu'elle laisse glisser le long de son dos, noirs le briquet, le fume-cigarette et l'étui qu'elle sort de son sac. Comme tout à l'heure le haussement d'épaule, comme chacun de ses gestes, ce parti pris de camaïeu semble avoir été longuement étudié. Adrien veut en avoir le cœur net.

– C'est la mode du noir en Amérique ou tu as perdu quelqu'un?

– Ni l'un ni l'autre, c'est une idée de Bill. Je ne m'habille plus que tout en noir ou tout en blanc. C'est fou ce que ça intrigue les gens. La preuve :

90

même toi! Et il y a déjà une échotière très connue aux *States* qui m'a baptisée *Snow-Black*. Bill était fou de joie. Il dit que c'est très important d'avoir un surnom, presque aussi important que d'avoir un nom.

– A propos, c'est aussi une idée à lui, ton nouveau patronyme?

– Evidemment! C'est merveilleux, non? Eva Devnarick... Eva le prénom de l'éternel féminin et Devnarick... un nom d'ailleurs!

– Qu'entends-tu par là?

– Un nom de partout et de nulle part. Non identifiable, donc plein de mystère. Ça n'a l'air de rien, mais c'est très difficile à trouver. Bill a essayé des centaines de noms avant de se fixer sur celui-là. Il faut dire qu'il a, pour tout ce qui concerne ma carrière, une exigence incroyable!

Ouais, incroyable! Mais, elle, elle s'obstine à y croire et rend mille grâces au perfectionnisme de ce génie qui ne se lasse pas de peaufiner son futur chef-d'œuvre. Il en a élaboré minutieusement chaque détail : la coiffure, la ligne, le maquillage, le port de tête, la longueur démesurée des ongles, jusqu'au médaillon qui pend à son cou, qu'elle ne doit ouvrir sous aucun prétexte afin d'exciter la curiosité des journalistes sur son contenu et sur sa provenance, jusqu'à son parfum indéfinissable, jusqu'à son fume-cigarette, celui de Marlène dans *L'Ange bleu* (ou sa copie sans doute), c'est son objet fétiche. C'est aussi la plus récente trouvaille de Corman. Simone n'en a pas encore bien maîtrisé le maniement.

– Si j'ai bonne mémoire, dit Adrien, tu n'aimais pas fumer?

– Non, mais Bill dit qu'Eva Devnarick doit fumer. En plus, l'usage du tabac contribue à baisser la tonalité de la voix; et Eva Devnarick a nécessairement une voix un peu rauque, un peu étrange.

Adrien apprend aussi qu'Eva Devnarick ne doi'

boire que du thé comme les Anglais ou de la vodka comme les Russes, pratiquer l'ascétisme hindou, être une fervente des bains glacés après les saunas, comme les Scandinaves, apprécier les danses sud-américaines, la musique tzigane, le cinéma néo-américain, Pirandello, les Lorelei et le général de Gaulle. Bien entendu, les ancêtres d'Eva Devnarick doivent venir de tous les horizons du monde et justifier ainsi les goûts hétéroclites de leur descendante dont le sang si copieusement mêlé abreuvera bientôt victorieusement les sillons d'une gloire mondiale.

Corman, qui est loin d'être un imbécile, avait dû bien s'amuser à fabriquer morceau par morceau ce personnage insensé dont il est persuadé qu'il ne verra jamais le jour, ou plus exactement la lumière des projecteurs. Eva Devnarick, la star internationale, était le lapin empaillé derrière lequel la petite Trinquet ne se fatiguerait jamais de courir. Il fallait vraiment l'aveuglement de Simone pour ne pas s'en apercevoir.

Adrien, en dépit de ce qu'il s'est promis avant de la rencontrer, veut lui ouvrir les yeux.

– Ecoute, Simone...

Son élan est coupé en même temps que sa phrase.

– Ah non! Je t'en supplie, ne m'appelle plus comme ça! Jamais! Désormais, je suis Eva Devnarick, pour tout le monde. L'autre n'existe plus.

– Pour moi si, excuse-moi.

– Non, il ne faut pas. Bill ne veut plus qu'on me parle de mon passé. Il est furieux quand il entend mon ancien nom. Pas plus tard qu'hier, il m'a dit...

Adrien ne saura jamais ce que Corman a dit. En revanche, il sait ce qu'il hurle d'une voix arrosée d'alcool en entrant dans le bar :

– Saïmon!

Il y a un léger froid, puis un sourire de Simone, répertorié dans la catégorie « mutin-boudeur », puis un geste de sa main susceptible d'attirer, s'il en avait eu envie, le metteur en scène à leur table, puis un nouveau hurlement :

– *Come on!*

Simone le rejoint précipitamment d'un pas qui s'apparente cette fois beaucoup plus à celui du canard affolé qu'à celui de la panthère triomphante. Adrien suit de loin leur échange et a l'impression d'assister à l'une de ces scènes, fréquentes dans les films comiques, où l'un des protagonistes exprime par son attitude et ses mimiques exactement le contraire de ce qu'il ressent. Là, il est clair – et d'autant qu'il parle fort – que Corman inonde Simone de paroles déplaisantes. Elle, pour donner le change, sourit, minaude et roucoule comme sous une pluie de roses. Dès que la bedaine, le cigare et le nez couperosé du metteur en scène mettent le cap sur la sortie, elle revient à la table d'Adrien avec le visage grisé que pourrait avoir de nos jours la femme à qui Robert Redford viendrait apprendre qu'il va divorcer pour elle.

– C'est vraiment un être extraordinaire, annonce-t-elle d'emblée.

Et comme elle a remarqué une certaine lueur dubitative dans l'œil d'Adrien, elle ajoute :

– Il est l'opposé de ce qu'il a l'air d'être.

Au moins une chose qui n'a pas changé chez Simone : son habileté à retourner les évidences dans le sens qui l'arrange. Elle applique à Corman un traitement de faveur, semblable à celui dont autrefois elle fit bénéficier son lamentable père : Corman s'est conduit comme un mufle en ne saluant même pas Adrien? Mais non! Il est affreusement timide! Parler à un inconnu le met au supplice. Il s'est adressé à elle avec quelque rudesse? Erreur! C'est une forme de son humour. Il est très pince-sans-rire et se divertit beaucoup à désarçonner les gens comme Adrien, en jouant les brutes, alors qu'il est le plus délicat et le plus doux des hommes. Il l'a appelée par son ancien prénom? Ah ça! c'est une *private joke* – pardon! –, une plaisanterie entre eux! Forcément, on a du mal à supposer qu'un homme de son importance soit aussi espiègle! Il ne dînera pas avec eux, contrairement à ce qui était convenu? Oh! pure discrétion! Il a craint au dernier moment de les ennuyer et de rompre le fil de leurs confidences. Il en a d'autant plus de mérite qu'il est terriblement jaloux et qu'à l'heure actuelle, tel qu'elle le connaît, il doit se ronger les sangs dans sa chambre. Mais elle est sûre qu'il préfère cela au risque d'être un trouble-fête. Il est si bon! Il lui a même dit...

Simone essaie de se souvenir de la phrase que Corman n'a probablement jamais prononcée et en cherche la traduction la plus fidèle comme s'il s'agissait d'un poème de Byron. Enfin elle trouve :
– Il m'a dit : « Quand tu es heureuse, je suis heureux. »

Comme Adrien ne saute pas d'enthousiasme, elle lui affirme qu'en anglais la phrase est beaucoup plus percutante. Il n'en doute pas un instant. Depuis quelques minutes il a décidé de ne plus jamais émettre le moindre doute sur ce que lui raconterait Simone et, faute de pouvoir éclaircir ses mensonges, au moins de s'en amuser. Décision dont il ne cesse de se féliciter au cours du dîner qui suit et que Corman a bien recommandé à Simone de lui offrir. Il est si généreux! Trop même! Il est entouré de parasites – dont ses filles et ses deux ex-épouses – qui l'exploitent. C'est pourquoi il a été si touché qu'elle refuse d'avoir un compte personnel dans une banque. Il la fait vivre, certes, et luxueusement, mais elle ne possède pas un dollar. Adrien qui sait par Clayton que Corman, pas fou, a imposé à

Simone cette dépendance financière, la complimente sournoisement sur son désintéressement, encore qu'il le juge naturel vis-à-vis d'un homme qui n'est rien pour elle.

– Comment, il n'est rien pour moi?

– Je croyais... d'après ce que tu m'avais écrit.

Le temps de plonger sa surprise dans son saladier de carottes râpées et voilà Simone Trinquet qui remonte à la surface avec la souveraine sérénité d'Eva Devnarick.

– C'est vrai! Tu n'es pas au courant! C'était trop long de t'expliquer ça dans une lettre.

– Quoi, ça?

– Mes relations avec Bill ont beaucoup évolué depuis quelques mois.

– De quelle façon?

– Nous nous aimons.

– Ah bon!

– Oh! Je sais que tu ne vas pas me croire.

– Mais si, pourquoi? Je ne le connais pas mais, s'il est l'homme bon, délicat, compréhensif, discret, tendre et généreux que tu m'as décrit, il n'y a aucune raison pour que tu n'en sois pas tombée amoureuse. Quant à lui, il n'est qu'à te regarder pour le comprendre.

Quelle douce musique à l'oreille de Simone! Adrien ment presque mieux qu'elle. C'est un plaisir de parler avec des gens comme ça. Alors elle parle, laissant libre cours à son imagination : dès qu'ils se sont rencontrés, Bill et elle ont ressenti, l'un comme l'autre, tous les symptômes d'un irrésistible coup de foudre; mais ça, ils ne le surent que beaucoup plus tard. Pendant longtemps ils n'ont pas osé s'avouer leurs véritables sentiments, complexés qu'ils étaient, lui par leur différence d'âge, elle par leur différence de situation. Lui pensait qu'il ne pouvait pas plaire à une fille aussi jeune, elle qu'elle ne pouvait pas intéresser un homme aussi brillant. Elle frémit encore rétrospectivement à l'idée que cette humilité réciproque aurait pu les priver du merveilleux amour qu'ils vivent! Heureusement, Cupidon veillait et, lassé sans doute du mauvais usage qu'ils faisaient de ses flèches, il chargea Clayton de leur en prescrire un meilleur emploi. Le psychanalyste, donc, qui avait reçu, peu avant son voyage en Europe, les confidences des deux amoureux, leur révéla les secrets de leurs cœurs, dont l'identité ne manqua pas de les frapper. L'explosion de leur joie fut telle qu'elle les propulsa sur-le-champ au seuil du paradis. Il ne leur restait plus qu'à le franchir.

Adrien n'espère pas savoir comment, mais Simone n'a rien à cacher à un ami qu'elle éblouit aujourd'hui si visiblement. A personne, d'ailleurs. Leur amour est si pur, si beau! Oui, si pur! Adrien mobilise toute sa naïveté et se hasarde à lui souffler que c'est, en somme, un amour de gosses. L'expression enchante Simone. Voilà! C'est un amour de gosses. Cela faillit même leur jouer un tour, la première fois. Lui qui en dehors de ses deux mariages avait collectionné les aventures les plus tapageuses, et elle qui bénéficiait, ma foi, d'une certaine expérience se retrouvèrent dans la couche nuptiale plus intimidés que deux enfants. Leurs complexes, un instant disparus grâce à Clayton, revinrent dare-dare. Quand elle le vit, lui, le génie de la mise en scène, allongé dans son lit, en pyjama de soie brodé à ses initiales, il lui sembla encore plus grand couché que debout (ça, c'est aussi Adrien qui le lui souffle). Elle se dit : « Jamais je n'oserai. » Lui se dit exactement la même chose – ô touchante coïncidence! – quand elle lui apparut dans l'encadrement de la porte de la salle de bains, adorablement juvénile, les bras croisés sur sa chemise de nuit de pensionnaire bien sage. Sur sa lancée, Simone regrette qu'Adrien n'ait pas pu les voir. Il la rassure : il les voit comme s'il avait été là! Il imagine à quel point a dû être attendrissant le spectacle de ces deux êtres, chacun impressionné par l'autre. Décidément, Adrien est devenu aussi coopératif que par le passé : attendrissant... il n'y a pas d'autre adjectif pour qualifier ce moment exceptionnel... et tous ceux qui suivirent : quand, tremblant, Bill s'approcha d'elle, éperdu d'émotion; quand ils partirent à la lente découverte de leurs corps avec la pudeur de deux adolescents maladroits; quand il eut peur de la décevoir; quand elle eut peur de ne pas lui plaire; quand enfin ils n'eurent plus peur; quand elle en pleura de joie; quand ses larmes leur déverrouillèrent brusquement les portes du septième ciel; quand Bill murmura : « Merci, ma princesse »; quand ils s'endormirent dans les bras l'un de l'autre, comme deux enfants éblouis.

Malgré tous ses efforts, une poussière d'ironie s'introduit dans l'œil d'Adrien. Simone ne s'en formalise pas. C'est normal qu'il ne reconnaisse pas Corman sous les traits du jouvenceau ébloui, timide et innocent qu'elle vient de lui décrire : lui-même ne se reconnaît pas. Tous les jours il se surprend. Il n'arrive pas à croire que ce jeune fou qui dépose des billets doux dans les poches de sa dulcinée ou des fleurs dans le plateau de son petit déjeuner, c'est lui, ce vieux blasé de Corman! Que ce cœur si prompt à s'inquiéter ou à bondir de joie, c'est le sien! Que ce regard émerveillé, ces rires joyeux, ces enthousiasmes appartiennent à l'homme triste et usé qu'il était naguère...

Les miroirs de Simone sont de plus en plus déformants.

La réalité doit être de plus en plus déprimante.

– Je vis un véritable conte de fées, affirme-t-elle.

Adrien pense à un dessin animé où le Prince Charmant aurait la gueule de Corman. Un sourire affleure à ses lèvres sur la cause duquel Simone se méprend.

– Je n'ai pas oublié que j'ai déjà prononcé cette phrase à propos de mon mariage avec Philip. Mais, à l'époque, je me trompais. Je n'avais pas de point de comparaison. Tandis que maintenant, c'est en connaissance de cause que je peux parler de conte de fées.

Son épaule droite se soulève pour la énième fois de la soirée vers son menton (vraiment elle l'amortissait, ce mouvement-là!) et elle pose sa main de geisha sur la patte robuste d'Adrien.

– Et puis, tu sais, continue-t-elle, notre dernière conversation sur la plage de Santa Monica, au sujet d'une certaine bougie, m'a beaucoup marquée finalement. Depuis, je te jure que je ne mens plus jamais, sauf par courtoisie ou par gentillesse. Je n'ai pas grand mérite d'ailleurs. Autrefois je mentais parce que je n'étais pas heureuse. Mais, maintenant que je le suis, je n'ai aucune raison de le faire. Ce n'est pas vrai?

Le raisonnement est parfaitement juste, mais à partir d'une donnée parfaitement fausse : son bonheur. Elle s'appuie sur ses mensonges pour prouver qu'elle ne ment plus. C'est sa meilleure trouvaille de la soirée. Elle ne fera pas mieux. Autant en rester là. Adrien réclame l'addition qu'elle prie le maître d'hôtel de porter sur le compte de Corman :

– La suite 112, précise-t-elle.

Adrien ne proteste pas. Après tout, le vieux singe peut payer, et puis, à cet instant-là, Simone a l'air tellement heureuse! Elle coule sur la note sa nouvelle signature, savamment étudiée, comme le reste : un énorme E d'imprimerie dont la troisième barre se prolonge démesurément et dans le creux duquel vient s'encastrer un non moins énorme D dont le renflement abrite les huit autres lettres de son nom, hautes et serrées. Adrien suppose que ce graphisme compliqué doit correspondre au caractère présumé d'Eva Devnarick, mais sa curiosité est déjà trop émoussée pour qu'il s'en assure. Il lui en reste tout juste assez pour demander à Simone si elle a l'intention de voir sa mère. Elle l'a vue l'après-midi même, ainsi que son compagnon qui a été tout à fait charmant avec elle. Elle a rencontré également M. et Mme Theix, Paulo, Josette, Marceline et son mari : le fils Leroux. Tous ont été médusés par sa métamorphose. Dans l'ensemble, sous leur apparente gentillesse, elle a senti leur aigreur, leur jalousie.

– Même mes parents ? demande Adrien.

Simone esquisse une moue indulgente.

– Oui, mais ne leur en parle pas, l'envie est un sentiment tellement humain !

Adrien est renseigné : ses parents sont beaucoup trop orgueilleux, comme lui d'ailleurs, pour envier quiconque et encore moins Simone qu'ils aiment bien. Si elle leur prête quelque amertume, c'est qu'elle a été sûrement déçue qu'ils ne lui en manifestent pas. Pas plus sans doute que ses autres amis du quartier, tous contents de leur vie et pas faciles à épater.

– Et ta mère ?

– Oh! Elle, bien sûr, elle est folle de joie. Elle vit son rêve à travers sa fille chérie, mais elle a constaté, comme moi, que dans la rue de Steinkerque ma réussite est accueillie plus que fraîchement. Le comble, c'est que la haine des gens, faute de pouvoir s'exercer sur moi, s'exerce sur elle. Ils colportent les bruits les plus malveillants et les plus insensés sur les relations qu'elle a avec son locataire, alors que, contrairement à ce que toi-même tu m'as dit, ce n'est qu'un délicieux ami, dont la compagnie lui est un précieux réconfort en mon absence.

– Tu es sûre ?

– Evidemment! Elle me l'a juré. On était seules, pourquoi m'aurait-elle menti?

Adrien attend de capter son regard pour lui répondre :

– C'est juste! Ta mère n'a pas plus que toi de raison de mentir.

Il espère que Simone a perçu l'ironie de sa phrase et qu'elle va réagir d'une façon ou d'une autre. Mais elle ne bronche pas. Elle se contente de dire le plus naturellement du monde :

– On a vraiment de la chance, toutes les deux.

Adrien n'est capable que d'une approbation muette où Simone s'empresse de voir une espèce de regret.

– Ne t'inquiète pas, ajoute-t-elle, en lui tapotant charitablement la joue, ton tour viendra : bientôt je pourrai peut-être t'aider.

De même qu'on peut éprouver une certaine volupté d'esthète à être traité d'imbécile par un con, de même on peut ressentir un plaisir subtil à être plaint par celui ou celle qui devrait vous envier. C'est ce plaisir que ressent Adrien en entendant le ton condescendant de la petite Trinquet. Allons, ne mentons pas non plus. C'est le plaisir que s'efforce de ressentir Adrien. C'est celui qu'il préfère, tout bien pesé, au plaisir, tentant aussi, de passer sa colère sur le chignon impeccable d'Eva Devnarick.

Il l'accompagne donc jusqu'au comptoir de la réception où elle souhaite donner des consignes pour son réveil. Elle prend un air affolé en s'apercevant qu'il est presque minuit.

– Oh! le pauvre chou! s'écrie-t-elle, il doit se morfondre dans la chambre!

Le concierge, avec un sourire qui se veut exclusivement fonctionnel, lui tend la clé du 112. Le pauvre chou n'est pas là. Il a quitté l'hôtel à

9 heures du soir. Simone ne se démonte pas pour si peu.

— Il a dû aller au cinéma, dit-elle. Il n'y a que ça qui parvient à le calmer quand il est nerveux.

Le concierge précise perfidement que M. Corman est sorti en smoking. Ce deuxième grain de sable ne détraque pas plus que le premier la mécanique de Simone.

— Alors, reprend-elle, c'est qu'il aura accepté quelque guet-apens mondain. Il déteste! Mais il est tellement bon qu'il ne sait pas refuser.

Le lendemain, en ouvrant son journal, Adrien découvrit la photo sur trois colonnes de Bill Corman avec des serpentins autour du cou, des confetti sur la tête, fixant d'un œil torve plusieurs cadavres de bouteilles, et la starlette de service en train de lui allumer son célèbre cigare. On aurait dit un mauvais comédien dans une composition trop chargée de vieux noceur. L'excessive bonté du pauvre chou l'avait entraîné à passer au Lido une joyeuse soirée en joyeuse compagnie. Après une courte hésitation, Adrien renonça à téléphoner à Simone pour lui signaler que l'emploi du temps de son cher et tendre avait été moins édifiant qu'elle ne le supposait. A quoi bon? Il connaissait d'avance la réponse : le pauvre chou, malheureux de la savoir heureuse avec un autre, avait exilé son cœur jaloux vers les plumes et l'alcool pour ne pas être tenté de troubler leur charmant tête-à-tête!

Le même jour, Adrien apprit par sa mère que les gens du quartier avaient réservé à Simone un accueil chaleureux, ne lui ménageant ni les compliments ni leurs témoignages d'amitié. Que Simone ait pu débusquer dans tout cela la moindre trace d'amertume et d'envie stupéfia la brave Marguerite.

— Mais enfin, demanda-t-elle à son fils, est-ce qu'elle croit ce qu'elle dit?

Isabelle salue la question de Marguerite Theix avec une exclamation de soulagement : c'est celle qu'elle brûlait de poser à son parrain depuis déjà pas mal de temps. Adrien la rassure : c'est celle que lui-même n'a cessé de se poser tout au long de sa vie, à l'issue de chacune de ses rencontres avec Simone. Sa curiosité à ce sujet, encore inassouvie à ce jour, explique en grande partie qu'il ait continué à la voir. Il espérait toujours, sinon obtenir d'elle une réponse sincère, du moins tirer de ses propos une conviction profonde. Or, cette conviction profonde, il ne l'a jamais eue, en tout cas pas durablement. Tantôt, oui, il était convaincu qu'elle faisait sienne la peau des personnages qu'elle s'inventait, qu'elle arrivait à devenir vraiment ce qu'elle voulait paraître et que sa performance pouvait s'assimiler à celle d'une comédienne qui jouerait vingt-quatre heures sur vingt-quatre. Tantôt, il était convaincu, au contraire, qu'elle n'était pas dupe de son imagination et qu'elle s'appliquait simplement à ce que les autres le fussent.

Isabelle a nettement cette conviction-là.

– La preuve, s'écrie-t-elle, quand, sur la plage de Santa Monica, tu lui as étalé sous le nez tous les mensonges de son enfance, de son adolescence, de son mariage, elle ne les a pas niés : elle en était donc parfaitement consciente!

– C'est certain. Je suis de ton avis pour tout ce qui concerne cette période-là; mais au delà, disons, si tu veux, à partir de la naissance d'Eva Devnarick, je ne suis plus sûr de rien.

– Enfin, Adrien, tu ne vas pas me dire qu'au lit, quand elle avait sous les yeux son vieil alcoolique libidineux, elle parvenait à voir un chérubin innocent et pur!

– Beaucoup de femmes ferment les yeux dans ces moments-là. Certains accouplements ne sont explicables que comme ça.

– Admettons! Mais elle ne gardait pas toute la journée les yeux fermés. Ni les oreilles. Elle devait bien se rendre compte de ses rebuffades et de ses atermoiements!

– N'oublie pas qu'elle leur donnait une fausse interprétation avec un automatisme tel que, plus d'une fois – notamment au cours de notre entrevue au Crillon –, je l'ai crue totalement intégrée au personnage qu'elle s'était créé. En l'occurrence celui d'une femme subjuguée par l'amour d'un homme prestigieux.

– Mais ce n'est pas possible! Il y avait sûrement des moments où, seule avec elle-même, elle devait ôter le masque!

– Peut-être oui. Peut-être non. Honnêtement, je ne sais pas. Devant moi, elle ne l'a jamais enlevé et je n'y ai jamais remarqué le moindre fendillement. A aucune occasion.

Isabelle rectifie :

– Sauf hier, à la prison.

– Oui, sauf hier.

Kifétout vient annoncer qu'il serait temps de passer à table. Elle a peur que son lapin soit trop cuit. Me Theix regarde sa montre : il est à peine 8 heures moins le quart.

– Tu as peur pour ton lapin ou peur de manquer le début des émissions de télé?

Kifétout n'hésite pas :

– C'est pour la télé!

– Alors, ça va. On arrive. Je note juste une phrase.

La voix de Me Theix précède de peu sa plume :

– « La seule fois où Eva Devnarick enleva son masque – il serait plus juste de dire, messieurs les jurés, la seule fois où l'épuisement, la douleur et les remords réussirent à le lui arracher –, ce fut dans sa prison. La seule fois où elle eut son vrai visage fut aussi la seule fois où elle refusa de me le montrer. »

Au procès, à cette phrase, Eva Devnarick dissimula sa tête dans ses mains.

7

Kifétout soulève le couvercle de la cocotte où le lapin frémit encore dans son jus. On hume en silence. On goûte de la narine. On tente de détecter la senteur dominante : une vraie publicité pour les herbes de Provence! Et puis on rassure le cordon-bleu : son plat tient sur la langue ses promesses olfactives. Mais, après quelques bouchées dégustées en silence, Isabelle rompt la trêve de la gourmandise. Ils ont laissé Eva à l'hôtel Crillon en 1948, pour la rejoindre à la prison de Nice en 1981, il y a encore bien du chemin à parcourir... et donc pas de temps à perdre. Adrien tranquillise sa filleule : la vie mouvementée d'Eva a connu quand même certaines périodes sinon calmes, du moins dépourvues d'accident notable. Ainsi les six années qui suivirent sa courte halte parisienne où elle vécut avec son Prince Charmant – Corman – et les espoirs qu'il réveillait en elle, aussitôt qu'elle manifestait trop ouvertement son impatience ou sa lassitude.

Ses lettres toujours enthousiastes rendaient compte d'une existence emplie par l'étude jamais assez approfondie des différentes disciplines de son art, par les conseils du maître et par les mille riens d'une union sans nuage.

Il fallait lire entre les lignes pour sentir les dénivellations sous cette surface apparemment lisse. Dès que Corman préparait un film, elle annonçait qu'il y réservait un rôle pour elle. Un peu avant le tournage, elle écrivait en *post-scriptum* ou que le producteur – un forban! – avait imposé une autre fille à sa place, ou que le scénariste – un fumier! – au dernier moment avait supprimé son personnage, ou encore que la vedette féminine – une garce! – avait exigé une partenaire moins jeune et donc moins dangereuse. Bien entendu, dans tous les cas, Corman – le pauvre chou! – souffrait beaucoup plus qu'elle de cette déconvenue et menaçait de rompre son contrat. Il ne renonçait à ce funeste projet que sur son insistance, mais reprenait le chemin des studios à contrecœur, sans goût, animé par la seule certitude que ce n'était que partie remise.

De partie remise en partie remise, six années passèrent sans que jamais Adrien, dans le courrier d'Eva, pût détecter le moindre doute ou le moindre ressentiment.

– Je me demande, dit-il, combien de temps cela aurait pu durer ainsi si le destin ne s'en était pas mêlé.

– Le destin? Sous quelle forme?

– La mort!

– Rien que ça!

– Il n'en fallait pas moins pour influencer Corman! Il eut un infarctus et côtoya le gouffre. C'est l'endroit idéal pour cultiver les remords, les vieilles croyances et les résolutions. Conscient soudain de ne s'être pas très bien conduit avec Eva, à l'heure des angoisses de l'aube, un jour, il s'engagea solennellement à lui accorder enfin sa chance si « on » le sortait de là. « On » était le Dieu pudique de cet athée intermittent. Il s'en sortit mais, heureusement pour Eva, resta sous la menace d'une nouvelle attaque. S'il ne tenait pas ses promesses, il craignait qu'« on » ne se fâchât à nouveau et cette fois pour de bon. « On » avait respecté le contrat. Il estimait prudent d'en faire autant. En bon homme d'affaires, il essaya néanmoins d'y apporter quelques aménagements. C'est ainsi que, n'ayant pas précisé, aux termes de l'accord, si la chance donnée par lui à Eva devait être petite, moyenne ou grande – d'ailleurs sait-on jamais? la chance ne se mesure pas –, il décida qu'elle serait petite; et puis, de là-haut, « on », qui ne connaît pas toutes les roublardises du métier, n'y verrait que du feu. Le principal était qu'« on » pût constater que, grâce à Corman, Eva Devnarick tournait.

Et, en 1952, elle tourne... dans un film de guerre, comme on peut en juger par la traduction du titre en français : *Qui est au bout du fusil?* Qui? Les Japs? Les Coréens? Les Vietnamiens? Pas du tout! Au bout du fusil, il y a Eva ou plus exactement son image, celle d'une jeune fille tendre et pure qui hante les rêves des soldats. Ceux-ci sont au nombre de quatre : un commando de choc et surtout de charme. Ils portent chemise déchiquetée sur poitrail bronzé et lambeau de pantalon sur cuisses musclées avec énormément de chic! Maquillés de boue, de sueur et d'hémoglobine, ils s'acquittent avec un sobre courage de leur mission, bien entendu impossible. Le scénario sacrifiant à tous les poncifs du genre, on les suit dans la brousse tour à tour haletant, rampant, titubant, jouant avec un égal bonheur du couteau, de la grenade, de la mitrailleuse, de la prise de karaté et, le soir, à la veillée, de l'harmonica. De temps en temps, entre deux moustiques, entre deux obus, entre deux ennemis, on cultive l'humour noir, l'amitié fraternelle et la fleur bleue, armes secrètes et obligatoires du guerrier cinématographique. C'est dans ces moments-là que les héros, ces éternels enfants, parlent, l'un de son papa, l'autre de sa maman, le troisième de sa sœur et le quatrième – le chef du commando – de sa petite fiancée. Cette dernière, Eva, une Française (elle n'a pas totalement perdu son accent), parée à distance de toutes les qualités par son amoureux, devient aussi le point de mire des trois autres, qui se mettent à rêver – tout haut, ces imbéciles! – à la fille qu'ils ont admirée sur la photo que leur copain privilégié – la vedette du film – garde pieusement sur sa poitrine pour se protéger des balles. Cet amour collectif donne lieu, entre deux accès de fièvre, entre deux blessures et toujours entre deux moustiques (les moustiques des films de guerres extrême-orientales sont les Indiens des westerns), à des affrontements virils entrecoupés de silences, également virils. Ce qui est bien normal, après tout, dans un film d'hommes. Car – première perfidie de Corman – *Qui est au bout du fusil?* est un film d'hommes. Eva n'intervient qu'à la fin. Le chef du commando reste le seul et glorieux survivant de l'expédition. La mort respectant la hiérarchie du vedettariat, les trois sans grade succombent dans l'ordre de leur classement au box-office : le premier, disparu à la moitié du film, touchait un moins gros cachet que le deuxième, disparu aux trois quarts du film qui en touchait un moins gros que le troisième qui, lui, tient le coup jusqu'à l'arrivée de l'avion libérateur, où il rend l'âme dans les bras de son chef, en larmes. Signe révélateur pour lui d'une rémunération déjà très substantielle et d'une promotion professionnelle prometteuse. De fait, il porta les galons de capitaine quelques années plus tard, dans une superproduction sur le Viêt-nam.

Mais revenons-en à Eva dont, après une heure et demie de projection, on n'a encore vu que la photo! Après sa démobilisation pour cause de paludisme, le chef du commando la cherche dans tous les quartiers de Paris, toujours si photogéniques, où il l'a connue et aimée à la Libération, jouvencelle joyeuse et innocente. Il la découvre finalement dans un luxueux tripot de la Côte d'Azur, femme mystérieuse et perverse. Pour un peu il se croirait victime d'une rechute de palu! Mais non! C'est bien elle. Aucun doute : sous son collier de diamants elle porte une chaîne en argent qu'il lui a offerte. Il l'aborde. Elle a tellement changé qu'elle ne le reconnaît pas! Quelle horreur! Elle l'appelle monsieur. Elle lui dit : « Mais non, monsieur! »; « Enfin, monsieur! »; « Je ne vous permets pas, monsieur! »; « Vous vous trompez, monsieur ». Répliques succinctes, on l'observe, mais qui laissent le chef de commando très perplexe : cette femme, se dit-il, est-elle devenue véritablement amnésique ou fait-elle seulement semblant? Question subsidiaire : et si oui, pourquoi? De toute façon il faut lui rafraîchir la mémoire. Et, mû par cette intention louable, il la prend vigoureusement dans ses bras et l'embrasse à la hussarde : c'est un film militaire, que diable! En tout cas, la méthode se révèle efficace. Après le baiser, elle lui dit : « Je ne t'ai jamais oublié, mon amour »; « Mais va-t'en, mon amour »; « Je ne peux pas t'expliquer maintenant, mon amour »; puis, avant de s'enfuir : « Je t'attendrais cette nuit sur le voilier rouge, mon amour, celui qui est en face de la plage du Carlton » (c'est là où Corman et les principaux protagonistes du film logeaient). Répliques, on l'observe encore, très succinctes, mais qui ébaubissent littéralement le chef du commando. Dieu sait pourtant s'il en a entendu d'autres – ne serait-ce que le sifflement des balles ennemies. Mais, vous savez ce que c'est, un cœur, c'est plus difficile à commander que des soldats. Néanmoins, son tempérament de baroudeur reprend vite le dessus : le voilà qui part pour une opération de repérage vers le bar de l'établissement où son regard, habitué à détecter le Jap à cent mètres dans les broussailles, a remarqué un personnage louche aux yeux également scrutateurs – mais beaucoup moins beaux que les siens, forcément! C'est le patron des lieux, amant d'Eva et truand notoire. Succinctement lui aussi – le browning coincé dans la ceinture de son pantalon de smoking parle pour lui –, il explique au chef du commando qu'il n'a pas intérêt à marcher sur ses plates-bandes. Celui-ci, ne sachant renoncer à son humour dans les instants les plus cruciaux – c'est ça, le panache! – lui rétorque imprudemment : « Ce n'est pas sur tes plates-bandes, c'est sur ton bateau. » Après quoi il prend un bleuet dans un vase mis là à cette intention par le barman noir qui est nettement sensible à son charme (viril); il promène avec une exquise désinvolture le bleuet sous le vilain nez du truand, médusé par ce geste hautement vexatoire, puis quitte la salle de jeux avec le sourire du broussard triomphant.

Le plan suivant nous montre le bleuet passant des mains rudes du chef du commando à celles, diaphanes, d'Eva (une gâterie consentie par Corman : ses mains étaient ravissantes!). Ils sont sur le bateau. Elle dit : « Enfin, mon amour, tu vas savoir, je... » Il lui coupe la parole – ce qui n'est pas poli – mais avec un nouveau baiser – ce qui est nettement plus galant. Pendant ce temps, le truand rapplique sur la plage, son browning à la main, suivi sans le savoir du barman noir qui, dans l'obscurité, passe évidemment inaperçu. Il aperçoit le chef du commando. Celui-ci s'arrache à l'étreinte d'Eva pour lever l'ancre, pendant qu'Eva met en marche le moteur du bateau. Le rictus de la vengeance creuse les joues vérolées du truand. Il débloque le cran d'arrêt de son revolver, vise le chef du commando. Le coup part... et c'est lui, le méchant, qui s'écroule, car finalement le gentil barman noir avait tiré *in extremis* pour sauver le héros. Ce dernier, attendri par ce témoignage de sympathie si spontané, l'invite du geste à venir les rejoindre à bord, mais avant qu'il parvienne au bateau une balle tirée par les gardes du corps du truand l'atteint en pleine tête. Eva pousse un cri (très joliment) et essuie une larme qui n'est pas arrivée à couler. Son compagnon, plus homme d'action que jamais, prend alors les commandes du bateau qui démarre en trombe dans un jaillissement d'écume... et dans un crépitement assourdissant. Ciel! Encore des coups de feu? Non! Ils comprennent leur erreur et éclatent d'un même rire libérateur : ce sont les pétards d'un feu d'artifice! Ils avaient oublié – mais on les en excusera bien volontiers – la date du jour : le 14 juillet! Cœur contre cœur, corps contre corps, ils contemplent extasiés les scintillements multicolores dans le ciel. Ils ne le disent pas, mais on sent qu'indubitablement pour eux l'amour est maintenant au bout de la fusée!

Ce film – est-il besoin de le préciser? – était très mauvais, et la dernière scène, plaquée au scénario pour des raisons vraiment trop visibles, encore plus grotesque que tout le reste. Mais évidemment, avant le tournage, personne ou presque ne le savait. Surtout pas Eva qui nageait littéralement dans l'extase et pas même Corman qui, d'une part, s'était intellectuellement affaibli depuis sa maladie et qui, d'autre part, toujours confiant en son génie, pensait que sa mise en scène, comme d'habitude, pallierait les défaillances de l'histoire. Seuls quelques initiés mêlés à l'affaire eurent des doutes mais évitèrent de les ébruiter afin de ne pas décourager le maître... ni la presse. Celle-ci, en France, réserve au « Big Bill », quand il vient tourner à Cannes avec son équipe cette fameuse scène finale, un accueil plus que chaleureux. Bien que ses derniers films aient été discutés, il bénéficie encore dans l'esprit de tous du prestige que lui ont valu ses trois ou quatre chefs-d'œuvre, indiscutables eux. La jeune inconnue mystérieuse qui accompagne cet homme-là et qu'il a choisie comme vedette féminine ne peut qu'exciter la curiosité des journalistes, toujours avides de nouveauté, et celle des photographes, toujours en quête de modèles complaisants.

Avec Eva, ils sont à la fête : ils n'ont jamais vu quelqu'un de plus aimable, de plus disponible, de plus coopératif. Elle est sollicitée pour des interviews, pour des reportages autant que Corman lui-même qui, repu de publicité jusqu'à l'écœurement, ne s'en émeut pas, et plus que le chef du commando – Jeff Malore –, pourtant fort célèbre outre-Atlantique. Jeff, lui, en conçoit un dépit extrême et une antipathie non dissimulée, voire ostentatoire, pour son épisodique partenaire.

Quant à Eva, pour la première fois, elle vit son rêve. La réalité rejoint ses fictions. Et pourtant, elle trouve quand même le moyen de mentir.

Me Theix plie sa serviette.

– Qu'est-ce que tu préfères? demande-t-il, de la compote de pommes ou une interview de ta mère?

Isabelle n'hésite pas. Elle quitte la table et suit son parrain dans le bureau. D'une grande enveloppe commerciale provenant du deuxième classeur, il sort une grosse liasse de coupures de presse : ce sont les articles qui ont été publiés sur Eva à cette époque-là.

– Tu ne vas pas tous me les lire?

– Tu es folle! On y serait encore demain. Non, j'en cherche un, paru dans *Nice-Matin* : c'est le plus complet. Il résume les autres.

Adrien feuillette les pages jaunies, hoche la tête en redécouvrant certains titres : « Eva Devnarick, égérie et vedette de Bill Corman. » « La mystérieuse Eva n'a pas de secrets pour son metteur en scène. » « Eva n'avoue de passion que pour son métier. » « Eva Devnarick sera-t-elle une nouvelle Marlène Dietrich? »

– Avec le recul du temps, dit Isabelle, ça paraît insensé! On devrait regrouper tous ces articles dans un recueil et y ajouter à la fin les quinze lignes imprimées qui annonçaient le drame de Nice : ça serait une saine lecture pour les dévorés de la gloire.

Me Theix approuve, puis, ayant enfin trouvé la page de journal où s'inscrit l'interview promise à sa filleule, il la déploie devant elle pour qu'elle juge de l'importance accordée alors à sa mère : six colonnes, huit photos! Eva sous tous les angles, dans toutes les tenues, à toutes les heures.

— Elle devait être grisée!

— Complètement. Tu vas voir : lis!

— Tout haut?

— Oui. Ça peut me donner des idées pour ma plaidoirie.

— Alors...

Isabelle commence à lire.

— « Eva Devnarick vue et approuvée par André Marielli... »

— C'était un journaliste très connu dans le Midi pour sa dent dure et ses yeux doux.

— « **Marielli :** Eva Devnarick, vous allez faire vos débuts au cinéma dans le prochain film d'un des plus grands metteurs en scène américains : avez-vous le trac?

» **Eva :** Bien sûr, j'ai le trac de tous les artistes qui aiment passionnément leur métier et qui ont peur de ne pas en être dignes. Heureusement, je ne le ressens de façon obsédante qu'en dehors des studios. Dès que je suis devant la caméra, j'oublie tout et même qui je suis. Je deviens totalement le personnage que j'incarne et, comme mon personnage n'a pas le trac, je ne l'ai pas non plus, obligatoirement.

» **Marielli :** S'agit-il d'un personnage qui est proche de vous?

» **Eva :** C'est délicat de vous répondre. Mon personnage est tellement riche, il a une personna-

112

lité tellement forte qu'il serait présomptueux... C'est comme ça que vous dites en français?

» **Marielli :** Oui, oui, présomptueux.

» **Eva :** O.K.! Présomptueux donc de vous affirmer que je ressemble à cette femme, à la fois terriblement idéaliste puisqu'elle reste fidèle à son amour de jeunesse, mais aussi matérialiste puisqu'elle accepte de vivre dans un milieu d'argent, cette femme qui est tendre et dure, faible et forte, craintive et courageuse. »

Isabelle rabat sa page de journal sur ses genoux.

– Ça, c'est fabuleux! Trouver autant de choses à dire sur un personnage qui n'apparaît que dix minutes sur l'écran et encore pour prononcer une dizaine de phrases « succinctes ».

– Continue! Tu n'es pas au bout de tes surprises.

Isabelle replonge son incompréhension dans la gazette.

– « **Marielli :** C'est un rôle important?

» **Eva :** C'est le seul rôle féminin du film. Alors, c'est forcément un rôle important. Pendant tout le film, l'action tourne autour de cette femme. D'ailleurs, le titre est très révélateur à cet égard : *Qui est au bout du fusil?* C'est elle. C'est une femme. La femme. Qui est omniprésente dans les pensées des soldats, dans leurs conversations, dans leurs rêves, cette femme qu'ils ont tous envie de rejoindre et qui, de ce fait, les pousse à marcher, à se battre, à supporter tout. Même quand je suis absente de l'image, je suis là.

» **Marielli :** Vous vous entendiez bien avec vos partenaires?

» **Eva :** Superbement! Vous savez, c'est seulement avec les médiocres qu'on risque d'avoir des problèmes. Entre vrais professionnels, cela se passe toujours très bien.

» **Marielli :** Mais vous, vous êtes une débutante.

» **Eva :** C'est vrai que je n'ai pas l'expérience de mes partenaires, mais ça ne m'empêche pas quand même d'être une vraie professionnelle. Je ne suis pas une petite starlette qu'on a engagée uniquement parce qu'elle avait de jolies jambes ou qu'elle couchait avec le producteur. »

Isabelle s'arrête de nouveau, hésitant entre l'agacement ou l'admiration.

– Ah! Elle est gonflée!

– Mais lis, bon sang!

Isabelle obtempère :

– « **Marielli :** Pourtant, je ne vous apprendrai rien, je suppose, en vous disant que de mauvaises langues prétendent que c'est Bill Corman qui vous a imposée dans son film.

» **Eva :** Bien entendu que je suis au courant. Avant même qu'on le dise, je savais qu'on le dirait. J'ai d'ailleurs, à cause de cela, longtemps tergiversé avant de donner mon accord définitif. Ça m'ennuyait que l'on puisse m'accuser de devoir ce rôle à d'autres choses qu'à mon talent. C'est finalement M. Corman qui est venu à bout de mes scrupules en me disant que les grands de ce monde ont toujours été à un moment ou à un autre victimes de la calomnie, qu'on n'attaque que les gens qui réussissent, c'est-à-dire qui gênent. Donc il faut se réjouir d'être attaqué. Je crois qu'il a raison et c'est pourquoi j'ai cédé. Tant pis pour les mauvaises langues, et tant mieux, je crois, pour moi.

» **Marielli :** N'empêche que vous êtes très liée avec Bill Corman...

» **Eva :** Je ne m'en cache pas. Nous sommes de grands amis. Depuis six ans. Alors, voyez-vous, si j'étais l'horrible arriviste qu'on me soupçonne d'être, j'aurais sûrement profité plus tôt de mes relations privilégiées, mais ça ne m'a jamais traversé l'esprit. A deux occasions même, M. Corman m'a proposé des rôles que j'ai refusés parce que je ne me sentais pas assez mûre – professionnellement parlant – pour les interpréter.

» **Marielli** : Et cette fois-ci, vous vous êtes sentie assez mûre ?

» **Eva** : M. Corman me l'a affirmé. C'est ce qui m'a donné confiance. Je le connais : il ne badine pas avec son art et ne s'amuserait pas à compromettre sa réputation pour des raisons d'ordre privé. S'il ne m'avait pas jugée capable de tenir ce rôle, il ne se serait pas gêné pour me le dire ou plus exactement pour ne pas m'en parler.

» **Marielli** : Comment l'avez-vous connu ?

» **Eva** : C'était un ami de mes parents. Quand mon père est mort en déportation et qu'à la suite de ce deuil ma mère est tombée gravement malade, il m'a recueillie. Il est tellement bon ! »

La tête d'Isabelle apparaît au-dessus du journal, le temps d'un commentaire : « Drôlement bien apprise, la leçon ! », puis disparaît devant le doigt impératif de son parrain pointé sur sa lecture qu'elle reprend aussitôt :

– « **Marielli** : On dit que " Big Bill " n'est pas très commode, qu'il malmène volontiers les comédiens avec lesquels il travaille. Est-ce vrai ?

» **Eva** : Quand c'est utile, oui. Il y a des comédiens qui ont besoin d'être malmenés pour sortir le meilleur d'eux-mêmes.

» **Marielli** : Seriez-vous de ceux-là par hasard ?

» **Eva** : Je reconnais qu'étant d'une nature pudique et réservée il faut qu'on me bouscule un peu pour que je parvienne à me libérer, à m'exprimer pleinement. M. Corman le sait et, quand il sent que j'ai du mal à m'extérioriser, il se force, la mort dans l'âme, à me dire des choses désagréables pour m'aider. »

Cette fois, c'est Me Theix qui interrompt Isabelle.

– Pour que tu apprécies mieux la vigilante imagination de ta mère, il faut te dire que Marielli, comme moi et beaucoup d'autres, avait assisté à plusieurs colères homériques de Corman contre Eva. L'une s'était terminée par une paire de gifles telle que les joues de ta mère, même savamment remaquillées, furent jugées imphotographiables pour le reste de la journée. Une autre colère avait eu pour épilogue un plongeon involontaire d'Eva du fameux voilier rouge.

– Corman l'avait poussée?

– Disons qu'il s'est avancé vers elle, qu'elle a craint de nouvelles violences et que, en voulant y échapper, elle a perdu l'équilibre. C'est du moins ce que j'ai cru voir du pédalo où j'étais en observation.

– Avec Marielli?

– Non, mais il a certainement été au courant de l'incident puisque partout il y a eu des photos d'Eva sortant de son bain, dégoulinante de la tête aux pieds, mais déjà souriante et déjà la parade aux lèvres.

– Qu'est-ce qu'elle a dit?

– Qu'à cause du bruit de la mer elle avait mal entendu l'indication que lui donnait Corman : il voulait simplement qu'elle se lève alors qu'elle avait compris qu'il voulait qu'elle saute. Et, bien que ce ne fût pas prévu au scénario, obéissante et consciencieuse, elle avait sauté. Cette explication lui valut la « une » de la presse locale avec sa photo en naïade, ainsi légendée : « Eva Devnarick a failli se noyer par conscience professionnelle. »

Devant cette anecdote, Isabelle n'hésite plus : l'admiration l'emporte.

– Chapeau! s'écrie-t-elle. Ah oui! Chapeau! On dira ce qu'on voudra, mais elle avait quand même du cran, la mère Trinquet!

Elle répète, les yeux dans le vague :

– Oui, du cran...

Isabelle sait bien que ce mot-là, on l'a employé – et on l'emploie encore beaucoup – à son propre sujet : son mari, sa belle-mère, des amis, Adrien. Oui, elle aussi, elle a du cran. Elle n'avait jamais pensé avant aujourd'hui qu'elle pouvait le tenir de sa mère. Elle est prête à s'attendrir, mais ses yeux retombent sur la feuille de journal et sa rudesse reprend le dessus :

– Dommage qu'elle en ait fait un si mauvais usage !

– Dommage surtout qu'elle n'ait pas eu de talent !

– Elle aurait peut-être eu celui d'écrire. Avec son imagination...

– J'y ai pensé, moi aussi. Je le lui ai même suggéré. Mais ça ne la tentait pas du tout. Sans doute parce que, à part quelques rares exceptions, les effets de la renommée littéraire sont moins immédiats et moins spectaculaires que ceux de la renommée cinématographique. Et seuls, pour elle, les effets comptaient. Si on pouvait devenir célèbre en étant quincaillière ou fleuriste, elle aurait essayé d'être quincaillière ou fleuriste.

– Elle n'avait pas vraiment la vocation artistique ?

– Pas du tout ! Un jour, à Cannes, alors qu'elle revenait tout excitée d'un rendez-vous avec un journaliste, elle m'a dit : « Ce métier serait merveilleux si on n'était pas obligé de l'exercer de temps en temps... » Ce n'est pas ce que j'appelle avoir le feu sacré.

– Nina, pourtant, m'en a assez rebattu les oreilles...

– Comme Eva celles des journalistes. Tu vas voir dans l'article.

Isabelle en reprend aussitôt la lecture :

– « **Marielli :** Comment se fait-il que vous parliez français sans accent ?

» **Eva :** Oh! vraiment, vous trouvez? »

Adrien interrompt à nouveau sa filleule.

– Ça, tu passes. Elle raconte toute l'histoire de sa famille cosmopolite et tu connais.

Il vient lire au-dessus de son épaule et lui indique la question qui l'intéresse.

– C'est là. Vas-y, je t'écoute.

– « **Marielli :** Eva Devnarick, s'il vous fallait un jour changer de métier, lequel choisiriez-vous?

» **Eva :** Je suis incapable de vous répondre. C'est une éventualité que je n'ai jamais envisagée. Si, pour une raison ou pour une autre, je ne pouvais plus être comédienne, la vie n'aurait plus aucun sens pour moi. Je survivrais sans doute, mais je ne vivrais plus vraiment.

» **Marielli :** Et la gloire, vous pourriez vous en passer?

» **Eva :** Oh ça, facilement! Je la fuirais plutôt... si un jour je l'atteins. J'en connais tous les désagréments à travers M. Corman et je ne suis pas pressée, croyez-moi, d'être assiégée dans la rue par des gens, de signer des autographes à longueur de journée et d'être poursuivie par une meute de photographes à l'affût de tous mes gestes. Pour le moment, je n'en suis pas là et j'apprécie au plus haut point les joies de l'anonymat.

» **Marielli :** N'est-ce pas paradoxal de dire cela à un journaliste qui va vous consacrer un grand article dans un quotidien largement diffusé?

» **Eva :** J'ai cru parler à un ami.

» **Marielli :** Alors, permettez-moi à ce titre de vous souhaiter pour conclure un long bonheur... dans l'ombre. »

Cet article tombe sous les yeux de Corman dans des circonstances qui décuplent l'agrément qu'il aurait dû normalement y prendre.

Ce soir-là, il dîne dans un grand restaurant de la côte avec Eva, Jeff Malore et Adrien pour lequel il s'est pris d'une amitié subite dont la source jaillissante se situe entre Saint-Emilion et Pauillac. Avec l'addition, on lui apporte le livre d'or de l'établissement, afin qu'il y appose sa signature précédée, si possible, d'un commentaire flatteur. Habitué à ce genre de pensum – d'autant plus redoutable qu'on vous l'impose à l'heure floue de la digestion –, « Big Bill » s'en acquitte avec bonne grâce, puis passe la plume et le livre à Malore afin qu'il en fasse autant. Eva a déjà dans la main son propre stylo et sûrement, dans sa tête, sa dédicace toute prête, quand le beau Jeff – distraction ou perfidie ? – remet directement le précieux volume, enrichi des signatures des deux célébrités, au maître d'hôtel. Eva lève vers ce dernier un regard pathétique dont, en homme qui sait son monde, il détourne le sien. Entre les dents serrées d'Eva, un mot – pas plus – réussit à se faufiler jusqu'à ses lèvres : pignouf ! Sûrement d'ailleurs avec le s du pluriel, soucieuse qu'elle est à cet instant de réunir dans la même insulte l'obscur maître d'hôtel, la grande vedette et le génial réalisateur.

Placé en face d'elle, Adrien est le seul à percevoir l'expression condensée mais explicite de son amertume. De toute façon, les deux Américains n'auraient pas pu comprendre. En revanche, la signification du silence buté dans lequel elle s'enferme, puis ses adieux brusqués pour cause de migraine dans le hall de l'hôtel ne peuvent leur échapper. Agacé par cette mauvaise humeur et surtout par sa cause, Corman propose aux deux hommes de prolonger cette soirée autour d'un de ces marcs de Bourgogne dont il a fait la connaissance également grâce à Adrien et avec lequel, depuis, il entretient des relations chaleureuses et suivies. Malore, craignant que l'alcool ne ternisse son teint de jeune premier – plus si jeune que ça –, refuse. Adrien, lui, accepte, ravi par la perspective d'un tête-à-tête avec

119

Corman que les vapeurs éthyliques rendent volontiers bavard; ravi aussi d'avoir un prétexte pour échapper aux bras un peu mous d'une « Marie-tue-temps » qui l'attend chez elle. Pendant qu'il téléphone à la personne en question pour se décommander, Corman commence à lire – par la fin – l'interview d'Eva.

Adrien le retrouve dans le bar en proie à une bruyante hilarité. Il est vrai qu'après avoir vu Eva si manifestement vexée qu'on ne la juge pas digne de figurer sur un livre d'or, il est assez comique d'apprendre par elle-même – *via* le journal – qu'elle apprécie au plus haut point les joies de l'anonymat!

Mais au rire succède très vite une certaine gravité : c'est ce soir-là que le metteur en scène révèle à Adrien les raisons extraprofessionnelles qui l'ont conduit à confier un rôle à Eva et les regrets qu'il en a déjà. Non seulement elle est exécrable, mais encore – ce qu'il n'avait pas pu imaginer – elle est totalement dépourvue de cet atout majeur qu'est, au cinéma, la photogénie. Par un mystère jusque-là inexpliqué, il y a des visages qui passent l'écran. D'autres pas. Celui d'Eva est de ceux-là. La chance qu'il lui a donnée, comme convenu avec « Qui-l'on-sait », va finalement porter un coup fatal à sa carrière et à son amour-propre. Bien sûr, ce n'est pas sa faute : il ne pouvait pas prévoir que la presse française traiterait « la petite Trinkouet » comme une vedette consacrée. Partant de là, il ne pouvait pas prévoir non plus qu'Eva, se fiant à l'effervescence journalistique qu'elle provoquait, se croirait parvenue sur le chemin des cimes... La chute serait vertigineuse et cruelle. Ça l'inquiète... pour sa santé! Il a promis d'accomplir une bonne action en échange de sa guérison et, au bout du compte, il en accomplit une mauvaise. Il a un peu l'impression de carotter le ciel et, bien que ce soit à son corps défendant, il craint qu'« on » ne lui en tienne rigueur.

Adrien a beau savoir que les nouveaux convertis sont toujours plus zélés que les vieux abonnés de la foi, il est quand même surpris qu'« on » terrorise à ce point Corman. Dès qu'il sait que celui-ci ressent de temps à autre des douleurs au niveau des coronaires, il s'en étonne beaucoup moins. Il essaie de l'apaiser en lui suggérant qu'il doit ces taquineries organiques sans doute moins au mécontentement céleste qu'à son goût un peu trop prononcé pour la dive bouteille. Peu sensible à l'argument, « Big Bill » le chasse d'une grande lampée de marc de Bourgogne. Pas découragé, Adrien lui en fournit un autre : Eva sera déçue, c'est certain, mais malheureusement elle en a l'habitude. Comme à chaque déception, elle s'inventera une nouvelle parade et une nouvelle raison d'espérer. Corman grimace. Il connaît bien, après six ans de cohabitation, les ressources du caractère d'Eva, mais il connaît aussi les milieux de la presse et du cinéma américains. On s'y vengera de lui à travers elle. Ce sera un massacre. Pour peu que s'en mêlent ses filles et les ligues féminines, choquées depuis longtemps par leur concubinage notoire, toutes les portes lui seront fermées. Malgré son imagination, Eva ne pourra rien contre ces évidences. Et lui, malgré son auréole dont il mesure avec lucidité la fragilité croissante, il ne pourra rien non plus. Il en est sincèrement peiné. Il a fini par s'attacher à Simone. S'il était moins égoïste, il lui conseillerait de rester en France, mais... rapidement il se débarrasse de cette idée d'un mouvement d'épaule, comme d'une mouche gênante.

— De toute façon, dit-il avec mélancolie, elle y reviendra un jour... bientôt peut-être. Et ce jour-là, Adrien...

Il s'arrête pour avaler sa tristesse avec la fin de son verre et achève sa phrase par saccades :

– ... j'aimerais bien... avoir la certitude... que vous serez là.

– J'y fus, dit Adrien à Isabelle.

– Quelle date ?

– Octobre 1953. Ta mère vient d'avoir vingt-sept ans. Je l'ai vue pour la dernière fois à l'aéroport de Nice juste avant qu'elle quitte la France. Elle avait alors aux lèvres le sourire des triomphes, dans les bras la volumineuse gerbe des vainqueurs, près d'elle Corman, sinistre, autour d'eux le ballet des photographes. Je vais la retrouver après un peu plus d'un an d'absence dans un autre aéroport – celui d'Orly – et dans des conditions moins prestigieuses.

– Le film de Corman était sorti en Amérique ?

– Oui.

– Je l'ai vu à la télé. Une vraie merde ! Quant à Eva, elle joue comme une actrice du cinéma muet... Malheureusement, elle parle !

L'opinion de la critique américaine ne fut guère plus nuancée que celle d'Isabelle. Celle du public encore plus explicite si possible : il déserta les salles. Pourtant, le lendemain de la première, Corman était mort en lisant un article de journal où précisément on l'éreintait. Ce bel effort de publicité posthume demeura sans effet et l'on mit Eva quasiment en quarantaine. Elle se sentit tout à coup si désarmée que les deux filles de Corman n'eurent aucun mal à l'expulser de « leur » maison et la convaincre par la même occasion de quitter « leur » pays. Seul Clayton lui manifesta un peu de sympathie : c'est lui qui intervint auprès des deux joyeuses héritières de « Big Bill » pour qu'elles permettent à Eva d'emporter les quelques fourrures et bijoux que leur père lui avait offerts ; lui aussi qui, la sachant sans argent, glissa discrètement dans sa valise quelques traveller's chèques; lui encore qui écrivit à Adrien pour le prévenir du retour d'Eva et le tenir très exactement au courant de sa situation. Situation si peu brillante qu'Adrien ne voyait pas comment Eva pourrait lui conférer quelque éclat. Il est vrai qu'il n'avait pas sa maestria pour dissiper les grisailles.

Il l'aperçut de loin, rayonnante dans un ensemble blanc, l'âme aussi soigneusement maquillée que le visage. Pourquoi vraiment serait-elle morose? L'échec de *Qui est au bout du fusil?* elle s'y attendait trop pour en être affectée. C'était l'œuvre d'un homme fatigué et dépassé par son époque. De toute façon, pour elle le film constituait un tremplin merveilleux. Elle n'était plus une inconnue, mais la vedette féminine du dernier film de Corman. La disparition brutale de son protecteur? Elle s'y attendait aussi : le pauvre chou, depuis un an, déclinait de jour en jour, physiquement et intellectuellement. Il avait des lubies. La preuve : il avait exigé qu'elle retournât sa scène alors qu'elle y était parfaite dans la version première à Cannes. Mais elle ne lui en voulait pas. Il n'était plus lui-même. Les derniers temps, il s'en rendait compte et son caractère s'aigrissait. Finalement, sa mort était une délivrance pour tout le monde, et pour lui le premier. Ses adieux à Beverly Hills? A sa vie privilégiée? Son plus grand motif de joie! Depuis quelque temps la France lui manquait abominablement et elle ne supportait plus les Américains. Dieu sait pourtant qu'ils la considéraient comme une des leurs! Tous les gens de son entourage l'avaient suppliée de rester. Même les filles de Corman! Quand elle était partie, elles l'avaient forcée à emporter tous les cadeaux que leur père lui avaient offerts; et en la conduisant à l'aéroport, elles avaient eu la larme à l'œil. Pas elle! Oh non! Elle était si excitée de retrouver son Paris, sa mère, ses amis, Adrien, d'affronter une vie nouvelle, même si elle devait être un peu plus difficile... Elle s'encroûtait là-bas, s'enlisait, s'étiolait, se consumait d'ennui. Ici, elle allait renaître de ses cendres.

« C'est ainsi, messieurs les jurés, qu'Eva Devna-rick, après avoir vanté joyeusement pendant sept ans l'inégalable saveur du veau gras américain, lui préféra subitement la coriacité revigorante de la vache maigre française. »

Au procès, à cette phrase, Simone Trinquet repoussa du bout de son pouce gauche la lunule de son pouce droit.

8

    — Eva a vraiment traversé une période de vaches maigres? demande Isabelle.

    — Oui, pendant trois longues années.

    — Après l'existence dorée qu'elle venait de connaître, ç'a n'a pas dû être drôle!

    — Sûrement pas! Mais, à part moi qui avais l'œil et l'oreille avertis, personne n'a pu s'en apercevoir.

Ce fut pour Eva le temps du paupérisme exalté. L'argent? Une fausse valeur qui ne procure que des fausses joies, la source de tous les égoïsmes, de toutes les aigreurs, de tous les esclavages. Elle est bien contente d'en être libérée! Rien dans les mains, rien dans les poches, tout dans le cœur : telle est sa devise... et le secret de son bonheur. Elle met à peine plus d'un mois à négocier ce virage, pourtant raide. Le jour de son retour à Paris, elle n'y songe pas le moins du monde. Elle refuse l'hospitalité d'Adrien, qui a maintenant un bureau avenue Matignon mais qui continue à habiter l'appartement de ses parents, partis prendre leur retraite en Bretagne. D'une part, le voisinage de sa mère et de son compagnon n'enchante pas la star qu'elle est encore; d'autre part, sa garde-robe ne cadre pas avec la rue de Steinkerque. Seul un hôtel d'un quartier chic peut s'accommoder de son vison blanc et de sa loutre noire. Adrien lui en choisit un, le plus modeste possible, près des Champs-Elysées.

Le lendemain, elle se précipite chez un imprésario aux bons soins duquel l'ami d'un ami d'Adrien l'a recommandée. C'est une espèce de feu follet bondissant qui ignore totalement la timidité, le silence et la fatigue, l'amour-propre aussi : insensible aux rebuffades, il a réussi en deux ans à s'infiltrer dans les milieux du spectacle et de la presse où sa ténacité et sa roublardise suscitent à la fois ironie et considération.

Il s'appelle Goldet, mais laisse volontiers courir le bruit que son vrai nom est Goldenski ou Goldenbaum, sans toutefois jamais le confirmer. Il veille à ce que les mêmes doutes planent sur ses goûts sexuels et sur ses opinions politiques. En bref : un arriviste. En tant que tel, il flaire de loin ses pairs. Il accueille Eva avec enthousiasme. Bluffé par son physique, son élégance et son passé américain, il est persuadé qu'il tient en elle une future vedette et se jure de ne rien négliger pour aider la chance qui lui est offerte.

Effectivement, il ne néglige rien. Dans les jours qui suivent cette première entrevue, il présente Eva comme sa grande découverte au Tout-Paris du théâtre et du cinéma. Il lâche négligemment son nom dans les cocktails, dans les salles de rédaction et les couloirs de la radio. Conjointement, il l'envoie partout où l'on cherche une comédienne pour un film ou pour une pièce.

Au bout d'un mois, ce remue-ménage n'a engendré aucun résultat : pas un projet, ni même le bout d'une espérance ou d'une promesse. Rien! Les traveller's chèques de Clayton sont épuisés; la loutre noire vendue. Le vison blanc lui sert à louer et à décorer succinctement un studio, situé à l'entresol d'un immeuble sur cour.

Isabelle en a entendu parler par sa grand-mère comme d'un lieu extraordinaire d'où émanait un charme inexplicable.

Adrien rajuste la vérité :

– Le seul intérêt de ce studio était de se trouver à deux pas de mon bureau et donc de faciliter nos rencontres. A part ça, c'était un endroit sinistre dont elle n'ouvrait pour ainsi dire jamais les fenêtres; une boîte marron presque carrée, éclairée chichement par quelques lampes posées à même le parquet et deux candélabres où pleuraient en permanence des bougies. Le mobilier se réduisait à un matelas recouvert de plusieurs plaids écossais, à une grande table basse, à quelques poufs et à une multitude de coussins jetés en vrac un peu partout. On vivait au ras du sol.

– C'est pourtant bien cet endroit qu'Eva appelait la « tanière magique »?

– Oui, oui. Tanière convenait tout à fait. Quant au reste... La seule chose magique qui s'y soit jamais produite, c'est la transformation de ta mère, de privilégiée radieuse en pauvresse extasiée.

– Il lui restait quand même les bijoux de Corman ?

– Ils étaient fort peu nombreux et d'une valeur, à la revente, assez modique. Elle les a liquidés en bloc et a placé l'argent qu'elle en a retiré sur un livret de caisse d'épargne. Selon ses calculs, même si elle ne décrochait aucun engagement, elle pouvait tenir le coup à peu près un an, à condition de faire très attention. C'est alors que, la parcimonie étant devenue pour elle une nécessité, elle en fit un motif de fierté et de joie. Elle se vantait de n'acheter que des produits en réclame, de manger froid pour ne pas dépenser de gaz, ou encore d'agglomérer des vieux bouts de savon pour en reconstituer un neuf ou aussi – le plus beau – de chaparder des cierges éteints dans les églises pour remplacer ses bougies. Elle parlait de ses économies et de ses privations comme les autres femmes parlent de leurs folles dépenses. Avec autant de satisfaction.

– Donc impossible de la plaindre sur le plan matériel?

– Impossible!

– Mais sur le plan professionnel?

– Pas davantage! Elle continuait à courir, en vain, de tous les côtés à la recherche d'un rôle, mais elle me racontait, ainsi qu'à Goldet, qu'on la recevait avec une gentillesse incroyable, qu'on l'écoutait avec le plus vif intérêt. Tous les producteurs de cinéma étaient littéralement subjugués par son charme, certains même « tétanisés » (elle adorait cette expression!). Les directeurs de théâtre, eux, n'avaient jamais eu affaire à une telle personnalité mais – les uns et les autres le regrettaient amèrement – elle était trop petite ou trop grande, trop jeune ou trop vieille, trop sage ou pas assez; ou encore – les pauvres en étaient bouleversés – ils venaient d'engager, juste une heure avant, une comédienne qui était loin de la valoir.

– Ça ne semblait pas louche à Goldet?

– Si! D'autant plus que plusieurs personnes « tétanisées » lui téléphonèrent pour le prier de ne plus leur adresser de telles nullités.

– Il le lui a répété?

– Non. Moi, je l'ai su par notre ami commun. Il se contenta de l'expédier dans un cours de comédie,

dit de perfectionnement, pour ménager sa suscepti-
bilité.

– C'était une bonne idée.

– Si on veut! C'est là où ta mère a rencontré
Fabrice.

– Nina me l'a caché, celui-là.

– Ça ne m'étonne pas.

– Pourquoi, c'était un affreux?

– Non, c'était un jeune acteur famélique, mais
talentueux. Il avait le visage aussi tourmenté que
l'âme et dirigeait un petit clan de comédiens dévorés comme lui par le feu sacré.

Tout de suite Isabelle a de la sympathie pour ce
garçon : Fabrice, elle adore, ça sent bon Stendhal et
le romantisme! Elle réclame des photos à son
parrain. Il en sort deux de son dossier et ne lui en
présente qu'une. Elle n'est pas déçue : belle tête
d'illuminé! Un saint ou un génie. De toute façon, pas
un fonctionnaire.

– J'espère, dit-elle, qu'Eva l'a aimé vraiment,
celui-là.

– En tout cas, lui en est tombé sur-le-champ
amoureux. Virtuellement.

– Comment virtuellement?

– Il était jusque-là homosexuel.

– Quoi?

Me Theix met alors sous l'œil incrédule de sa
filleule la deuxième photo qu'il a gardée dans ses
mains. Elle y voit encore Fabrice, cette fois souriant
mais encore pas mal, entre Eva et un autre jeune
homme, lui carrément beau : un ravissant modèle
de prêt-à-aimer sans essayage!

– Qui est-ce? demande Isabelle.

– Damien. L'ami avec lequel Fabrice vivait depuis
trois ans et qu'il a évincé pour Eva.

– Pauvre type!

– Pauvre Eva, aussi!

– Pourquoi?

128

– Le cœur de Fabrice est bel et bien passé à tribord... mais l'intendance n'a pas suivi.

Content – sans excès – de sa litote, Adrien esquisse un sourire qui n'est pas du goût d'Isabelle.

– Il n'y a pas de quoi plaisanter, dit-elle. C'est dramatique.

– Pas pour Eva qui était en pleine période d'austérité. Elle avait décidé d'être écœurée par toute réjouissance matérielle – quelle qu'elle soit. Le matin, elle revêtait le tablier de la fourmi ménagère; l'après-midi, le pull feutré de la comédienne désargentée; le soir, la bure de la missionnaire, en l'occurrence des chemises de nuit affriolantes qui lui restaient de ses splendeurs passées. Sa mission était, bien sûr, de convertir Fabrice à des mœurs considérées, en 1953, comme plus normales.

– C'est dommage. Lui, il avait une bonne gueule de Prince Charmant.

– Mais rassure-toi, il le fut!

– Dans ces conditions-là?

– Une fois pour toutes, mets-toi bien dans la tête que chacun des hommes de la vie amoureuse de ta mère a été un Prince Charmant, qu'elle n'a vécu que des contes fantastiques dont elle était en même temps l'héroïne et la fée qui métamorphosait les vilains crapauds de son intimité en beaux jeunes hommes follement épris.

Le ton sarcastique d'Adrien agace un peu Isabelle. Après tout, la plupart des amoureux – hommes ou femmes – agissent plus ou moins de la sorte. Même si leurs sentiments leur laissent un jugement objectif sur les défauts de leurs partenaires, il est très rare de les entendre reconnaître froidement : « J'aime une imbécile, un salaud, un veau ou une loche. » Même quand ils n'aiment plus, souvent ils continuent à ne pas désavouer l'autre, non pas par grandeur d'âme mais pour ne pas se désavouer eux-mêmes. En amour comme en toutes choses, les gens bouffent des ronces et ruminent des roses. Peut-on le leur reprocher ou au contraire les en féliciter? Une trop grande clairvoyance ne mène-t-elle pas obligatoirement à l'abstinence? Vaudrait-il mieux ne rien bouffer? Ou bouffer les ronces commes telles, sans les baptiser roses? C'est à chacun de répondre selon son tempérament, ses possibilités, les circonstances.

Me Theix est bien d'accord. Il ne lui a jamais dit qu'Eva était unique en son genre. C'est vrai qu'il l'a pensé dans sa jeunesse – par manque d'expérience, de comparaison. Mais, peu à peu, il a rencontré d'autres « exagéreurs », comme disait sa mère. Peu à peu aussi, il a été frappé par le nombre de personnes qui lui parlaient de sa lucidité – certaines pour la critiquer, aucune pour la lui envier – comme d'une caractéristique exceptionnelle, alors que personnellement il ne lui serait jamais venu à l'idée de la signaler pour se définir. On lui parlait également de l'œil froid et perçant qu'il posait sur les êtres – lui, un myope! Il avait même perdu quelques charmantes compagnes incapables de supporter son regard qui les traversait, paraît-il, comme un rayon laser. Quant à sa franchise, limitée pourtant aux exigences de la politesse et de la prudence professionnelles, dès qu'il est sorti dans ce qu'on appelle « le monde », elle y est devenue quasiment légendaire. Il en avait conclu que pour être à ce point remarqués, sa lucidité, son œil perçant et sa franchise, qui n'avaient selon lui rien de remarquable, ne devaient assurément pas courir les rues; moins en tout cas que les mensonges ou les camouflages dont Eva n'était en fin de compte qu'une exploitante parmi d'autres, plus douée que la moyenne et surtout plus constante.

Ça, Isabelle ne le conteste pas, encore qu'elle ait dans ses relations une jeune personne qui promette, dans cette spécialité, de surclasser sa mère. Seulement, à la différence d'Eva qui sublime ses chances et ses joies, cette fille, elle, sublime ses peines et ses déceptions : elle dramatise la moindre peccadille et se délecte à la pensée qu'un sort malin la poursuit elle et elle seule. Son leitmotiv, c'est : « Ça n'arrive qu'à moi ! »

– Il y a deux ans, raconte Isabelle, elle avait une liaison – forcément tumultueuse : elle n'en a que des comme ça ! – avec un journaliste. C'était un homme marié. Un jour, exceptionnellement, il put se libérer pour une nuit entière. Elle s'apprêtait à cette fête inespérée quand il téléphona, navré, pour la prévenir qu'il était obligé de partir de toute urgence pour Rome : Jean-Paul Ier venait de succomber à une crise cardiaque.

Adrien s'esclaffe en entendant sa filleule imiter la voix indignée de son amie concluant ainsi le récit de son rendez-vous manqué :

– « Tu te rends compte : le pape est mort ! Vraiment, ça n'arrive qu'à moi ! »

– C'est effectivement, dit Me Theix, une phrase qu'aurait pu prononcer Eva.

– Oui... mais sur un ton plus allègre et si toutefois ce décès inattendu avait eu une répercussion bénéfique sur sa vie, puisque elle, elle ne cherchait à se valoriser que dans le bonheur, à l'encontre de ma copine qui, elle, ne se valorise que dans le malheur.

– Tu as raison. Le principe est le même, mais les applications sont opposées : l'une se complaît dans de fausses détresses; l'autre, Eva, dans de fausses béatitudes.

– Elles n'étaient peut-être pas si fausses que ça – du moins au temps de Fabrice.

– Tu crois vraiment que c'est réjouissant pour une femme de se livrer tous les soirs à la danse des sept voiles devant un garçon qui n'a jamais envie d'en soulever même le premier et qui fantasme sur les pectoraux d'Apollon alors qu'il est couché sur le sein de Vénus?

– Elle t'a raconté ça?

– Avec autant d'émerveillement que ses ébats avec Corman! Elle trouvait les efforts de Fabrice pour lui rendre hommage plus touchants que tous les hommages spontanés et positifs qu'elle avait jusque-là reçus. Quant à son désespoir après chacune de ses défaillances, il constituait pour elle la plus émouvante preuve d'amour qu'on lui ait jamais donnée. De mémoire de couple, on n'avait jamais vu un échec aussi réussi!

– Elle ne s'est quand même pas obstinée pendant trois ans sans obtenir de résultat?

– Non, pendant six mois seulement. Avec des hauts et des bas – si j'ose dire!

– Ce n'est déjà pas si mal.

– Et encore, ce sont les circonstances qui l'ont aidée à renoncer.

En effet, vers la mi-juin, alors que sa tirelire sonne dangereusement le creux, Eva est convoquée de toute urgence par Goldet. Cela ne s'est pas produit depuis trois mois; c'est-à-dire depuis que le film de Corman, *Qui est au bout du fusil?*, enfin sorti sur les écrans parisiens, a quitté l'affiche après une semaine d'exploitation désastreuse, entraînant dans sa chute l'optimisme de l'imprésario.

Les quelques articles promotionnels, accompagnés de photos un tantinet raccoleuses que certains de ses amis journalistes ont consenti à consacrer à la dernière égérie de « Big Bill », semblent s'être perdus à tout jamais dans les mouvances de l'actualité. Eh bien, non! Un entrepreneur de tournées théâtrales les a vus – les photos et les titres surtout. Il s'en est souvenu à point nommé au moment où, vingt-cinq comédiennes ayant refusé d'interpréter dans un vaudeville trépidant le rôle d'une femme au visage recouvert de bandelettes à la suite d'un accident de voiture, il en cherche désespérément une vingt-sixième qui accepte, pendant les deux mois d'été, d'être, dans les casinos des villes d'eaux et des plages, cette momie ambulante.

Eva est cette vingt-sixième. A travers son prisme bien particulier, ce projet assez minable devient la chance de sa vie et ce rôle ingrat celui dont n'importe quelle actrice rêverait.

Adrien assiste à l'une des dernières représentations, à Saint-Aubin-sur-Mer, vers la fin du mois d'août. Il est atterré par la médiocrité de la pièce et du décor. Par celle de la troupe aussi, au sein de laquelle l'absence de talent d'Eva s'intègre parfaitement : mince avantage qui lui permet tout juste à la fin du spectacle de bredouiller péniblement quelques compliments sur l'homogénéité de la distribution! Eva pallie aussitôt son manque d'inspiration : elle vante l'efficacité du spectacle – Adrien est tombé sur un mauvais soir, d'habitude le public croule sous les rires –, couvre d'éloges ses partenaires... malheureusement aujourd'hui fatigués par une longue étape, mais d'habitude brûlant littéralement les planches. Elle loue l'ambiance chaleureuse qui a régné au cours de la tournée. Ah! les chœurs improvisés dans le car! Ah! les chasses aux moustiques dans les chambres d'hôtel! Ah! les fous rires sur scène! Ah! les saucissonnades partagées! Ah! cette saine camaraderie! Ah! cette vie de saltimbanques dépourvue de tout cabotinage, de toute ambition, de tout esprit lucratif! Ah! ce retour aux sources mêmes du métier! Chaque jour a été un enchantement et le capitaine Fracasse n'est pas son cousin!

Adrien, sans trop se forcer, applaudit à ce nouvel engouement : cette randonnée – si peu artistique – à travers la France, d'une part, a rempli quelque peu l'escarcelle d'Eva, d'autre part, l'a éloignée de ses amours impossibles.

– Définitivement? demande Isabelle.

– J'en étais persuadé. D'autant plus qu'à Saint-Aubin-sur-Mer Eva m'a montré une lettre de Fabrice, reçue quelques jours auparavant et qui ne pouvait à mes yeux déboucher que sur une rupture complète.

– Qu'est-ce qu'il lui écrivait?

– En résumé que Damien était venu lui apporter son pardon et lui proposer – faute de mieux – de le partager avec Eva. Fabrice se déclarait, dans la même phrase, très touché par cette magnanimité mais aussi fidèlement attaché à sa « princesse lointaine par toutes les fibres de son âme ».

– Autrement dit, il avait repiqué au truc et n'attendait que la bénédiction d'Eva.

– Ça me parut aussi évident qu'à toi. Mais pas à Eva qui était certaine, elle, que son ange maudit, trop pur pour céder à ses anciens démons, comptait plus que jamais sur elle pour l'arracher à leurs bras tentateurs.

– Tu n'as pas essayé de la convaincre?

– Ah si! Jusqu'à 5 heures du matin. Mais à tous mes arguments elle m'objectait avec commisération que « je ne pouvais pas comprendre ».

Pendant deux ans, Eva ne cesse de répéter cette petite phrase à Adrien, coupant court de cette façon à toute discussion. A quoi bon s'expliquer? Il ne peut pas comprendre. Ainsi quand, à son retour de tournée, elle apprend par la bouche coupable mais non repentante de Fabrice qu'il est aussi incapable de se passer d'elle que de Damien, que celui-ci lui réserve dans son énorme cœur une place de choix, Adrien, avec ses gros sabots qui collent au sol, « ne peut pas comprendre » qu'elle soit transportée d'aise par l'ambivalence si attachante de ses chers et tendres et qu'elle se pâme devant les arcanes de leurs psychismes alambiqués.

Le mois suivant, Fabrice crée avec Damien et Eva – désormais inséparables – et quelques comédiens de leur ancien cours une compagnie théâtrale, dite la Compagnie des Trois. Ils louent, au quartier Latin, une salle de cinéma désaffectée appartenant au propriétaire d'une brasserie voisine, amateur d'art et de jeunes gens. Ils rassemblent leurs forces, leur foi, leurs illusions, leurs capacités et leurs deniers pour retaper les lieux et monter un spectacle. Eva devient à la fois la tapissière, la costumière, la cantinière et la trésorière de la petite troupe. Elle consacre ses jours et une partie de ses nuits à ces tâches obscures. Elle se révèle si indispensable dans les coulisses que Fabrice, sous prétexte de ne pas la surmener, ne lui fait jouer sur scène que les utilités. Là aussi, Adrien « ne peut pas comprendre » les joies ineffables qu'elle éprouve à n'être que l'humble rouage d'une communauté et à y sacrifier tout intérêt personnel. Les animateurs de la compagnie, à tendance nettement intellectuelle, se retrouvent à la ville dans des situations plus proches du théâtre de boulevard que de l'avant-garde. Mais il n'y a que les esprits mal tournés pour en juger ainsi. Eva, elle, s'extasie sur l'amitié fraternelle qui l'unit à Damien et à Fabrice. Celui-ci tantôt dort chez l'une, tantôt couche chez l'autre? Détails! Une seule chose importe : ils s'aiment, en commun, hors du commun, hors des préjugés, des conventions, des mesquineries. Là encore Adrien « ne peut pas comprendre » qu'elle se contente de planer si allégrement dans les sphères éthérées des amours platoniques, alors que sans aucune difficulté elle aurait pu s'offrir ailleurs des satisfactions plus tangibles.

Il « ne peut pas comprendre » non plus qu'elle renonce systématiquement à toutes les propositions qui risquent de l'éloigner de Paris et qu'en revanche elle accepte de figurer dans plusieurs romans-photos pour renflouer les finances de la compagnie.

Adrien « ne peut pas comprendre » davantage qu'elle préfère souvent à ses invitations au restaurant la tambouille avec ses copains, qu'elle perde tant de temps et d'énergie sans raison, sans but; qu'elle soit « tétanisée » à son tour par le charme de la vie de bohème, quand jusqu'ici elle s'est tant démenée pour y échapper.

Non, même à présent, « il ne peut pas comprendre ».

Isabelle, elle, essaie et avance une hypothèse, évidemment logique : Eva aimait peut-être tout bonnement Fabrice et avait fini par apprécier de bonne foi ses goûts artistiques et son genre de vie. Après tout, beaucoup de ses congénères sont attirées par les homosexuels en dépit – et plus souvent à cause – de leur non-attirance sexuelle. Elles n'en espèrent ni n'en redoutent rien. La paix de l'âme entraîne la paix du corps. Cette paix-là venant pour Eva après ses joutes épiques avec Corman, il est possible qu'elle en ait été pleinement satisfaite et qu'elle se soit amourachée de son dispensateur.

Adrien s'amuse du double sens que prend ici le mot dispensateur : celui qui dispense (donne) la paix et celui qui dispense (exonère) de tout effort physique. Il reconnaît que, pour bon nombre de femmes, ça se confond, bien qu'elles s'en défendent.

Isabelle, sans se l'avouer, voudrait bien que sa mère soit de celles-ci : jambes fermées et cœur ouvert. C'est quand même mieux que le contraire, et puis, pourquoi l'amour platonique n'existerait-il pas? Pourquoi n'amènerait-il pas, comme l'autre, à des concessions, à des changements? Pourquoi, pour une fois, Eva n'aurait-elle pas été sincère? Dans le fond, ça lui est égal. Mais, dans le fond du fond, ça lui plairait bien quand même qu'Adrien se trompe et qu'il ait collé à Eva arbitrairement une étiquette de mythomane que, dans ces circonstances, elle ne méritait pas.

Me Theix est navré de la décevoir. Il a eu, lui aussi, pendant cette période des doutes sur son propre jugement. Sans quoi il serait intervenu avec plus d'insistance et de fermeté auprès d'Eva pour la détourner de cette voie sans issue. Il a bien regretté sa discrétion quand il a appris qu'il ne s'était pas trompé.

– Par qui l'as-tu appris?

– Nina.

– Tiens! La revoilà! Qu'est-ce qu'elle devenait, au milieu de tout ça?

– Elle végétait toujours avec son vieux retraité, rue de Steinkerque. Je la croisais quelquefois dans les escaliers. Nous évitions soigneusement de parler d'Eva.

– Elle était au courant pour Fabrice?

– Oui. Pour Damien aussi. Elle les avait rencontrés un jour qu'elle était venue à l'improviste dans la « tanière magique ». Elle avait tout de suite compris. Je dois dire que c'était à la portée de n'importe qui.

– Comment a-t-elle pris la chose?

– Selon Eva, très bien. En vérité, très mal. N'oublie pas que la libération sexuelle n'était pas encore *promotionnée*.

– C'est vrai! Elle n'a vraiment pas dû être à la fête, ma grand-mère! Déjà qu'avec Corman, entre nous, elle n'avait pas eu tellement de quoi pavoiser!

– Elle l'avait quand même fait. Sa morale digérait mieux les turpitudes d'Eva à la sauce d'Hollywood qu'à la sauce bohème. Soyons francs, elle reprochait surtout à Fabrice de confiner sa fille dans une vie misérable et de l'empêcher d'en découvrir ailleurs une autre plus agréable.

– Il ne l'empêchait pas vraiment?

– Si, dans la mesure où, occupée à plein temps par ses diverses activités au sein de la Compagnie des Trois, Eva ne disposait d'aucun loisir personnel. Elle s'est enfermée dans un engrenage de travail dont, la fatigue aidant, elle n'a pas eu le courage de se dégager. Il a fallu les forces conjuguées de Nina, de moi-même et de la maladie pour qu'elle en sorte, à l'automne 1956.

– Quelle maladie?

– Une pleurésie très grave que sa faiblesse faillit rendre fatale.

– Ah oui! Ça, j'ai su. Forcément, c'est un peu à ça que je dois ma naissance.

Adrien invite sa filleule à ne pas brûler les étapes. Pour le moment, sa mère est hospitalisée. Après une semaine de soins, son état reste si alarmant que Nina se résout à alerter Adrien. Pendant trois heures, elle vide son sac et par la même occasion celui qu'Eva, entre deux accès de fièvre, vient de lui confier. Un sac bien lourd qui a craqué sous la pression de l'angoisse. Eva est au bout du rouleau. Physiquement et moralement. Elle a avoué à sa mère que sa vie avec Fabrice, puis avec Damien, lui pesait depuis toujours, qu'elle s'y est accrochée uniquement parce qu'elle a cru que la Compagnie des Trois lui apporterait sa vraie chance et puis... parce que rien ni personne ne s'était présenté.

Le premier spectacle monté par Fabrice et où elle ne joue un rôle prépondérant qu'en coulisse l'enlise dans ses espoirs en raison de l'accueil enthousiaste qu'il reçoit de la part de la presse et des professionnels. Malheureusement, le public ne vient pas. Les spectacles suivants subissent le même sort. Celui d'Eva, malgré les promesses réitérées de Fabrice, ne change pas non plus : les dettes s'accumulent;

Fabrice et Damien, en purs esprits détachés des biens de ce monde, laissent Eva se débattre avec les créanciers, les huissiers, le syndicat des comédiens. Pourvu que, le soir, le rideau se lève – même sur une salle aux trois quarts vide – et qu'après la représentation quelques copains leur affirment qu'ils sont les dignes héritiers de Dullin et de Copeau, peu leur importe qu'Eva perde le sommeil et que tout l'argent qu'elle gagne dans des publicités et des feuilletons débiles – qu'eux refusent avec condescendance – passe à combler les trous d'un budget en permanence déséquilibré. Elle est anesthésiée par la gratitude de ses deux acolytes, par leurs flatteries, par sa fatigue grandissante. Aussi, bien sûr, par les reflets trompeurs de ses miroirs truqués. Sa fierté l'empêche de se renier devant Adrien. Elle l'empêche également de lui avouer qu'elle a eu l'imprudence, l'inconscience plutôt, de remettre à des fournisseurs, pour le compte de la compagnie, des traites signées de son seul nom et dont elle est donc personnellement responsable. Les échéances tombent dans quinze jours. Elle sait qu'elle ne pourra y faire face. Elle sait aussi que Fabrice et Damien ne lui viendront en aide d'aucune façon. Ces soucis d'argent, ajoutés aux incertitudes de son avenir, lui laissent envisager sa mort sans regret, même avec un certain soulagement : la maladie progresse en terrain conquis. Il faut agir et vite. De toute façon, le lendemain, Adrien part pour la Suisse.

C'est donc le soir même qu'il va trouver Fabrice et Damien à l'issue de leur représentation. Ils s'inquiètent aussitôt de la santé d'Eva. Adrien ne les rassure pas. Ils énumèrent les occupations qui les ont empêchés de se rendre à l'hôpital. Adrien se garde bien d'absoudre leur négligence. Il préfère qu'ils se sentent coupables. Il les met au courant des étourderies financières de leur amie et de l'angoisse qu'elle en conçoit, préjudiciable à sa guérison.

Adrien a prévu un plan de bataille en trois points : d'abord quelques vibrants appels à leur sens moral, ensuite des allusions aux illégalités de leur exploitation, enfin, s'ils se montraient encore récalcitrants, une menace de leur envoyer la Commission d'incendie, habilitée à fermer les théâtres en cas d'infraction aux règles de la sécurité, et Dieu sait – Adrien aussi – à quel point ils les enfreignent dans leur petite salle! C'est avec ce troisième point qu'Adrien obtient la reddition des deux jeunes gens. Leur dernier spectacle, lancé quinze jours auparavant, promet d'être enfin un succès commercial. Il ne peut être question pour eux de l'interrompre. Ils se reconnaissent donc – par écrit – entièrement responsables des traites signées par Eva. Damien n'y met qu'une condition : que Fabrice et lui-même n'entendent plus jamais parler de Mlle Devnarick. A aucune occasion. Et surtout pas à la sortie de leurs nouvelles affiches, consacrées à la Compagnie des Deux. Il a répété « des Deux » en bravant le regard de Fabrice. Celui-ci a acquiescé de la tête et adressé à Adrien un sourire confus et chargé des fatalités de l'amour.

Le lendemain matin, pressé par le temps, Me Theix ne communique à Nina que l'essentiel de son entretien de la veille, à savoir que les deux amis d'Eva prennent à leur seule charge toutes les dettes de la compagnie et qu'ils mettent une croix définitive sur leur association, tant dans le domaine privé que théâtral. Il prie Nina de transmettre à sa fille cet heureux message, ainsi que ses regrets de ne pouvoir, à cause de son voyage d'affaires, aller lui rendre visite à l'hôpital avant quelques jours. Il griffonne sur un bout de papier le numéro de téléphone d'un ami médecin qu'elle pourra joindre en cas d'urgence. Précaution de pure forme, car il est sûr qu'Eva, libérée de ses soucis, ne tardera pas à récupérer santé et énergie.

Son diagnostic est bon. Quand il la revoit une semaine plus tard, elle entre dans la voie de la guérison. Cela se voit moins sur sa feuille de température et sur ses joues encore très pâles qu'à la réapparition de certaines coquetteries : ses ongles, griffus au temps de Corman, malmenés au temps de Fabrice, s'ovalisent joliment sous un vernis incolore; un large bandeau fort seyant dissimule ses cheveux collés par la fièvre; une trace de rimmel insoupçonnable allonge ses cils; un peu de rose avive ses lèvres : des petits riens de femme qui reprend goût à l'existence. A l'en croire, d'ailleurs, elle ne l'a jamais perdu et déplore que sa mère se soit affolée au point de dépêcher Adrien auprès de ses deux associés pour régler une situation en aucune façon alarmante. Il a pu le constater lui-même, Fabrice et Damien sont deux êtres exquis, terriblement complexés vis-à-vis d'elle. Ils lui vouent une véritable dévotion et, à l'instar du pauvre jongleur de Notre-Dame offrant à la Vierge, faute d'autre chose, ses tours de baladin, eux lui ont offert tout ce qu'il était en leur pouvoir de lui offrir : les richesses de leur amitié. Ne l'ont-ils pas encore prouvé en réglant si spontanément tous les problèmes d'argent? Et mieux, en s'effaçant de sa vie, sans heurt, sans larmes, sans déchirement, uniquement parce qu'ils ne se reconnaissent pas le droit de la retenir plus longtemps dans leur sillage et de gâcher ainsi son avenir. Quelle délicatesse de leur part! Quelle prévenance! Car, c'est vrai, il faut maintenant penser à l'avenir...

« Et voilà, messieurs les jurés, conclut Me Theix sur son bloc-notes, comment Eva Devnarick, qui devait à la Compagnie des Trois et à ses amitiés particulières beaucoup plus de couronnes d'épines

141

que de laurier, les enterra sous une pluie de roses. »

Au procès, à cette phrase, Eva tourna son visage vers un ami de Fabrice et de Damien qu'ils avaient envoyé là en informateur et implora du regard son indulgence.

9

L'odeur du café réveille Adrien. Il se dresse sur son oreiller, chausse ses lunettes, regarde son réveil, estime l'heure bien matinale pour un dimanche, se lève quand même, va dans la salle de bains et y accomplit les rituels matinaux à un rythme plus lent que celui adopté les autres jours de la semaine : c'est sa gâterie dominicale. le dernier rite – le remontage de la montre, la vérification de son bon fonctionnement et sa pose sur le poignet – est en voie d'achèvement quand la porte de sa chambre s'ouvre sur Isabelle, elle aussi habillée de pied en cap et piaffante d'impatience :

– Qu'est-ce que tu fous? Tu es encore plus lambin que mon mari.

– J'ai horreur de me presser le dimanche.

– Eh bien, grouille quand même! Le petit déjeuner est prêt depuis une heure.

– C'est gai! Je n'aime que le café tout frais. Elle le sait, pourtant, Kifétout!

– Elle n'est pas là. Elle a laissé un mot.

– Qu'est-ce qu'elle dit?

– Qu'elle est partie avec son jules... et avec un paquet de bougies!

– Allons bon!

142

– Ça m'a bien fait rigoler que tu aies semé encore la bonne parole de ce côté-là.

– Pour ce que ça a servi...

– Ben si, puisqu'elle a emporté les bougies.

– Ouais, mais elle a sûrement oublié les allumettes!

– Dis donc, tu es toujours aussi grognon, le matin?

– Oui, quand j'ai l'estomac vide.

– Alors, viens!

– Où ça?

– Dans la cuisine.

– On serait mieux ici.

– Oui, mais j'ai tout préparé là-bas.

– Tant pis!

Résigné, Me Theix suit sa filleule dans l'interminable couloir qui a été conçu à une époque où le mètre carré n'était pas ce qu'il est et qui sépare l'appartement proprement dit de la cuisine, laquelle en contiendrait bien quatre d'un immeuble d'aujourd'hui.

– Je déteste cette pièce, dit Adrien.

– A qui la faute? Tu n'as qu'à la moderniser.

– Qu'est-ce que tu racontes? Elle est moderne!

– Elle est moderne démodé. Le moderne à la mode, c'est de l'ancien. Il faudrait une grande table de ferme, des buffets en bois, de vieilles suspensions, des cuivres.

– Bref, tout ce qu'il y avait quand j'ai pris possession des lieux et que j'ai fichu en l'air... avec une frénésie... un bonheur...

En contradiction complète avec ces mots, le visage d'Adrien s'assombrit. Isabelle sait pourquoi. Elle se tait : elle respecte les fantômes de son parrain. Il ne s'aperçoit même pas de son silence. Sa pensée a rejoint un homme jeune encore, au tournant de sa vie, qui lui ressemble comme un frère... Un avocat qui, grâce à son talent, à sa puissance de travail peu commune, à sa chance peut-être aussi, s'est imposé dans son métier et s'est constitué une clientèle importante, si importante que les dossiers encombrent le petit bureau de la rue La Boétie et qu'il ne suffit plus à la tâche. Il est temps pour lui de passer à la vitesse supérieure. Il faut qu'il s'agrandisse, qu'il prenne un collaborateur, qu'il quitte enfin la rue de Steinkerque où il lui est impossible de recevoir ses nouvelles relations.

Il faudrait que quelqu'un – une femme de préférence – cherche pour lui un appartement, le décore, l'organise : une amie disponible qui se chargerait de toutes ces tâches comme une épouse, mais qui n'aurait aucune prétention à le devenir. Car Me Theix n'a aucune envie de se marier... sauf avec la Claire de sa jeunesse qui a convolé, il y a six ans, et qu'il a rencontrée encore dernièrement, toujours aussi belle, toujours aussi inaccessible mais un peu nerveuse, très nerveuse même – du moins il s'en persuade, et lui téléphone.

Elle est en instance de divorce... incompatibilité d'humour, dit-elle. Elle s'ennuie... Elle voudrait s'occuper... Il cherche précisément quelqu'un qui s'ennuierait et qui voudrait s'occuper... ça ne peut pas mieux tomber! Elle est enchantée... Quant à lui... il s'interdit de rêver.

Fin septembre, après quinze jours de prospection dans tous les quartiers résidentiels de Paris, Claire jette « leur » dévolu sur cet appartement de la plaine Monceau, spécialement bien adapté à l'exercice d'une profession libérale. Adrien l'estime tout juste un peu trop grand. Elle lui objecte qu'il ne va pas rester célibataire éternellement, qu'il va avoir des enfants... Aussitôt, Adrien trouve à l'appartement des proportions idéales... pour une famille dont le père n'aurait pas osé pendant très longtemps avouer à la mère son amour... A propos, Claire... Pourquoi pas? C'est encore un peu tôt...

Le plus urgent est d'installer d'abord le bureau d'Adrien, celui de la secrétaire, celui du collaborateur et le salon d'attente qui ne nécessitent heureusement dans l'immédiat que de menus travaux. Elle les surveille si étroitement qu'Adrien peut le 1er décembre quitter la rue La Boétie et ranger enfin ses paperasses dans l'immense cartonnier, si pratique, qu'elle lui a déniché. Comment a-t-il pu s'en passer jusque-là? Et d'elle, comment a-t-il pu? A propos, Claire... C'est encore un peu tôt...

Il faut s'attaquer maintenant aux pièces privées. Les sanitaires, la cuisine, on arrange ou on change? On change. Adrien veut du neuf, rien que du neuf, partout dans sa vie...

Quoi? Non, non, il n'a rien dit. De quelle couleur la chambre? Oh! celle que Claire aime! Quel style? Celui que Claire veut! Un grand lit ou des lits jumeaux? Comme Claire pense que c'est le mieux. Les deux autres chambres? Comme Claire... La salle à manger? Comme...

Début mars, les travaux sont presque terminés. Claire a acheté les meubles de première nécessité et déjà engagé une Kifétout avant la lettre pour le 15. A cette date au plus tard, Adrien pourra vivre dans son nouvel appartement. En attendant, puisqu'elle n'est plus utile à rien, qu'elle se sent fatiguée, qu'Adrien est surchargé de soucis avec des procès compliqués, son assistant qui ne l'assiste pas tellement et son amie d'enfance, Eva, qui vient d'être hospitalisée, Claire va s'en aller à Cranssur-Sierre dans le chalet de ses parents.

Adrien ne la retient pas. Il sait que, dans une semaine, il doit se rendre à Genève pour affaires et qu'il la rejoindra... pour quelques jours... et si elle le voulait bien... A propos, Claire? Cette fois, c'est le bon moment. Elle veut bien. Mieux! Elle veut tout court.

Adrien plane plus haut que l'avion qui le ramène

à Paris. Lui, le petit binoclard de la rue de Steinkerque, le fils de l'épicier, devient l'émule des princes des *Mille et Une Nuits* : il ne se déplace plus que sur son nuage volant.

Il en descend seulement pendant l'heure qu'il passe au chevet d'Eva en débarquant de l'aéroport, et encore... dès qu'il l'entend mentir comme par le passé, preuve chez elle d'une énergie retrouvée, il remonte sur son nuage. Il ne s'étonne même pas sous le porche de l'hôpital de croiser son ami, le docteur de la Guérinière, celui-là même qu'il avait recommandé à Nina avant son départ. Une idée hypertrophiée l'accapare tout entier : Claire sera près de lui dans 3 jours...

Dans 2 jours...

Dans 24 heures...

Dans 12 heures...

Dans 6 heures...

Dans 2 heures 30...

Dans 1 heure 15...

Dans 45 minutes...

Le téléphone sonne. C'est le père de Claire : sa fille s'est tuée au volant de sa voiture dans le col du Saint-Cergue : plaque de verglas... dérapage... ravin !

Première pensée d'Adrien : les barbituriques. Deuxième pensée : le chagrin de ses parents. Troisième pensée : Henri de la Guérinière.

C'est lui qui le sauva. Lui et Eva, soyons justes. Elle a été parfaite à cet instant douloureux de sa vie.

Me Theix avale d'un trait son café.

— Il est dégueulasse, dit-il. Celui de ta mère était meilleur.

— C'est possible. Je n'ai jamais eu l'occasion de l'apprécier. De son temps, je buvais encore du cacao.

— Ton père aurait pu te renseigner.

146

– Il ne prononçait jamais son nom. Je ne sais même pas s'il l'a aimée un peu, beaucoup ou pas du tout. Passionnément et à la folie avec lui, c'est exclu.

– D'après Eva, c'était passionnément, bien sûr.

– Mais d'après lui? d'après toi?

Me Theix est bien embarrassé de répondre : Henri de la Guérinière paraissait avoir la sensibilité d'un mur en béton armé. Mais simple apparence? Ou profonde réalité? Adrien n'a jamais réussi à le définir, jamais eu l'audace – ou l'impudence – de le lui demander et, un peu comme avec Eva, s'est intéressé à lui en raison même de l'énigme qu'il lui posait. Henri disait . « C'est drôle », mais ne riait pas. Disait : « C'est triste », mais gardait l'œil glacé. Disait de sa femme, partie pour le Canada en lui laissant leurs trois filles : « Je la hais », mais sa voix ne trahissait aucune colère. Réservé à l'extrême, il avait des accès de passion – entre autres pour les vieux livres, les chiens, le jardinage et l'ornithologie. Volontiers misanthrope, il était capable de dévouement surprenant. Ainsi quand Nina, en l'absence d'Adrien, l'appela en pleine nuit, non pas pour sa fille mais pour son compagnon atteint d'une douloureuse crise de coliques hépatiques, il accourut et attendit avec elle l'effet de l'analgésique qu'il lui avait administré.

Il demanda des nouvelles d'Eva qu'il connaissait vaguement à travers leur ami commun et promit à Nina de passer la voir. Promesse dont il ne se souvint que le jour du retour d'Adrien. Quand il le rencontra sous le porche à l'hôpital, c'était donc sa première visite. Il n'y en aurait sans doute pas eu d'autre si Me Theix avait pu continuer les siennes; mais, après la mort de Claire, il se cloîtra chez lui avec son chagrin. C'est alors qu'Henri, de lui-même, se chargea de le remplacer auprès d'Eva. Pour lui, simple devoir humanitaire. Pour elle, résultat évident d'un coup de foudre sur un paratonnerre...

Leur principal sujet de conversation fut Adrien, seul trait d'union possible entre ces deux êtres que séparaient leur éducation, leurs goûts, leurs aspirations. Ils parlèrent de lui avec la même affection, s'inquiétèrent de son état dépressif avec la même sincérité et eurent la même idée pour lui porter remède : l'arracher de force à la solitude dans laquelle il se confinait en lui imposant la présence d'Eva. Le moment venu, Henri persuada Adrien que son appartement, à deux pas du parc Monceau, serait pour elle un lieu de convalescence idéal et que sa présence serait pour lui salutaire.

Me Theix accueillit donc Eva un matin avec la ferme intention de s'occuper d'elle. Il l'avoue maintenant à Isabelle :

– C'est elle surtout qui s'est occupée de moi. Avec un tact remarquable guidé par un instinct très sûr : elle savait se taire ou parler, apparaître ou s'éloigner au moment exact où il le fallait.

– Elle pensait peut-être que la reconnaissance t'amènerait tout doucement au mariage.

– Du tout! Elle avait déjà d'autres projets en tête pour son avenir.

– Papa?

– Bien sûr. Nous le voyions presque tous les soirs, d'abord chez moi et puis, quand Eva a eu assez de force pour sortir, chez lui.

– Il y avait les trois gamines?

– Oui, mais heureusement elles étaient souvent couchées quand on arrivait. La mère d'Henri, ta grand-mère, comme tu le sais, ne badinait pas avec la discipline.

– Elle était là aussi?

– Oui, depuis le départ de sa bru, elle veillait à l'éducation des petites.

– La comtesse douairière ne devait pas beaucoup apprécier la petite Trinquet.

– Non... et pourtant Eva se composa à son intention – et à celle d'Henri – un personnage de jeune dame patronnesse tout à fait convaincant.

– Ça ne la gênait pas un peu devant toi qui étais au courant de son passé?

– Pas le moins du monde! Elle a opéré sa métamorphose sous mes yeux, sous mes oreilles, comme s'il s'agissait d'un phénomène aussi inéluctable que celle de la chrysalide en papillon. Renseignée ingénument par moi sur les goûts de ton père, elle se documenta à fond sur la bibliophilie, la race canine, le jardinage et les oiseaux. Comme elle avait une excellente mémoire, au bout de très peu de temps elle naviguait habilement entre les noms des relieurs célèbres, les greffes des cucurbitacées, les caractéristiques des chiens nus, et le plumage du paradisier papou.

– Et mon père s'est laissé bluffer?

– Il était content de parler de choses qui l'intéressaient.

– Et de théâtre, elle ne parlait pas?

– Pas plus que de cinéma. Ou alors exceptionnellement, pour s'étonner d'avoir pu quelque temps fréquenter ces milieux frelatés.

– Elle invoquait, je suppose, sa jeunesse comme excuse?

– Exactement.

– Et prétendait que, dorénavant, seule la vie de femme au foyer ou de mère l'attirait?

– Tu as autant d'imagination qu'elle.

– Mais c'était crédible, tout ça?

– Pour quelqu'un qui ne la connaissait pas avant, oui. Je comprends très bien que ton père l'ait crue. Tout ce qu'elle disait concordait parfaitement avec ce qu'elle faisait. Songe qu'elle s'est mise à la broderie, au tricot et à la cuisine! Notamment à la fabrication des confitures dont ton père raffolait.

– Mais le physique suivait?

– Bien sûr! Elle donna à ses cheveux une teinte très sage et une coupe très simple. Elle ne portait que des vêtements dignes d'un pensionnat et se maquillait avec la discrétion d'une nurse anglaise. Le tout très bon chic, bon genre. Ça lui allait d'ailleurs fort bien.

– C'est cette image-là que j'ai gardée d'elle. Je la trouvais ravissante.

– Elle l'était.

– C'est pour ça que mon père l'a épousée?

– Je n'en suis pas certain. Il souhaitait avant tout, comme lors de son premier mariage, assurer la pérennité de son nom. Il cherchait à épouser une mère, pas une femme. C'est pourquoi je croirais volontiers qu'il a choisi Eva plus par hasard que par véritable attirance physique.

– Tu n'as jamais senti, à certains détails, qu'elle lui plaisait?

– Ah ça, non! Au point que, le matin où il m'a téléphoné pour m'annoncer qu'il avait l'intention de se marier, je lui ai demandé : « Avec qui? »

– Tu ne lui as pas demandé pourquoi?

– Si! Il m'a répondu que, d'une part, ses filles – âgées respectivement de six, quatre et deux ans – s'habitueraient mieux à une nouvelle présence maintenant que plus tard. D'autre part, il avait quarante-huit ans et la volonté de procréer jusqu'à ce qu'héritier s'ensuive. Comme la chance ne semblait pas le favoriser dans ce domaine, il valait mieux ne pas perdre de temps.

– Délicat madrigal... frappé au coin du romantisme le plus pur!

– Ne plaisante pas, ce fut l'opinion de ta mère quand je lui fis part de notre conversation, selon le désir exprimé par ton père, sans y apporter la moindre atténuation.

– Il lui en avait quand même parlé avant?

– Pas un mot. Ils ne s'étaient jamais vus seuls. Ce qui n'empêcha pas ta mère d'accueillir cette demande en mariage, peu engageante à mes yeux, avec émerveillement mais sans aucune surprise. Elle savait de toute éternité que ça finirait ainsi. Elle avait l'impression d'avoir vécu avec Henri dans une autre vie, tant ses réactions lui étaient familières. Elle le connaissait mieux que sa mère, mieux que moi, mieux que lui-même. En foi de quoi, elle pouvait affirmer que cet homme-là, c'était le contraire d'une omelette norvégienne : du feu sous la glace!

– En somme, avec lui, comme avec Corman, on ne devait pas se fier aux apparences.

– Eh oui! Parade inattaquable!

Eva s'en sert abondamment pendant les six ans qu'elle vit à l'ombre écrasante et glacée du comte de la Guérinière. Cela commence le soir même du jour où elle apprend par Adrien la nouvelle de ses noces prochaines. Tout en s'affairant pour recevoir son impassible prétendant, elle s'interroge devant Adrien sur la tenue qu'elle portera à ses fiançailles, sur la forme de la bague, le lieu du repas, puis sur la couleur de sa robe de mariée, le libellé des faire-part, le nombre des invités d'Henri, la présence des journalistes et photographes spécialisés dans les rubriques mondaines, la destination de leur lune de miel : Venise? Acapulco? Ceylan? Elle hésite encore quand le Prince Charmant amoureux de la bergère sonne. Adrien lui ouvre et lui annonce à la fois qu'Eva l'attend dans le salon et que lui part dîner en ville. Ce que le cher promis innocemment déplore. Mauvais début qui laisse augurer d'une piètre soirée...

Adrien peut facilement la reconstituer d'après le

compte rendu enthousiaste que lui en fait Eva à son retour, vers minuit : enfin elle a mis la main sur un homme, un vrai! Un solide! Un inébranlable! Un qui vous prend en charge, qui vous protège, qui pense pour vous – et tellement mieux que vous! Ainsi ce protecteur zélé et intelligent a résolu en un tourne-main tous les problèmes qui l'agitaient avant sa venue : suppression pure et simple des fiançailles officielles – ridicules à leur âge! Suppression donc de la bague remplacée par... un chien, un de ceux que mettra bas incessamment Pénélope – son cocker favori! Un chien de fiançailles... cadeau bien plus original qu'un solitaire! Suppression également de la cérémonie du mariage, tellement démodée, remplacée par un rapide passage devant le maire en compagnie des deux témoins indispensables : Adrien pour elle; sa sœur aînée Mathilde pour lui. Suppression enfin du voyage de noces – c'est une évidence maintenant aux yeux dessillés d'Eva – puisqu'ils se marieront à la fin juillet et que le mois d'août se passe pour les la Guérinière depuis dix générations au milieu de la famille réunie, en Vendée, dans le château de Fontenailles, berceau des ancêtres.

Exceptionnellement, cet été-là, Adrien est admis à pénétrer dans ce camp retranché de l'aristocratie française.

Il tire sa meilleure distraction du spectacle chaque jour renouvelé de la petite Trinquet accablée d'ennui et de complexes, mais s'efforçant néanmoins de s'intégrer à ce monde qui n'est pas le sien. Paradoxal retour des choses en ce XXe siècle évolué, les héritiers de ces nobles qu'a jadis terrorisés le peuple révolutionnaire terrorisent sans le vouloir la roturière de la rue de Steinkerque. Elle redoute de sa belle-mère l'œil scrutateur qui emprunte à celui d'Henri sa condescendance et à celui d'Abel son ubiquité; de ses quatre belles-sœurs, les sourires tour à tour ironiques et abominablement indulgents. Ses quatre beaux-frères la pétrifient de honte par l'étendue de leurs connaissances dans des domaines aussi variés que le sport, la cuisine, la biologie, l'histoire, la mythologie, l'ethnologie, la littérature, la peinture ou la musique. Ils savent tout. Et pis, ils parlent comme s'il était obligatoire que les autres sachent. Si encore ils avaient l'air infatué, poseur, prétentieux, Eva aurait pu leur en vouloir... Mais non! Ils sont très simples, très gentils, très détendus. Ils s'amusent avec les démêlés des Bourguignons et des Armagnacs comme d'autres avec ceux de Marius et d'Olive; ils font des paris à propos de la date de naissance du fameux (pour eux) général macédonien, Perdiccas, du nombre d'habitants du Paraguay, ou de l'altitude du Fuji-Yama; ils se lancent des défis désopilants : le premier qui composera un quatrain avec des vers monosyllabiques. Le premier qui dessinera le contour exact du Cameroun. Le premier qui citera sans faute toutes les œuvres de Balzac dans l'ordre chronologique. Et ils rient... même Henri! Eva en pleurerait! Pour la primaire qu'elle est, l'érudition triste serait, à la rigueur, supportable, mais l'érudition gaie la plonge dans un désarroi total.

Quant aux enfants, ils ressemblent à leurs parents avec, en plus, l'insolence de leur âge.

En vérité, c'est l'aisance de ces gens en toute occasion qui met mal à l'aise Eva. Ils manient la raquette, la syntaxe, le râteau, le parchemin ou la queue de casserole avec une égale assurance et un égal bonheur. Pas un timide auquel se raccrocher!

Attentive sinon à plaire, du moins à ne pas déplaire, Eva s'inscrit pour toutes les corvées. Le service est très réduit pour la nombreuse assemblée : une Kifétout des champs et un couple de gardiens se partagent le travail de la maison. Deux jeunes filles au pair s'occupent de la marmaille. Toutes les femmes de la maison, à l'exception bien sûr de la comtesse douairière, mettent la main à la pâte. Plus ou moins. Eva, c'est plus. Parfois, les hommes apportent aussi leur contribution aux tâches ménagères. Plus ou moins. Henri, c'est moins.

Eva se lève la première pour dresser le buffet du petit déjeuner, abondamment garni, où chacun vient se servir tout au long de la matinée. Elle se couche la dernière après la lessive quotidienne de son linge personnel, de celui de son mari et de ses trois filles. Elle passe ses journées à rendre service aux uns et aux autres, recousant un bouton à celui-ci, une fermeture Eclair à celui-là, courant de tous les côtés, dans les étages, dans les communs, pour apporter des chaises longues, des rafraîchissements, des lainages, des mouchoirs, des cigarettes, des cendriers, des crayons, des gommes, des magazines, des parasols, des pailles, des glaçons, du chocolat, des boules de pétanque, du sparadrap, du mercurochrome.

Sur dix-neuf personnes dont sept enfants, il y en a toujours une qui oublie quelque chose, ou qui a perdu quelque chose, ou qui a envie de quelque chose. La personne en question en général soupire et informe la cantonade de ce qui lui manque avec l'espoir d'être secourue sans avoir à se déranger. Très vite, à Fontenailles, Eva remplace la cantonade. Dès qu'on a besoin de quelque chose, on s'adresse à elle avec d'autant moins de scrupules qu'elle semble en être ravie.

A ce régime-là, la cendrillon du château, le soir, a les pieds comme des citrouilles. Mais pas de fée à l'horizon pour les transformer en carrosse qui l'amènerait au bal. Quant au Prince Charmant, si Eva en vante plus que jamais à Adrien l'incandescence sous-jacente, Adrien, lui, qui occupe la cham-

154

bre voisine, peut témoigner qu'en fait de feu sous la glace, ce n'est que très rarement une étincelle sous un iceberg!

Au début de son séjour, Eva, en épouse consciencieuse, a cru bon de lâcher sur ces nuits quelques allusions flatteuses pour son mari, de lui jeter quelques œillades sans équivoque par-dessus les plats de cannelloni, de lui agacer la nuque avec un brin d'herbe et de l'appeler « poussin chéri ». Les silences qui suivirent ces innocentes espiègleries l'avertirent rapidement que ce n'était pas le genre de la maison. A Fontenailles, « les choses du corps » n'existent pas : par exemple, les enfants en bas âge, pressés par un besoin naturel, demandent à aller voir, selon le cas, le petit chien ou le gros chien. Conséquence imprévisible : l'un d'eux ayant exprimé de cette façon discrète ses exigences intestinales et irrépressibles à Eva, celle-ci, pas encore au courant, emmena gambader le marmot devant les chenils... et se rendit responsable d'une culotte honteusement souillée.

Isabelle rit. Un peu plus que ne le mérite cette anecdote. Elle libère ses colères enfantines. En a-t-elle piqué des crises, toute seule, dans sa chambre, en frappant du poing son oreiller : Merde pour les robes à smocks! Merde pour les révérences! Merde pour le baiser mouillé de bonne-maman! Merde pour les livres interdits aux enfants dans la bibliothèque! Merde pour les merdes qu'on n'avait pas le droit de dire! Merde pour la messe! A propos...

– Elle allait à la messe, Eva?

– A Fontenailles, tous les dimanches. La mantille sur la tête, les gants blancs et le missel. Elle n'avait pas remis les pieds dans une église depuis sa première communion, mais personne, à part moi, ne pouvait s'en douter. Ses génuflexions profondes, ses larges signes de croix, son recueillement exemplaire donnaient à penser que le Seigneur la comptait parmi ses intimes. Elle ne manquait jamais à la fin de l'office d'allumer un cierge à l'autel de la Vierge, au culte de laquelle la famille la Guérinière était particulièrement attachée, comme tu dois t'en souvenir.

– Tu parles, si je m'en souviens! La fête du 15 août à Fontenailles, ça, on ne peut pas oublier! Un vrai cauchemar!

– Personnellement, j'y trouve plein de charme et je m'arrange chaque année pour y assister.

– Alors ça, ça me dépasse!

– C'est le seul élément stable que je connaisse dans un monde qui bouge trop et trop rapidement pour moi.

Me Theix se lève et poursuit :

– Retournons dans mon bureau, je vais te montrer quelque chose qui t'aidera peut-être à comprendre.

Le quelque chose en question est un lot de vingt-quatre photos. Quasiment identiques : les 15 août de vingt-quatre années. Sur le perron de Fontenailles, la famille la Guérinière au grand complet, avec oncles, tantes et cousins germains, groupée autour de l'aîné de ses membres, pose pour la postérité. En tout, une cinquantaine de personnes, du berceau au fauteuil roulant, qui toutes, à part les collatéraux, ont la particularité de porter comme premier ou deuxième prénom celui de Marie – garçons ou filles – et d'avoir été à leur baptême vouées à la Vierge. L'Assomption, c'est leur fête. A tous.

Isabelle promène sa loupe d'une photo à l'autre. Selon les années, des têtes disparaissent, d'autres apparaissent, minuscules, presque invisibles sous leur bonnet. D'autres changent. Sur le premier cliché, bonne-maman est encore fringante; sur le huitième, elle commence à se ratatiner; sur le vingtième, elle est remplacée par tante Mathilde. Henri est à peu près le même du premier au dernier, juste un peu plus voûté vers la fin.

Isabelle compte les photos : elle figure sur dix-sept d'entre elles. Sa mère sur six seulement.

– C'est extraordinaire, dit-elle. Elle a exactement le même sourire éclatant de bonheur sur les six photos.

– Elle ne le quittait presque jamais.

– Pourtant, tu m'affirmes qu'elle s'ennuyait.

– Autant que toi !

Isabelle redresse la tête : Tiens ! un autre point commun avec sa mère. C'est marrant, les chromosomes, ça se faufile partout et ça vous fait un clin d'œil au moment où vous vous y attendez le moins. Pour un peu, ces imbéciles, ils vous attendriraient... Brusquement Isabelle revient aux photos :

– C'est toi qui les as prises ?

– Oui, j'ai même un film.

– Sur Fontenailles ?

– Sur un 15 août à Fontenailles, ton premier. Le deuxième pour ta mère.

– On peut voir ?

– Si ça t'amuse.

Me Theix, aidé par Isabelle, va installer l'écran et le projecteur dans le salon aux volets encore clos. Bientôt le film-souvenir démarre. Adrien le commente :

– La grande horloge à carillon du hall d'entrée. 6 heures du matin. Branle-bas de combat au château. Ton père interroge le baromètre. Ouf ! le ciel bleu est assuré. On pourra profiter du parc. Tout le monde sur le pont : les hommes dressent les tréteaux. Les enfants apportent les chaises et accrochent les guirlandes. Les femmes sortent la vaisselle, les couverts et préparent la cuisine. Ici, ta mère est aux prises avec les bocaux de haricots de bonne-maman.

— Les éternelles « mogettes » de Fontenailles auxquelles je dois tant de kilos!

— Ta mère n'en mangeait jamais, elle. Ah! Voici maintenant tes joyeux oncles dans leur numéro préféré : le transport des petits tonneaux de vin de la cave au jardin où leurs supports les attendent. A la une... à la deux... et à la... Raté! Tonton Georges a lâché prise. Tonton Charles a reçu le tonneau sur le pied. Tonton André arrête le tonneau qui dévale. Tonton Bertrand se précipite pour l'aider et glisse sur une crotte de chien. On rit comme des fous!

— Il ne leur en fallait pas beaucoup!

— Les épouses et les enfants accourent, attirés par le bruit. On leur explique. On rit de plus belle et on se remet au travail. Le plus dur reste à faire : le débondage et la pose du robinet. Le vin gicle. Tonton Georges se sert de la paume de sa main comme bouchon. Il est aspergé. On pouffe. Tonton Charles vient à la rescousse et réussit à poser le robinet. On applaudit. Mais la clé de bois qui commande l'écoulement du liquide lui résiste. On se gausse. Tonton André essaie à son tour. En vain. On daube allégrement. A tonton Bertrand maintenant d'exercer sa force... sans plus de résultat. On s'ébaudit. Le fils de tonton Georges, Jean-Marie, huit ans, en profite pour tenter sa chance subrepticement. Il réussit du premier coup. Alors là, on se tire-bouchonne littéralement.

Me Theix fixe un instant l'image sur l'hilarité générale.

— Cette scène se reproduit régulièrement chaque année à quelques variantes près. Ça les amuse toujours autant.

— Ils ont de la veine!

— Oui, je le pense sincèrement : ils ont de la veine.

Il remet en marche le film et ses commentaires :

– 9 heures : les membres de la famille n'habitant pas à Fontenailles commencent à arriver. Bisou-bisou. Vous n'avez pas changé depuis l'année dernière. Et vos rhumatismes ? Bisou-bisou. Quelle chance, ce beau temps ! Oh ! la jolie capeline ! Bisou-bisou. Ce que le petit a grandi ! Ce que la petite vous ressemble ! Bisou-bisou. Ah ! te voilà.

– C'est moi, ça ?

– Oui, à trois mois, dans les bras de ta mère. Bisou-bisou. Fais risette, Isabelle, à cousin Gaston. Excusez-la : elle est grognon ce matin. Bisou-bisou. Oh ! vous êtes gentille d'être venue, mamie. C'est sans doute la dernière fois. Bisou-bisou. Nous venons du Midi. Les gens sont fous. C'est le paradis, ici. Bisou-bisou. Oh ! la belle pelouse ! Oh ! les beaux hortensias ! Bisou-bisou.

– Quelle horreur, cette séance de lèche-poire ! Ça durait au moins une heure.

– J'ai abrégé, tu vois, c'est fini. Regarde ! C'est le départ en cortège pour la grand-messe. Devant, les petites filles en organdi blanc. Derrière, les garçons en pantalon et cravate marine, chemise blanche. Puis les dames en robe du dimanche avec, à leur tête, bonne-maman.

– La reine Victoria !

– Enfin les hommes qui ferment la marche, très dignes, impeccables.

– En veston... un 15 août !

– Entrée dans l'église. M. le curé est sur le parvis pour accueillir la comtesse douairière, bienfaitrice de la paroisse. Voici ta mère en train de solliciter auprès du bon père une bénédiction pour toi, baptisée par ses soins quinze jours avant.

– C'est incroyable : on lui donnerait le bon Dieu sans confession.

– Merci, mon père. Oui, mon père. Quel bonheur, mon père ! Quel beau jour, mon père !

— Dire que pendant ce temps-là elle devait penser : Quelle connerie, mon père!

— Ah! Attention, voici la procession.

— C'est le moment que je redoutais le plus. Surtout à partir de douze ans. Tu te rappelles, j'en paraissais vingt. Ce que je pouvais me sentir ridicule avec ma robe en plumetis à volants, mes chaussettes blanches, ma couronne de fleurs sur la tête et mon petit panier d'osier rempli de pétales de roses, suspendu à mon cou par un ruban de satin!

— Regarde tes cousines et tes sœurs, comme elles sont contentes : et que je te jette des pétales par-ci et que je te chante un cantique par-là.

— Rien que de voir ça, j'ai l'estomac qui se serre encore.

— Tiens! te revoilà. Tu ne semblais déjà pas apprécier beaucoup cette cérémonie.

— Qu'est-ce que je braille!

— En revanche, Eva est en extase : Ah! que c'est émouvant! Ah! c'est positivement divin... Mais attends, observe bien. Une seconde de relâchement. Top!

Adrien fixe à nouveau l'image : les traits d'Eva apparaissent subitement tombant sous le poids de l'ennui. On a vraiment l'impression d'entendre un soupir accablé s'exhaler de sa bouche entrouverte. A l'image suivante qu'Adrien arrête aussitôt, elle s'aperçoit que la caméra vient de saisir cet instant de vérité. A l'image suivante, elle a un regard presque implorant en direction de l'indiscret. A l'image suivante, elle est de dos.

— Elle t'a parlé de cet incident, après? demande Isabelle.

— Jamais! Je continue?

— Bien sûr.

— Retour au château. Cérémonie du cadeau à bonne-maman. Double cercle des enfants et des

160

parents autour de l'aïeule. Les enfants ont tous un cadeau à la main dont la tradition exige qu'ils l'aient fabriqué eux-mêmes à cette intention. Le plus jeune ici, Etienne, cinq ans, bredouille un compliment – toujours le même.

– Attends! Je dois le savoir encore :
« Merci bonne-maman, merci Vierge Marie,
Permettez qu'en ce jour béni je vous souhaite
Au nom de ma famille aujourd'hui réunie
Une très longue vie et une heureuse fête. »

– Bravo, ma chérie! Vous avez bien récité votre leçon. Vous avez le droit d'embrasser votre grand-mère. Et le défilé recommence. Bisou-bisou. Oh! la belle écharpe! Bisou-bisou. Oh! le beau dessin! Bisou-bisou. Oh! la belle boîte peinte! Bisou-bisou. Oh! le beau châle! Maman ne t'a pas aidée? Bisou-bisou. Oh! le beau... qu'est-ce que c'est? Un moulage en terre cuite. Oh! le beau moulage! Bisou-bisou. Ah! une deuxième écharpe. Aucune importance : il fait si froid l'hiver! Bisou-bisou. Oh! le beau nappe-ron de dentelle! Bisou-bisou. Ah! encore un dessin : un vrai artiste celui-là! Bisou-bisou. Oh! une troi-sième écharpe. Je suis vraiment gâtée! Bisou-bisou.

– Tu sais ce qu'elle faisait de tous ces cadeaux, bonne-maman?

– Non. Je me le suis toujours demandé.

– Eh bien, elle les refilait au curé pour sa ker-messe de Pâques. C'est marrant d'ailleurs : quelque-fois il y avait des bonnes dames de ses relations qui les achetaient et qui innocemment les lui offraient en venant prendre le thé! Elle faisait une de ces tronches en retrouvant les merveilleux présents de ses chers petits-enfants!

– Fin du défilé. Commencement des réjouissan-ces. Ruée sur les buffets. Ruée sur les tables. Ruée autour des tonneaux. Ta mère, seule à l'écart avec les trois filles de ton père et toi à côté dans ton landau.

— Ce n'était vraiment pas sa fête, à elle.

— Quelques plans intéressants de convives avant ripaille : avec veston; pendant ripaille : en chemise; après ripaille : sans cravate. Ah! de nouveau ta mère en train de jouer à colin-maillard... puis à la chandelle... puis au badmington...

— Toujours avec les mômes... Elle les aimait tant que ça?

— Elle aimait qu'on croie qu'elle les aimait. Ça faisait partie de son personnage du moment.

— Ah! l'orchestre...

— M. Beaudu, le facteur, à la batterie; M. Tancret, l'épicier, à la trompette; M. Grillot, le percepteur, au piano.

— Ils doivent être cacochymes maintenant.

— Depuis trois ans, ils ont été remplacés par leurs fils; mais ils ne sont guère plus doués que leurs pères.

— Pour la façon dont on danse à Fontenailles, ça n'a pas beaucoup d'importance.

— Ton père ouvrant le bal avec sa mère.

— Et en avant pour la valse et le boston!

— Ta mère avec tonton Georges.

— L'éléphant! Il me marchait sur les pieds tout le temps.

— Sur ceux de ta mère aussi, comme tu peux voir. Ah! maintenant ta mère avec tonton Charles.

— La gazelle! Il ne dansait pas, il sautait.

— Ta mère avec tonton André.

— La mouette! Il marquait le rythme avec ses bras.

— Ta mère avec tonton Bertrand.

— Le mille-pattes! Tiens, regarde : il n'arrête pas une seconde de déplacer ses mains.

— Ta mère avec ton père.

— Un couple pour Anouilh!

– Enfin l'apothéose : la farandole à travers le parc.

– C'est ce que je préférais. Ça annonçait la fin de la mascarade.

– Tu oublies les adieux.

– C'est vrai. Ça non plus, ça n'en finissait pas.

– On y est. Bisou-bisou. A l'année prochaine! Si Dieu le veut... Bisou-bisou. Quelle bonne journée nous avons passée! Bisou-bisou.

Le film s'arrête.

– Désolé, ma pellicule n'était pas assez longue pour toutes les embrassades.

– Ça suffit comme ça. Merci beaucoup!

Isabelle s'étire et secoue sa tête comme un chat mouillé; mais ses vieilles rancunes ne tombent pas pour autant.

– Je continue à ne pas comprendre pourquoi tu aimes ça.

– Question de goût.

Me Theix réfléchit un instant et ajoute :

– Question de curiosité aussi.

– Ah ça, d'accord! A observer une fois de temps en temps, la famille la Guérinière peut être intéressante. A subir tous les jours, elle est insupportable. Surtout quand on n'en fait pas partie.

– Tu en faisais partie.

– Non, tu le sais bien. Pas plus qu'Eva, je m'en rends compte maintenant.

– Maintenant seulement?

– Et pour cause! Moi, j'en étais restée à ce que m'avait dit ma grand-mère, l'autre : Nina.

– A savoir qu'Eva avait été acceptée d'emblée par sa belle-famille, qu'elle y était entourée d'affection par chacun et qu'en conséquence elle lui vouait en retour la même affection, teintée bien justement de reconnaissance?

– C'est ça. Et, en plus, que son mari l'adorait. Comme d'habitude, quoi : le nirvâna!

– Nina te répétait ce que ta mère lui avait dit et me disait à moi-même.

Isabelle tape du poing sur le fauteuil, comme naguère sur l'oreiller de Fontenailles.

– Bon sang! Si elle avait avoué la vérité, elle aurait pu en éviter des drames!

Aussitôt, Me Theix pense au dernier en date : la mort de Bruno; mais, la seconde d'après, il prend conscience, devant le visage triste d'Isabelle, que c'est à son drame à elle, le départ de sa mère, qu'elle vient de faire allusion.

– A propos, dit-il, si tu imaginais ta mère si heureuse, pourquoi croyais-tu qu'elle était partie?

– Pour permettre à mon père d'avoir le fils qu'elle ne pouvait plus lui donner, puisque ma naissance lui avait ôté toute autre chance de maternité.

– Ça alors! C'est aussi Nina qui t'a raconté ça?

– Evidemment! C'est faux?

– Plutôt, oui!

– Et le chagrin qu'ont éprouvé mes parents en se quittant.. c'est faux aussi?

– Ouais...

– Tu n'étais pas au courant?

– Non... mais j'aurais dû m'en douter : ta mère s'est toujours débrouillée pour ne pas démolir les piédestaux qu'elle avait construits.

– Joli résultat! Je leur en ai voulu à tous les deux! Elle, de s'être sacrifiée pour une cause imbécile. Lui, de ne pas l'en avoir empêchée.

Subitement Me Theix plante là sa filleule et file dans son bureau. D'un jet il écrit sur son bloc-notes :

« Contrainte au divorce, messieurs les jurés, il eût été facile à cette femme, comme à tant d'autres, plus qu'à tant d'autres, de distribuer à son mari le rôle du bourreau et, à elle, celui d'épouse martyre.

Elle a cru préférable pour sa fille de sauvegarder leur auréole de parents et leur légende de couple uni, même et surtout devant un destin contraire. La suite a prouvé qu'elle avait eu tort. Mais peut-on lui tenir rigueur de n'avoir pas deviné qu'Isabelle de la Guérinière, âgée alors de cinq ans, plus tard aurait mieux aimé sa mère sous les traits d'une Simone Trinquet misérable, écrasée, rejetée par son mari et sa famille, que sous les fards d'une Joséphine aimante et aimée, répudiée par un Napoléon meurtri? »

Au procès, à cette phrase, deux larmes sillonnèrent les joues d'Eva.

10

Des sentiments très divers agitent Isabelle. L'un finit pourtant par prendre le pas sur les autres : une immense colère. Elle en veut à la terre entière, à la famille la Guérinière, à son père, à sa mère, à Nina, à Adrien, à tous ceux qui lui ont menti ou qui se sont tus, et à elle-même qui s'est barricadée derrière son désespoir. Comment ont-ils pu? Comment a-t-elle pu?

Me Theix essaie de la calmer en le lui expliquant : sa naissance, annoncée peu après le premier séjour à Fontenailles, est attendue du côté paternel avec circonspection. On ne veut manifestement pas se réjouir avant d'être sûr qu'il s'agit bien d'un garçon. Côté maternel, l'attente se passe dans une joie profonde et sincère que ne réussissent à entamer ni la réserve de l'entourage d'Eva ni les astreintes d'une grossesse aussi difficile que la première.

Allongée les trois quarts du temps, Mme Henri de

165

la Guérinière couve avec patience et amour son enfant : celui sur qui – fils ou fille – elle était décidée à placer sa tendresse jusque-là inexploitée.

Elle n'est donc nullement déçue de découvrir à l'issue d'un accouchement laborieux le sexe de son bébé. Elle est la seule. Mais les mines déconfites – voire réprobatrices – de son mari et de sa belle-famille n'altèrent en rien son bonheur. Au contraire. Cet enfant-là lui appartiendra. Elle en fabriquera un autre pour eux, s'ils y tiennent. Mais ça n'en a pas l'air. Au retour de clinique d'Eva, son époux déserte la chambre conjugale située, ainsi que celles de ses trois filles, au dernier étage de la grande bâtisse sans charme qu'ils occupent dans le quatorzième arrondissement. Il s'installe au rez-de-chaussée, deux étages plus bas, dans son cabinet de consultation. Déménagement qu'Eva s'empresse de présenter comme une délicate attention de son mari, soucieux de son repos.

Le drame vient des trois demi-sœurs d'Isabelle. Elles qui ont accepté très facilement le remariage de leur père voient d'un très mauvais œil sa nouvelle paternité et le font savoir en devenant infernales. Elles renouent avec leurs habitudes de petite enfance : le pipi au lit, la nourriture au biberon, les pleurnicheries continuelles, bref usent de toutes les armes des enfants jaloux, désireux de détourner à leur profit l'attention que les grandes personnes prêtent au dernier arrivé. Leur haine est telle pour « l'intruse » que le pédiatre recommande à Eva de ne jamais les laisser seules avec elle.

Eva oublie un jour cette consigne, le temps d'un bain. Les trois gamines en profitent pour verser de l'eau bouillante dans le berceau d'Isabelle, alors âgée de treize mois. Alertée par les hurlements intempestifs de son enfant, Eva se précipite, nue et ruisselante, dans la chambre et par la vitesse de son intervention peut limiter les dégâts à quelques brûlures sur les jambes. Henri, accouru aux vociférations de sa femme, se trouve devant un spectacle qui l'horrifie : Eva, toujours dans le plus simple appareil, giflant à pleine main la plus jeune de ses trois premières filles pendant que les deux autres se tiennent les joues en criant : « On le dira à papa! » et qu'Isabelle vagit doucement sur le lit de sa mère. On ne sait ce qui le choque le plus : la nudité d'Eva ou le fait qu'elle ose battre des enfants sur lesquels elle n'a aucun droit – sauf celui de les élever. Toujours est-il que pour une fois son visage et ses gestes trahissent une évidente exaspération. Il lance un peignoir de bain à la figure de son impudique épouse, enferme les trois filles dans leurs chambres respectives, enroule Isabelle dans une serviette et l'emmène en bas pour la soigner.

Au déjeuner il annonce qu'Isabelle ne gardera pas trace de ses brûlures mais que les plaies de ses jambes la rendront très agitée pendant un certain temps. Il annonce également que pour éviter la récidive de ce genre d'accident il a décidé, dans l'intérêt de chacun, qu'Isabelle sera confiée à la garde de sa bonne-maman pendant les deux mois qui les séparent encore de leur séjour familial et annuel à Fontenailles. Ils iront l'y conduire le week-end suivant. Eva insiste autant qu'elle le peut pour rester auprès de sa fille, mais sa belle-mère lui fait comprendre que son devoir est de suivre son mari et d'assumer les charges inhérentes à sa si flatteuse condition d'épouse.

Cette première séparation est suivie de beaucoup d'autres, de plus en plus longues. Dès qu'Isabelle se trouve loin de Paris, ses trois demi-sœurs se comportent comme des anges. Dès que, sur les suppliques d'Eva, on la réintègre au cercle familial, elles redeviennent des démons. Alors on renvoie l'élément de perturbation à Fontenailles.

Peu à peu Eva se résigne à être la mère des trois filles de son mari et une étrangère quasiment pour la sienne. Situation bien triste qu'elle regarde, comme toujours, à travers ses miroirs truqués : il est meilleur finalement pour la petite de vivre à la campagne; bonne-maman l'élève sûrement mieux qu'elle qui l'aurait trop gâtée; et puis Henri lui est tellement reconnaissant de maintenir, au prix de ce « petit sacrifice », la paix et le calme dans son foyer. En conséquence, elle est parfaitement heureuse.

La colère d'Isabelle n'est toujours pas tombée, mais c'est sur son parrain qu'à présent elle déferle.

– Mais toi, bon sang, tu n'aurais pas pu intervenir!

– C'est difficile, tu sais, d'apporter son aide à quelqu'un qui n'appelle pas au secours; de consoler quelqu'un qui n'a apparemment aucun chagrin.

– Tu aurais pu t'adresser à mon père, lui conseiller de me rapatrier et d'envoyer ses trois monstres au bon air de Fontenailles!

– Je l'ai fait. Il m'a répondu que sa mère était trop âgée pour assurer la garde de trois enfants et aussi que « tout ça n'aurait qu'un temps ». Sur le moment, j'ai pensé qu'il voulait dire par là que ses trois filles, en grandissant, se montreraient plus compréhensives et finiraient par t'accepter. Par la suite, je me suis demandé s'il n'avait pas prononcé cette phrase en prévoyant déjà la lassitude d'Eva et son renoncement définitif.

– Ce qui prouverait qu'il a cherché délibérément à les provoquer en m'éloignant d'elle.

– Oui. Mais je n'en suis pas sûr. Lui m'a toujours soutenu avoir été fort surpris – mais non peiné – par le départ d'Eva.

– Et toi, tu as été surpris?

– Pas par son départ... mais par la façon dont il s'est effectué, oui.

Il l'apprit par une lettre d'Eva, trouvée dans son courrier le jour même de son retour de vacances, en septembre 1962.

Cette lettre, Isabelle la lit maintenant avec avidité :

« Mon vieil Adrien,

» Quand tu liras ces quelques lignes, je serai loin. Très loin. De tout et de tous. Eh oui! J'ai décidé de larguer les amarres. Une seule, tu le sais, aurait été capable de me retenir : Isabelle. Mais elle a elle-même coupé l'amarre, avec l'aide de bonne-maman et des autres, bien sûr.

» Ce mois d'août dont j'espérais tant m'a définitivement désespérée. Je me l'étais fixé comme dernière chance de reconquérir ma fille et de la ramener enfin à Paris. Avec elle comme alliée, j'aurais lutté et sans doute vaincu la force d'inertie de mon mari. Avec elle comme ennemie, je ne pouvais rien faire. On lui a donné le choix. Elle ne m'a pas choisie. Ce n'est pas à ma main qu'elle s'accrochera quand, dans quelques jours, pour la première fois, elle entrera en classe à La Roche-sur-Yon. Ma main, elle n'est jamais venue la prendre de l'été. Elle m'a abandonnée. C'est mon premier chagrin d'amour.

» J'ai trente-six ans. C'est trop tôt pour envisager de pleurer ou d'attendre le restant de ma vie.

» Alors je pars.

» Je suis revenue à Paris avant le reste de la famille, prétextant que ma mère souffrante me réclamait. J'ai empaqueté mes affaires et commencé à organiser mon avenir. Demain, quand Henri et ses filles reviendront à la maison, ils n'y trouveront de moi qu'un mot d'adieu. Très bref. Les explications ne servent à rien. Il te téléphonera sans doute. S'il te dit du mal de moi, ne le crois pas. Si tu en penses, dis-le-moi plus tard. Pour le moment, je veux oublier et qu'on m'oublie. Dès que je le pourrai, je t'enverrai de mes nouvelles. En attendant, ne cherche pas à en avoir : tu perdrais ton temps. Surtout ne t'inquiète pas pour moi. Je suis sûre que j'ai pris la bonne décision, au bon moment, et que la chance qui m'a toujours si généreusement gâtée me réserve, pour bientôt, une jolie surprise.

» Je t'embrasse tendrement.

» Signé : Eva ravie d'être à nouveau Devnarick. »

Un mois plus tard, Adrien découvre par hasard « la jolie surprise ». A la seconde page d'un journal spécialisé dans les révélations à sensation s'étalent deux photos : l'une du château de Fontenailles, l'autre d'Eva resplendissante dans la tenue classique des meneuses de revues, aussi échancrée du haut que du bas et empanachée du centre arrière.

Isabelle ne peut s'empêcher de sourire en les regardant. C'est surtout le titre de l'article qui l'amuse : « La comtesse préfère les plumes. »

– J'imagine la gueule de mon père quand il a vu ça. Et celle de bonne-maman...

– Ils se sont plutôt réjouis, figure-toi. Avec cet article, plus quelques autres du même genre, plus l'abandon du domicile conjugal, plus le concubinage notoire qu'ils ont, à partir de là, très vite dépisté, ils avaient la partie belle pour le divorce.

– C'est toi qui t'en es occupé?

– Non. Ton père me l'a proposé pour la forme mais en sachant pertinemment que je refuserais de plaider contre Eva.

– Et elle?

– Je lui ai offert mes services, mais elle m'a préféré l'avocat de son nouveau Prince Charmant.

– Qui?

– Tu n'as pas deviné? Son nom revient plusieurs fois dans l'article que je t'ai montré.

Isabelle s'est arrêtée au titre. Elle reprend la coupure de journal et lit : « Eva Devnarick me reçoit dans son nouvel appartement. Elégant comme elle, lumineux comme elle, net comme elle. Elle est en si parfaite harmonie avec le cadre ultramoderne dans lequel elle vit qu'on a du mal à imaginer qu'il y a un mois elle évoluait sous les lambris dorés du château de Fontenailles. La comtesse redevient bergère. C'est un conte de fées à l'envers, mais Eva, de sa jolie voix d'enfant émerveillée, m'affirme que c'en est bien un. Je crois qu'elle a raison. Jugez plutôt : il était une fois une jeune femme très belle et très triste qui pleurait en sortant d'un cinéma. Elle venait d'y voir un film très gai qui se déroulait dans les coulisses d'un music-hall. Le music-hall... le vieux rêve d'Eva! Un homme passa, son ancien imprésario, Gérard Goldet, devenu propriétaire d'un cabaret en vogue sur les Champs-Elysées. Il a réussi mais, ce jour-là, il n'est pas plus joyeux qu'elle : la vedette féminine de son nouveau spectacle, en cours de répétition, vient de se casser la jambe et il cherche désespérément à la remplacer. Quelle aubaine! Eva cherchait justement une occasion de remonter sur les planches. Le lendemain de cette rencontre miraculeuse, Eva, en collant de danse, renouait avec ses premières amours sous les yeux émerveillés de Gérard... qu'elle appelle déjà, avec un sourire à peine énigmatique, l'homme du destin. »

Isabelle, machinalement, froisse l'article dans ses doigts.

— Goldet! s'écrie-t-elle. Ce sale arriviste!

— Il était arrivé. Ce n'était donc plus un arriviste, mais un honorable ambitieux.

— De là à présenter leurs retrouvailles comme un conte de fées!

Me Theix retire l'article du poing fermé d'Isabelle

et le défroisse du plat de la main sur son bureau. Il pense à la façon dont il aurait pu l'écrire :

Il était une fois une femme jeune encore – c'est-à-dire qui ne l'était plus tout à fait. Elle a eu une fille, un mari, un titre, une famille, une maison, un château et la considération des commerçants. Elle n'a plus rien. On peut même considérer qu'elle a moins que rien puisque ne plus avoir quelque chose est, sur le plan moral, plus négatif que n'avoir jamais eu. Bref, elle est dépouillée matériellement et affectivement. Sans argent, sans domicile et avec, de surcroît, une fierté démesurée qui lui interdit de demander secours ou conseil à son seul ami, il lui faut de toute urgence trouver un emploi et un logement. Elle consulte les petites annonces, comme au temps de son divorce américain, neuf ans plus tôt. Elle tombe sur celle-ci : « Célibataire cherche dame d'expérience pour tenir son intérieur, sérieuse et discrète. Bons gages et chambre indépendante. Se présenter au bureau de la Fricartus, rue Pierre-Charron, entre 3 et 7 heures. »

Eva s'y présente à 3 heures moins 5. Elle est reçue par une standardiste qui n'interrompt sa conversation téléphonique privée que pour lui désigner un siège. Elle a à peine le temps de s'asseoir que la porte s'ouvre sur deux hommes manifestement pressés et soucieux, qui s'engouffrent dans une pièce voisine, sans un regard ni pour elle ni pour la standardiste. L'un est déguisé en artiste-qui-est-vraiment-un-personnage (sabots, veste de smoking et chapeau de cow-boy). L'autre, en homme d'affaires-qui-ne-veut-pas-en-avoir-l'air (moitié Puces, moitié Hermès).

En ce dernier, Eva médusée reconnaît après coup Goldet. Goldet avec, en plus, quelques kilos, une moustache de Celte, des lunettes fumées ; en moins, la moitié de ses cheveux.

Elle questionne la standardiste et apprend que

M. Gérard a fondé, trois ans auparavant, une société qui regroupe de nombreuses activités et qu'il a baptisée Fricartus. Appellation provocante et quelque peu fallacieuse car le P.-D.G. se soucie beaucoup plus de fric que d'art. Elle apprend également que le farfelu qui accompagnait Goldet est le chef, la tête pensante d'un trio de chanteurs fantaisistes, les Galopins, qui occupent la première place dans tous les hit-parades avec leur fameux tube : *La Plisseuse de Saint-Sulpice* et *Où t'as mis le tamis de Samy?* Polochon – c'est ainsi qu'on appelle la tête pensante, ses deux acolytes étant respectivement Oreiller et Couverture –, Polochon, donc, passe dans le show-business pour un petit génie et, en tant que tel, multiplie les caprices et les exigences. Même avec Goldet à qui pourtant les Galopins doivent leur vedettariat et qui leur a confié – comme auteurs et animateurs – l'entière responsabilité du spectacle inaugural de sa nouvelle boîte de nuit. Il aurait déjà dû commencer; malheureusement, la partenaire que le trio s'est choisie a déclaré forfait, exaspérée de n'être sur scène qu'un faire-valoir constamment ridiculisé et dans les coulisses un souffre-douleur méprisé. Il y a deux semaines de cela et depuis deux semaines on lui cherche une remplaçante. Sur la centaine de postulantes qui se sont présentées, six seulement ont retenu l'attention condescendante de Polochon. Sur les six, deux sont parties après la première répétition, ne supportant pas qu'on les appelle « Mademoiselle-faute-de-mieux »; deux autres se sont enfuies en apprenant qu'on leur déverserait sur la tête à chaque représentation de vrais spaghetti à la tomate; la cinquième, totalement dépourvue d'humour, n'a pas apprécié de chanter *Au clair de la lune* devant le postérieur dénudé de Couverture et s'est désistée avant même de savoir quel usage on destinait à la plume de Pierrot. Quant à la sixième, une susceptible et une douillette, elle a pris la mouche et la porte pour une malheureuse paire de gifles lancée par Polochon, en pleine fièvre créatrice.

La standardiste en est là de ses confidences quand Goldet l'appelle par l'interphone. Avant de répondre à la question qu'il lui pose, elle le prie d'attendre et s'adresse à Eva :

– Vous ne venez pas pour l'annonce?

– Ah non! répond Eva avec un étonnement parfaitement imité. Je suis une vieille amie de M. Goldet. Vous pouvez lui annoncer que je suis là. Mon nom est Eva Devnarick.

Dix secondes après que la standardiste a transmis le message, Goldet surgit de son bureau et entraîne Eva dans celui d'un de ses collaborateurs, qui vient de le quitter pour s'installer à son compte.

– Tout le monde me plaque en ce moment, dit-il, lui, ma bonne et mes artistes.

– Et moi, je plaque tout le monde.

Goldet est en l'occurrence fort honnête, allant jusqu'à se reconnaître trop pressé pour ne pas l'être, et définit clairement les deux points essentiels de ses propositions :

Primo, il l'engage pour être la partenaire des Galopins, mais... ce n'est pas un cadeau. Elle ne tirera aucun bénéfice artistique de ce spectacle où le trio se taillera la part du lion à ses dépens; elle devra se montrer extrêmement conciliante et subir avec le sourire les tracasseries – voire les sévices – que risque de lui infliger Polochon et auquel six autres comédiennes avant elle n'ont pas résisté; elle devra aussi se plier à ses horaires fantaisistes – le génie n'a pas d'heure – et travailler dur, très dur pour rattraper le temps perdu.

Secundo, il met à sa disposition une chambre de service avec salle de bains donnant sur jardin, située au rez-de-chaussée de son immeuble à Neuilly, mais... elle devra l'y accueillir de temps à

autre, sans illusions et sans histoire. C'est à prendre
ou à laisser, en bloc : la chambre et l'engagement
aux conditions énoncées. Pas l'un sans l'autre. Eva
prend sans la moindre hésitation : une heure plus
tôt, elle s'est vue en tablier, le plumeau à la main; à
présent elle se voit en collant avec des plumes dans
le dos. Elle préfère cette image-ci... même avec, en
filigrane, Polochon et Goldet. On peut l'en blâmer.
On peut aussi la comprendre.

L'accord conclu, son double employeur juge plus
prudent de ne pas la présenter au redoutable
Polochon dans « l'état où elle est ». On peut difficilement être plus explicite. Eva passe donc le reste
de l'après-midi à abandonner morceau par morceau
la dépouille de Mme de la Guérinière, chez un
coiffeur et dans différentes boutiques à la mode.

A 20 heures, comme convenu, c'est en théâtreuse,
plus fausse que nature, qu'elle franchit le seuil de la
boîte de nuit pour sa première répétition.

Vers 22 heures, les Galopins arrivent en compagnie de Goldet qui, préventivement sans doute, leur
a offert un somptueux dîner.

– C'est elle, ta comtesse de mes deux? demande
Polochon en tapant allégrement sur les fesses
d'Eva.

– Oui.

– Ah bon!

Et, comme si ce laconisme résigné n'était pas
suffisamment révélateur de sa pensée, il ajoute à
l'adresse de ses deux complices goguenards :

– Faut pas s'en faire, les gars : à la guerre comme
à la guerre!

A 3 heures du matin, épuisé d'avoir essayé en vain
d'entamer la résistance physique et morale d'Eva, il
déclare que, par égard pour l'âge de la comtesse, il
lève la séance.

A 3 h 30, Eva entre dans son nouveau logement
avec Goldet et lui en paie sur-le-champ le loyer

comme prévu aux termes du contrat : sans illusions et sans histoire.

A 4 h 30, ils dorment tous les deux : elle dans sa chambre de service, si bien nommée en la circonstance ; lui, six étages plus haut, dans son luxueux appartement.

C'est ainsi que commença le joli conte de fées d'Eva (encore de la Guérinière) avec le P.-D.G. de Fricartus.

— La suite a été du même tabac ? demande Isabelle.

— Ils ne furent pas heureux, ni ensemble ni séparément, mais par bonheur n'eurent pas d'enfant.

— Ça dura combien de temps ?

— Presque quatre ans.

— Dans les mêmes conditions ?

— Exactement les mêmes, idéalisées, comme d'habitude, par ta mère.

— Pas commode pourtant de transformer son association avec Goldet en grand amour : ça devait coincer au niveau de l'habitat, non ?

— Non, car pour une fois elle renonça à jouer la comédie du grand amour.

— Tiens !

— Pour en jouer une autre, encore plus incontrôlable : celle de la complicité merveilleuse.

— Je vois ! Valmont et la marquise de Merteuil dans *Les liaisons dangereuses*.

— A peu près. Elle se disait emballée par la nature complexe de ses relations avec Goldet, par le sentiment indéfinissable qui les unissait et qui n'était ni de la passion ni de la tendresse, mais « quelque chose d'à part » qu'en dehors d'eux personne au monde, tu t'en doutes, ne pouvait comprendre.

— Là, elle retombait dans son vieux procédé.

— Oui, mais ce qui était nouveau aussi, c'est que ce beau roman était construit sur rien... ou presque.

– Comment cela?

– Goldet et elle menaient deux existences pour ainsi dire séparées. Ils ne se voyaient pratiquement pas. Leurs rencontres, d'ailleurs peu fréquentes, au rez-de-chaussée de l'immeuble de Neuilly, avaient complètement cessé au bout de six mois... J'ai appris ça avec un certain étonnement, inutile de te le dire.

– Par Eva?

– Non, par Goldet. Je me suis rarement senti aussi gêné qu'à cette occasion.

– Raconte!

En 1965, Me Theix est informé par un de ses clients, en litige avec Goldet pour cause de non-paiement, que celui-ci, en butte à de graves difficultés financières, songe à se replier au Mexique sur des positions préparées à l'avance, sans laisser d'adresse bien entendu.

Son sang d'avocat consciencieux et d'ami fidèle ne fait qu'un tour. Il se précipite rue Pierre-Charron pour réclamer le dû de son client – ce qui ne surprend pas l'homme de la Fricartus – et sur sa lancée lui suggère qu'il serait élégant, avant qu'il s'expatrie, de laisser une espèce de cadeau d'adieu à Eva – ce qui le stupéfie. Le silence interloqué de Goldet oblige Adrien à s'expliquer plus clairement:

– J'estime, lui dit-il, que l'homme qui a vécu pendant trois ans avec une femme, même à des étages différents, qui a profité de ses faveurs...

Malgré l'œil de plus en plus ahuri de Goldet, Adrien continue:

– L'homme qui a entraîné une femme dans une aventure pas très réjouissante pour elle et qu'elle a eu néanmoins la gentillesse de trouver hors du commun...

– Hors du commun? balbutie Goldet.

Adrien s'échauffe.

– Vous n'allez quand même pas me dire qu'il est normal qu'un amant impose à sa maîtresse en titre la présence de ses remplaçantes – voire de ses remplaçants –, qu'il lui fasse préparer à leur intention des soupers fins, prendre des billets d'avion pour des escapades amoureuses, auxquelles elle n'a jamais droit, qu'il se serve d'elle pour attiser l'esprit de compétition de ses conquêtes, l'humilier pour calmer leur jalousie...

Un éclat de rire homérique de Goldet coupe l'élan oratoire de l'avocat. Dommage! Il n'était pas mécontent de mettre le nez de ce pignouf fuyard dans ses goujateries, de lui énumérer tous ces exemples de cruauté mentale que depuis trois ans la pauvre Eva s'ingénie à présenter comme autant de signes de leur « merveilleuse complicité ». Il n'en a pas dit le dixième! Ah oui! Il le regrette... Jusqu'au moment où Goldet, émergeant de son hilarité, lui révèle la vérité sur ses relations avec Eva, plus exactement sur son manque de relations : leur situation n'est même pas celle de deux amis, tout juste celle de deux indifférents qui ont eu, à un instant de leur existence, besoin l'un de l'autre et qui, de temps en temps, se rendent des services, comme on peut s'en rendre entre voisins. C'est ainsi qu'il lui prête parfois son appartement, quand il est absent, pour qu'elle y reçoive des amis (dont Adrien), qu'elle prenne un bain de soleil sur la terrasse et, dans le réfrigérateur, ce dont elle a besoin. Elle, de son côté, a commandé parfois des repas chez un traiteur, non pas pour des soupers galants, mais pour des dîners d'affaires; elle est allée un jour dans une agence chercher deux billets d'avion, mais pas pour lui, pour ses parents. Quant à ses conquêtes, elle ne les a sûrement jamais vues en sa compagnie, ni même croisées par hasard dans l'immeuble de Neuilly pour la bonne raison que, jaloux de son indépendance, il ne reçoit jamais personne chez lui.

Me Theix, qui compte beaucoup d'amis dans le métier, peut se renseigner : sa vie privée se résume à quelques aventures fugitives, non pas hors du commun, mais au contraire tout ce qu'il y a de plus communes, sans histoire et sans illusions, dans le genre de celle qu'il a eue avec Eva. Son temps, son esprit, son cœur sont entièrement occupés par son ambition... et ses échéances! Le reste ne l'intéresse pas, ou si peu... Une fois par mois... et encore... ça ne vaut pas le coup d'en parler!

A cet aveu si peu masculin, Me Theix reconnaît aussitôt l'homme de bonne foi. Et c'est cet homme-là, qui n'attache pas plus d'importance à la chose amoureuse qu'à un verre d'eau quand il a soif, que l'incorrigible Eva a transformé en une espèce de Casanova machiavélique, en séduisant prince de l'équivoque, en pervers rusé aussi excitant qu'excité! C'est de son cœur, sinon limpide, du moins exempt de toute complication sentimentale, qu'elle a fait le réceptacle des sentiments les plus troubles et les plus tortueux! Ah! il a eu raison de rire, Goldet! C'est amusant d'être semoncé par un accusateur ridiculement naïf, de s'entendre réclamer un cadeau de rupture pour une dame à laquelle on n'a jamais été lié!

Me Theix, confus, se dépêche d'en revenir à l'affaire de son client dans laquelle au moins il est sûr que Goldet a tort; mais, l'esprit encombré de sa bévue, il ne discute pas avec son âpreté habituelle. A la moitié de la somme qu'il comptait obtenir, il cède. La moitié... Eva lui paiera ça!

Isabelle s'amuse presque autant que Goldet de cette histoire.

— Comment elle a réagi, Eva, quand tu lui as jeté ton pavé dans sa mare de mensonges?

— Tu ne devines pas?

— Elle a prétendu que Goldet t'avait menti?

— Exactement... Que c'était un mystificateur-né,

qu'on ne comptait plus les victimes de ses canulars, même parmi des gens encore plus méfiants que moi.

– Elle excusait ta naïveté, en quelque sorte.

– Tout à fait. Quant au départ de Goldet qu'elle ignorait visiblement, elle ne mit pas deux secondes à le digérer et à me le restituer à sa manière : d'abord elle avait été la première à en être avertie, et pour cause! Goldet voulait absolument qu'elle le suive dans son exil mexicain!

Sans même s'en rendre compte, Adrien imite le ton mélodramatique adopté alors par Eva et ses mines de tragédienne tourmentée par des dieux hostiles.

– C'était pour elle que Goldet voulait échapper à la honte de sa faillite et donc quitter la France. C'était pour elle qu'il avait envie de réussir ailleurs. C'était avec elle seulement qu'il pourrait y parvenir. Il n'envisageait pas qu'elle puisse lui refuser son aide, et fut au désespoir car c'est ce qu'elle fit!

Isabelle, entraînée par son parrain, entre à son tour dans le jeu parodique, le temps d'un alexandrin.

– Après les doux li-ens qui les avaient unis!

Adrien, rompu à ce genre d'exercice depuis ses humanités, enchaîne sans presque d'hésitation :

– Au comble du chagrin, Goldet ne put com-
[prendre
Que celle qu'il n'avait jamais vue jusque-là
Autrement que soumise et autrement que
[tendre
Pour un mauvais motif, soudain se rebellât.

Isabelle applaudit en souriant, mais peu à peu son sourire se figea.

– On rigole, dit-elle, mais ce n'est pas drôle.

– Non.

– Tout ce qu'Eva inventait pour toi, c'est tout ce

qu'elle aurait rêvé de vivre : qu'on l'aime, qu'on la sollicite, qu'on la supplie...

– Et qu'enfin la plus forte, elle refuse.

– A propos, quelle explication a-t-elle imaginée pour son refus?

– Toi!

– Ah, me revoilà! Je m'étais oubliée dans tout ça!

– Eva, elle, ne t'avait pas oubliée.

– Vite dit!

– Non, Isabelle. Goldet ne lui a jamais soufflé mot du Mexique et *a fortiori* jamais proposé de l'y emmener, c'est certain, mais, s'il le lui avait proposé, il est non moins certain qu'elle aurait refusé de le suivre à cause de toi, comme elle me l'a dit alors, avec un accent de sincérité qui n'a pas pu me tromper.

– Ah! Tu as vraiment un radar spécial, toi, pour détecter un accent de sincérité au milieu d'un amoncellement de mensonges!

– J'avais l'oreille exercée avec elle, crois-moi.

– Mais enfin, elle ne me voyait pas.

– A qui la faute?

– A elle : elle n'avait qu'à pas divorcer!

La colère d'Isabelle qui a reculé progressivement devant sa curiosité revient en force : sa colère de tout à l'heure qui n'était malgré sa violence qu'une faible résurgence de sa grande colère de toujours, muette celle-là, comme les grandes douleurs. Et sourde.

L'heure est peut-être venue, enfin venue de briser cette chape de silence sous laquelle la vérité repose depuis tant et tant d'années. Me Theix s'émeut à la perspective de cette heure qu'il a si longtemps espérée, de ces confidences qui... Tout à coup il allume sa bougie intérieure et désamorce le piège de la solennité. Alors il dit :

– Mets ton manteau : on va aller déjeuner dehors.

Isabelle fronce les sourcils. Me Theix craint un instant qu'elle repousse le calumet de la paix qu'il lui tend. Mais non, ce n'est qu'un souci de coquetterie qui la tracasse. Elle désigne son pantalon de velours sans pli et son gros pull à col roulé.

– On va pas dans un endroit trop chic, hein ?

– Ne t'inquiète pas. Je connais un bistro à côté d'ici. Tout ce qu'il y a de plus simple : nappe en papier, plat du jour, vin et service compris. Ça te va ?

– Ça me va... à une condition.

– Laquelle ?

– Qu'on puisse apporter sa bougie.

– On doit, répond Adrien.

La même petite flamme toute guillerette s'allume dans leurs regards. La même pensée les traverse : « Ça devait être quelque chose comme ça, la merveilleuse complicité dont Eva rêvait. » Avec la même brusquerie, ils se rebranchent sur leur voltage habituel.

– Dépêche-toi, l'avocat n'aime pas attendre.

– A vos ordres, maître !

Bras dessus, bras dessous, Me Theix et sa filleule, l'un se retenant à l'autre, marchent à pas prudents sur le macadam où quelques plaques de verglas, au milieu de la neige capitulante, résistent traîtreusement aux assauts d'un soleil fatigué.

– J'aime bien, dit soudain Me Theix.

– Quoi ?

– Les gens qui savent dédramatiser, qui acceptent de dédramatiser.

– C'est Marc qui m'a appris.

– Je m'en doutais un peu. La façon tellement fantastique dont il a dédramatisé sa cécité l'autorisait en effet à te donner des leçons.

– Oui, mais il ne s'est jamais pris comme exem-

182

ple. Il pensait que son cas était trop particulier pour m'être utile, qu'il ne pouvait servir qu'à d'autres aveugles accidentels, comme lui.

– C'est juste.

– Il m'a parlé de ceux qui avaient le même problème que moi, des enfants perturbés soit par le divorce soit par les déchirements de leurs parents. Il avait à leur sujet une théorie qui m'a terriblement choquée, horrifiée même. C'est simple, la première fois qu'il me l'a exposée, je l'ai traité de monstre.

– Toujours douce, ma chère filleule.

– Faut replacer ça dans le contexte!

– Eh bien, vas-y, replace!

– Je venais de lui déballer en vrac mon balluchon de martyre, tout ce que tu sais : à commencer par mon sexe, mes vipères de demi-sœurs, la froideur de mon père, le despotisme de ma grand-mère paternelle, la connerie de l'autre, l'absence de ma mère, l'absurdité de son éloignement – à ce moment-là, je croyais encore à la répudiation pour stérilité! –, la tristesse de Fontenailles, les vacances en famille, la procession du 15 août et, bien entendu, mes frustrations affectives et ce qui s'ensuivait : mes anorexies, mes dyslexies, mes blocages, ma fuite en Ecosse avec le fils du boucher, notre mariage bidon et mon retour en France, sans un sou mais libre... J'en passe et des pires.

– Aucune importance, je connais.

– Bon! Eh bien, c'est après avoir écouté fort attentivement le récit de mes mille et un malheurs que Marc m'a sorti sa fameuse théorie selon laquelle les enfants malheureux ne connaissent pas leur chance!

– Je suppose qu'il pensait exclusivement aux enfants malheureux pour cause de dissensions familiales?

– Bien sûr! Il me l'a tout de suite précisé. Mais

quand même, tu imagines l'effet que ça a pu me produire sur le moment?

– Oui... mais après? C'est ça qui m'intéresse.

Ça intéresse même tellement Adrien qu'il allonge sournoisement leur route pour ne pas rompre le fil de leur conversation.

– Après? dit Isabelle. Marc a développé.

– Alors, développe!

Isabelle, qui sent obscurément que ses confidences vont la conduire en droite ligne sur son chemin de Damas, se montre réticente, et puis... elle cède – pas au regard en coin de son parrain, elle se cède à elle-même. Après tout, elle est venue pour ça.

– Selon Marc, les adolescents ou les adultes qui se croient marqués par leur enfance déséquilibrée sont en réalité victimes surtout de la dramatisation qui est faite de leur cas par leurs parents, par leur entourage, par la littérature ou par la presse. A force d'avoir entendu et lu qu'ils étaient des traumatisés à vie, certains finissent par en être persuadés et traînent un fardeau, sinon imaginaire, du moins considérablement exagéré. D'autres se servent de cet argument pour excuser leurs échecs professionnels ou sentimentaux : tout aurait été différent pour eux s'ils avaient grandi au sein d'un foyer uni.

– C'est faux!

– Tu le penses aussi?

– Je suis bien placé pour ça : j'ai vu défiler dans mon cabinet des tas de ratés sans envergure et des récidivistes du divorce qui avaient grandi dans une paix familiale exemplaire. J'ai vu aussi le contraire : des purs produits de désordres conjugaux réussir aussi bien dans leur métier que dans leur mariage. C'est une question d'individus : élevés dans les mêmes ambiances orageuses ou troublées, les uns en sortent désarmés – mais ne l'auraient-ils pas été de toute façon? – et les autres, au contraire, enrichis. D'autres encore, ceux qui ont la chance d'être des créateurs, en tirent une source d'inspiration.

— En somme, tu arrives à la même conclusion que Marc : enfants, réjouissez-vous des tempêtes parentales!

— En tout cas, ne les dramatisez pas et n'en écrasez pas votre avenir.

— Et tu es sûr aussi, n'est-ce pas, que je serais moins heureuse maintenant si je n'en avais pas tant bavé pendant mon enfance?

— En tout cas, je suis sûr que tu aurais eu beaucoup moins de personnalité et que Marc ne se serait jamais intéressé à toi. Sans compter que tu ne l'aurais sans doute jamais rencontré.

— C'est ce qu'il m'a dit.

— Et ce qui t'a amenée bien logiquement à considérer tes malheurs passés avec une certaine reconnaissance?

— Faut pas pousser! Disons une certaine indulgence.

— Ta mère aurait dû normalement en bénéficier.

Ils arrivent à un angle de rue occupé par la vitrine d'une pâtisserie bien banale qui a pourtant bizarrement retenu l'attention d'Isabelle quelques minutes avant. Elle lève la tête, inspecte les lieux environnants.

— On est déjà passés par là, dit-elle. Je te jure! On tourne en rond.

— Ce n'est pas grave. Le principal, c'est que la conversation avance.

Isabelle, qui a compté sur cette diversion pour échapper à la curiosité tenace de son parrain, comprend tout de suite son erreur.

— Qu'est-ce que tu me disais au juste à propos de ta mère? demande Me Theix avec tout ce qui peut lui rester d'ingénuité dans le regard : l'œil de Thomas!

Isabelle se résigne de bonne grâce :

– Marc m'a bassinée pour que je renoue avec Eva. Tellement que j'ai fini par lui promettre que j'irais la voir, au moins une fois.

– C'était quand?

– Pendant nos fiançailles, il y a un peu plus de quatre ans.

– Et pourquoi n'y es-tu pas allée?

– Je n'ai pas eu le temps. Il y a eu le mariage, les délices de Capoue, les cours de kinési de Marc, l'installation d'une pièce de la maison pour ses premiers clients et puis la naissance de Thomas, ses premières maladies... et puis la recherche de notre actuel cabinet... et puis les comptes... et puis les vacances... et puis la vie... et puis les circonstances... On est pris dans un engrenage. Tu sais bien comment c'est.

– Oui, oui, je sais.

– Honnêtement, je voulais la voir, mais honnêtement, je n'ai pas pu.

Me Theix s'arrête et d'une pression du bras force sa filleule à le regarder.

– Alors, honnêtement, Isabelle, maintenant tu devrais comprendre que ta mère aussi n'a pas pu te voir.

Isabelle détourne sa tête à gauche : oui, elle comprend. Détourne sa tête à droite : non, elle ne comprend pas. Pose enfin sa perplexité sur les yeux inquiets de son parrain :

– Peut-être que je comprendrai, dit-elle, si tu m'expliques.

Le restaurant n'est plus qu'à une centaine de mètres. Ils les franchissent d'un pas accéléré par l'impatience.

C'est dimanche. Il y a deux plats du jour au choix : un navarin aux pommes ou un bœuf aux carottes en gelée. Ils aiment mieux le premier. Ils optent pour le second. Ils ont tant de choses à se dire pendant ce repas – autant prendre carrément quelque chose de froid que quelque chose qui refroidirait. Pour se réchauffer, ils auront le feu de la conversation. C'est Isabelle qui l'allume tout de suite, leur commande à peine passée :

– Quand Eva a divorcé de mon père, je suppose que ton confrère, l'avocat de Goldet, a quand même obtenu un droit de visite?

– Oui, le dimanche et la moitié des vacances scolaires. C'est d'ailleurs tout ce que la situation dans laquelle ta mère s'était mise pouvait lui permettre d'obtenir.

– Alors, pourquoi n'a-t-elle pas usé de ce droit?

– Tu oublies que tu étais à Fontenailles et elle à Paris en train de gagner sa vie dans sa boîte de nuit, sans aucun jour de relâche.

– Pendant quatre ans?

– Oui, presque. Le premier spectacle des Galopins eut un succès fou et dura trois ans. Le second qui lui succéda après un mois d'arrêt pour répétition tint péniblement l'affiche pendant six mois et précipita la dégringolade et la fuite de Goldet. En plus, pendant ces trois ans, il est arrivé assez souvent qu'Eva, à force de tirer des sonnettes, soit engagée dans un film comme figurante ou pour y tenir un petit bout de rôle.

– Bon! D'accord! Ça excluait le dimanche. Mais, pour les vacances, elle aurait pu exiger légalement qu'on m'amène à Paris.

– Elle l'a fait. Tu ne t'en souviens pas?

Isabelle essaie de rabattre ses souvenirs sous son front plissé par l'effort. En vain.

– Je suis allée dans sa chambre du rez-de-chaussée à Neuilly?

– Non, je t'ai prise chez moi. La première fois pour Noël, une semaine. Elle passait tous les après-midi avec toi à tenter de te distraire, de t'amadouer avec des poupées.... que tu jetais par terre, avec des livres d'images... que tu dépeçais, avec toutes sortes de jouets... que tu ne regardais même pas. Il n'y avait que les gâteaux qui trouvaient grâce devant toi. Surtout ceux de chez Tarteline, un pâtissier du quartier où elle t'emmenait en désespoir de cause.

Brusquement, Isabelle saisit le poignet de son parrain par-dessus la table, l'œil fixé sur une lointaine vision.

– Tarteline... murmure-t-elle d'une voix sourde.

Un mot qu'elle extirpe des profondeurs de sa mémoire, un mot d'outre-oubli, pense Me Theix qui, autocensurant immédiatement son gongorisme, se contente de dire :

– Tu ne vas quand même pas me faire le coup de la madeleine de Proust ?

Eh bien, si! Isabelle le lui fait. Elle se rappelle Mme Tarteline, imposante et louchante, qui surveillait tout de sa caisse, comme d'un mirador, les tables en marbre, les abat-jour en soie rose plissée sur lesquels elle essuyait ses doigts, la porte à tambour qui donnait sur la cuisine, la chaude odeur qui s'en échappait quand les serveuses la poussaient du pied ou de l'épaule, tenant à bout de bras leur précieux chargement de tartes multicolores ou de brioches dorées... Et la vitrine à gauche en entrant : rien que du chocolat. En pavés, en griottes, en caramels, en rochers, en tablettes, en cigarettes, en gâteaux... Ah! ces gâteaux... épais comme des clubs-sandwiches : une couche de crème, une couche de biscuits, une couche de crème... les gâteaux à rayures, elle les appelait.

Curieux mécanisme de la mémoire : Isabelle ne revoit sa mère que dans cette pâtisserie. Sa mère? Pas vraiment. Plutôt une femme qui ne s'habillait pas comme les autres dames qu'elle connaissait et qui voulait toujours la tripoter, la coiffer, l'embrasser... Oh! ça lui revient tout d'un coup, une phrase d'Eva : « Je te donnerai un gâteau si tu me donnes un baiser. » Alors, vite fait, elle s'exécutait du bout des lèvres sur la joue de sa mère et réclamait son dû.

Isabelle se rend compte à présent à quel point ce marchandage était pathétique et du même coup à quel point les conséquences en furent injustes.

En effet, les tendances d'Isabelle à la boulimie compensatoire, sévèrement combattues à Fontenailles, s'aggravent avec la boulimie affective d'Eva. Isabelle revient en Vendée avec un excédent de poids notable et une crise de foie dont il est aisé à la comtesse douairière d'établir les causes et de les fustiger.

Les vacances de Pâques se déroulent suivant le même topo, à cette différence près qu'Isabelle, dont on sait après six mois d'école qu'elle est dyslexique, dysorthographique et inadaptée à la vie sociale, désespère encore un peu plus sa mère que lors de son précédent séjour. Malgré les recommandations expresses d'Henri de la Guérinière de ne pas céder aux caprices alimentaires d'Isabelle, Eva y cède et retourne chez Mme Tarteline troquer des miettes de sourire contre des gâteaux à rayures. La faiblesse n'est sûrement pas un bon moyen pour conquérir les enfants. Mais, quand on est pressé par le temps, il faudrait pour y renoncer avoir un cœur et des nerfs d'acier. C'est loin d'être le cas d'Eva qui, courageusement, cache et se cache ses déceptions quotidiennes en mettant la malfaisance de sa fille sur le compte rassurant d'une personnalité exceptionnelle.

Le retour à Fontenailles est à nouveau catastrophique. Au bout d'une semaine, Isabelle a une crise d'appendicite dont on impute la responsabilité aux imprudences d'Eva, alors qu'il ne s'agit sans doute que d'une fâcheuse coïncidence. On enraie la crise. Un mois plus tard, une autre plus violente se déclare. On opère. Il y a des complications, un début de péritonite, un réveil douloureux pour Isabelle, suivi de quinze jours de nausées incoercibles qui lui arrachent les entrailles. D'elle-même – ou aidée par la famille la Guérinière? – elle associe ses souffrances à l'image de la « dame aux gâteaux ». Quand vient juillet, le mois qu'on a dévolu d'office à Eva pour prendre sa fille, puisqu'il n'est pas question que celle-ci manque le rassemblement général du clan au mois d'août, Isabelle s'oppose, avec crise de nerfs et larmes, à son départ pour Paris. C'est du moins ce qu'affirme par téléphone Henri de la Guérinière à Adrien qui, peiné pour Eva, et quelque peu sceptique, se rend sur place.

Henri n'a pas exagéré les accès de rage – allant parfois jusqu'aux spasmes – qui s'emparent d'Isabelle dès qu'on lui parle, même de la façon la plus adroite, la plus tentante – comme le fait son parrain – de quitter Fontenailles.

– Pourtant je détestais, dit Isabelle.

– Oui, mais tu t'y étais créé, pendant ta convalescence, un monde à toi, un monde à part.

– Le grenier...

– Ton refuge, ta vraie maison, ta vraie famille : les deux griffons.

– Peluche et Plumeau!

– Les deux chattes.

– Douce et Câline, la noire et la blanche!

– C'est toi qui les avais baptisées comme ça.

– Du nanan pour un psychologue!

– Il y avait aussi Zoé, la tortue.

– Ah oui... Ce que j'ai pu pleurer quand elle est morte!

– C'étaient les seuls êtres que tu aimais, mais bon sang! de quel amour...

– C'est ce qu'on appelle un transfert, non?

– Ça y ressemblait en tout cas.

Adrien et sa filleule restent un long moment

silencieux. Au programme de leur cinéma intérieur, à peu près le même film, vieux de dix-huit ans. Pourtant les images sont encore très nettes. Le titre? Au choix : « Comment une petite fille peu loquace met en échec l'éloquence d'un avocat. » Ou bien : « La dernière chance d'Eva. »

Le film commence par l'arrivée d'Adrien en voiture au château de Fontenailles. Il est muni de quelques cadeaux spécialement étudiés pour corruption d'enfant. Accueil amical de la part d'Henri, courtois de la part de madame mère, révérences des trois petites la Guérinière, congratulations et... pas d'Isabelle! On s'étonne. On l'avait avertie de la venue de son parrain et du motif de sa démarche. Elle n'avait pas du tout semblé s'en émouvoir. Sans doute est-elle dans son grenier. Elle ne daigne le quitter qu'aux heures des repas familiaux. Qu'à cela ne tienne! Il ne faut pas la contrarier : on attendra le dîner!

Au dîner, Isabelle ne descend pas. On l'appelle une fois, deux fois, trois fois. Pas de réponse. Adrien, cadeaux corrupteurs en main, monte seul, à pas de loup. Quand il est devant la porte du grenier, il en tourne précautionneusement la poignée. La porte résiste. Isabelle en a poussé le gros verrou de fer. Henri de la Guérinière et sa mère rejoignent Adrien. Tous trois, pendant une demi-heure, usent alternativement d'un arsenal d'arguments — de la supplication tendre à la menace — pour qu'Isabelle consente à leur ouvrir. De temps en temps ils entendent le grognement d'un griffon, le miaulement d'une chatte, mais d'Isabelle, pas un son, pas un souffle. Ils en arrivent à douter de sa présence et réduisent leurs exigences : ils ne quémandent plus que quelques mots ou même un simple coup sur la porte pour signaler qu'elle est bien derrière et que — ça, ils se contentent de le penser — ils ne se livrent pas depuis deux heures à toutes ces simagrées ridicules au seul profit de deux chiens, deux chattes et une tortue. Devant le silence persistant, ils s'alarment : avec Isabelle, il faut s'attendre à tout et de préférence au pire. Ils redescendent, puis Adrien, le plus jeune et le plus agile, se porte volontaire pour monter par une échelle double jusqu'à la lucarne du grenier. De là, il pourra voir – ou non – Isabelle et la dénicher, le cas échéant. Il la voit. Plutôt, il la devine à la lueur d'une lampe électrique, tapie derrière ses deux griffons. Ceux-ci, apercevant Adrien, se précipitent dans sa direction avec des aboiements furieux qui le détournent immédiatement de son projet d'infraction. Finalement, le gardien, familier des deux chiens, réussit à pénétrer dans le refuge d'Isabelle et à l'en déloger au prix de griffures, de morsures, de coups de pied et de coups de poing, distribués au hasard par une Isabelle déchaînée. Ses hurlements, ses trépignements, ses suffocations ne cessent, tard dans la soirée, que sur la promesse formelle d'Adrien de ne pas l'emmener à Paris.

Le lendemain, Henri de la Guérinière fait sauter le verrou du grenier. Adrien essaie d'entamer, malgré sa promesse, de nouvelles négociations avec sa filleule... et provoque une nouvelle crise de nerfs qui le décourage définitivement. Il précipite son départ et prend congé de ses hôtes, désolés et confus, sans qu'Isabelle condescende à se montrer.

Avant de monter dans sa voiture, il lève la tête vers la lucarne du grenier. Il voit s'y encadrer deux visages : celui d'Isabelle boursouflé de larmes et, tout contre, celui de Câline, la chatte blanche.

Avant de rentrer chez lui, Adrien passe à Neuilly rendre compte à Eva de sa mission ratée, tristement et scrupuleusement. Il ne lui cache même pas sa crainte que cette situation, peut-être exploitée par les gens de Fontenailles, ne trouve d'issue que dans un avenir très lointain...

Fin du film.

Adrien s'attarde sur les dernières images :

Eva qui pâlit en constatant qu'il est seul...

Eva qui l'écoute avec un sourire crispé...

Eva qui serre les poings et qui tout à coup déclenche son vieux mécanisme de défense...

Eva qui applaudit aux exploits de sa fille, à ses humeurs intempestives, à son entêtement, à son amour pour les animaux, à sa précoce volonté...

Eva qui lui dit...

Me Theix, subitement, déchire un coin de la nappe en papier et écrit sous la dictée rapide de sa mémoire :

« Je préfère cent fois être la mère d'une rude sauvageonne qui sait ce qu'elle veut que celle d'une petite fille modèle sans passion et sans caractère. Isabelle est l'enfant que j'ai rêvée. Je l'attendrai le temps qu'il faudra. »

« Oui, messieurs les jurés, voilà ce qu'Eva Devna-rick a eu le courage de me dire, le sourire aux lèvres... et des larmes plein les yeux. »

Au procès, en entendant cette phrase qu'elle avait prononcée jadis, Eva – incorrigible – eut un hoche-ment de tête approbateur, moins pour en certifier l'authenticité que celle de sa « sincérité » d'alors.

11

Une tarte aux pommes maison accompagne avec une aimable discrétion les souvenirs qu'Adrien et Isabelle ont gardés des deux années qui suivirent leur orageux affrontement de Fontenailles. Pas très nombreux au demeurant.

Isabelle, en dehors des heures qu'elle passe en classe à suivre péniblement les cours, continue à vivre la plupart du temps dans son camp retranché avec sa chère ménagerie. Une seule personne réussit à s'y introduire... en douceur : Nadine, la fille de l'institutrice qui se destine elle-même à l'enseignement et plus particulièrement à celui des enfants caractériels. Instruite par sa mère des difficultés d'Isabelle, elle se propose, pendant ses vacances, de l'aider. Elle est laide, petite, maigrichonne, boutonneuse et n'a même pas de beaux cheveux! Elle plaît tout de suite à Isabelle qui, de son côté, conquiert d'emblée la sympathie de Nadine, puis très vite son affection.

Entre cette enfant de sept ans et cette adolescente de dix-huit se noue une amitié qui se poursuit encore, par lettres, et dont Isabelle s'estime modestement la plus large bénéficiaire : sans Nadine, elle n'aurait jamais rattrapé son retard scolaire, jamais pris goût à la lecture, jamais eu la possibilité de fuir Fontenailles.

– C'est vrai, dit Me Theix, mais sans Nadine, substitut maternel, tu aurais peut-être eu envie de revoir ta mère.

Adrien vient de toucher là une corde sensible. Le ton d'Isabelle monte aussitôt.

– C'est faux! Archi-faux! Elle a essayé au contraire de me rallier à sa cause. Comme toi. Elle y a renoncé devant mes crises de nerfs et mes fugues. Comme toi. Elle en a été navrée. Comme toi.

La moue dubitative d'Adrien pince à nouveau la corde sensible d'Isabelle.

– Nadine n'a jamais cherché à m'accaparer. Elle en voulait aux la Guérinière de ne pas me parler d'Eva et de me cacher ses lettres.

La phrase d'Isabelle fait tilt dans les lunettes de Me Theix.

– Ils te cachaient ses lettres?

– Absolument! Un jour, par hasard, c'est à Nadine que le facteur a remis le courrier pour Fontenailles. Parmi, il y en avait une d'Eva pour moi, pour mes huit ans. Elle y mentionnait l'envoi de plusieurs autres qui ne m'étaient jamais parvenues et de plusieurs cadeaux dont notamment deux superbes albums de photos – l'un sur les chiens, l'autre sur les chats – que Nadine retrouva dans la bibliothèque du château. Elle était furieuse. Malgré mes supplications, elle est allée dire sa façon de penser à la douairière qui, bien entendu, la pria de quitter les lieux sur-le-champ. Il a fallu que je me surpasse dans l'hystérie pour qu'elle cède et permette à Nadine de rester près de moi à condition qu'elle ne se mêle plus de ce qui ne la regardait pas.

– J'ignorais cela, mais je comprends maintenant pourquoi Eva a reçu – effectivement, c'était en mai, peu après ton anniversaire – un court billet de bonne-maman lui disant que tu refusais d'ouvrir ses lettres et ses paquets et qu'en conséquence il était préférable qu'elle s'abstienne – je me souviens encore de la formule exacte –, qu'elle s'abstienne « de se rappeler au souvenir d'une enfant qui souhaitait manifestement l'oublier ».

– Et, bien sûr, Eva l'a crue?

– Bien sûr! Moi aussi.

– Et elle n'a plus écrit?

– Non! Elle s'est résignée au silence, pour ton bien. Avec l'espoir – que dis-je? avec la certitude – que, plus tard, tu comprendrais le sacrifice qu'elle avait fait en s'effaçant de ta vie et que tu l'en paierais au centuple.

Adrien espère une légère compassion rétrospective de la part d'Isabelle. Il se contenterait d'un « Pauvre Eva » soupiré, les yeux dans le vague; mais il n'a droit qu'à un « Pauvre Nadine » qu'il écrase nerveusement avec sa cuillère au fond de sa tasse...

et puis qu'il oublie peu à peu en écoutant les explications d'Isabelle :

– Après son affrontement avec ma grand-mère, Nadine a soudoyé le facteur pour que dorénavant il remette à elle, ou à sa mère, les lettres qui m'étaient personnellement adressées... mais il n'y eut plus de lettre.

– Tu en as été déçue?

Avant de répondre, Isabelle essaie consciencieusement de déterrer et d'épurer ses sentiments d'alors, agglutinés à une gangue protectrice qui fait depuis longtemps corps avec eux.

– Je ne sais pas, répond-elle enfin. J'analyse mal. Je m'étais enfermée dans un personnage d'enfant mal aimée et je crois que je ne tenais pas tellement à en sortir. Le silence d'Eva alimentait ma haine du monde, au même titre que la froideur de mon père, les vacheries de ses trois toupies et les mesquineries de la douairière... Oui, c'est assez complexe... J'étais à la fois malheureuse, mais pas mécontente qu'on me donne des raisons supplémentaires de l'être.

– Ça te justifiait en quelque sorte?

– Oui. Ça me confirmait dans mon idée que seules les bêtes étaient dignes d'intérêt.

– Les bêtes... et Nadine.

C'est au tour d'Isabelle d'écraser son agacement sur le sucre de son café.

– Tu y reviens... Tu ne peux vraiment pas l'encaisser.

– Peut-être un peu de jalousie.

Isabelle se radoucit.

– Si c'est ça, je te pardonne, mais quand même tu es drôlement injuste avec elle. Ingrat, même.

– Ingrat? Je lui suis donc redevable de quelque chose?

– D'avoir mené à bien ta joyeuse trouvaille!

– Quelle joyeuse trouvaille?

– Expédier Nina à Fontenailles pendant le mois de juillet pour qu'elle use du droit de visite à la place d'Eva.

Sourire au vinaigre et voix au miel, Adrien répond en coléreux qui sait se dominer :

– D'abord, la joyeuse trouvaille était une idée plutôt pitoyable. Ensuite, le mérite en revient non à moi, mais à ta mère. Elle l'avait eue après avoir lu précisément cette fameuse lettre de la comtesse douairière qui tendait à l'exclure complètement de ta vie. Elle était sûre qu'un jour tu la rejoindrais, mais fallait-il encore pour cela que tu saches qu'elle existait et qu'on ne te coupe pas de tout contact avec elle.

– Et elle a pensé à Nina pour garder le contact !

– Elle n'avait pas le choix. N'oublie pas que ta grand-mère était la seule personne légalement habilitée à la remplacer. La seule que les la Guérinière étaient bien obligés d'admettre auprès de toi...

Auprès d'Isabelle, oui, mais pas auprès d'eux. La comtesse douairière charge Nadine de neutraliser Nina, de la maintenir hors de sa vue et à distance du château. Comment? Ça, elle ne veut pas le savoir; à Nadine de se débrouiller.

Et Nadine se débrouille, avec l'aide de sa mère. Elle lui emprunte sa voiture, fait croire à Isabelle que c'est celle de Nina et qu'elle veut bien la leur prêter, à condition que, de temps en temps, on l'emmène en promenade... jusqu'à la mer!

La perspective de courir sur le sable avec Peluche et Plumeau (car il n'était pas question de les laisser) finit par vaincre les réticences qu'Isabelle a exprimées au seul nom de Nina, pour elle quasiment une étrangère, mais qui va encore lui reparler de sa mère et tenter de la ramener vers elle. Elle ignore que Nina a reçu d'Eva et d'Adrien la consigne très stricte de ne pas aborder le sujet scabreux et qu'elle est paniquée par sa mission diplomatique en pays ennemi.

Tous les jours – ou presque –, dans la 2 CV brinquebalante qui les conduit sur l'une ou l'autre des plages de la côte vendéenne, Nina noie sa gêne dans une volubilité insipide; Nadine, à côté, au volant, lui répond poliment, l'œil vissé sur le rétroviseur pour observer les réactions d'Isabelle; celle-ci, sur la banquette arrière, somptueusement indifférente à leur conversation, en poursuit une autre, mystérieuse et tendre, avec ses chiens. L'arrivée de la voiture à destination apporte à ses passagers le même soulagement. Les deux griffons cinglent vers la mer, suivis d'Isabelle, ivre comme eux d'espace et de liberté. Loin derrière, Nina accompagne d'un regard tristement surpris sa petite-fille lourde et pataude, puis se libère auprès de Nadine de tout ce qu'elle s'est contrainte à taire sur Isabelle, sur son Eva si belle, si bonne et si douée. Elle continue inlassablement sur la plage, assise dans son fauteuil pliant, jusqu'à ce qu'Isabelle, disparue avec ses chiens, revienne épuisée pour demander à Nadine – et non pas à sa grand-mère – de rentrer. Le retour s'effectue exactement de la même façon que l'aller. A Fontenailles, on dépose Nina devant son modeste hôtel. Elle dit à travers la portière :

– Au revoir tout le monde. Merci pour la bonne journée. Dormez bien. A demain... peut-être.

Nadine répond :

– Oui, j'espère.

Isabelle ne répond rien.

Tout le mois de juillet se déroule ainsi sans amélioration notable ni détérioration dans les rapports entre la grand-mère et la petite-fille, qui se comportent – l'une comme l'autre – comme si aucun lien de parenté ne les unissait : pas de baiser, pas de geste ou de mot un tant soit peu gentil. Pas d'échange. Pas davantage de cris, de larmes ou de grimaces. Pas de commentaire non plus à Nadine, en bien ou en mal, quand elles sont seules. Le calme plat.

Nina, qui s'attendait au pire, s'en estime satisfaite. Eva encore plus, qui fait de la non-défaite de sa mère une victoire.

— C'en était une, d'ailleurs, reconnaît Me Theix, puisque, à partir de là, tu toléras, dans les mêmes conditions d'indifférence, la présence de Nina et qu'elle parvint, le temps aidant, à te parler de ta mère.

— Rectification : à en parler à Nadine devant moi.

— Peu importe, tu entendais et, malgré toi, l'image de ta mère s'imposa à toi.

— Une image complètement fausse, de déesse et de sainte, qui l'a desservie.

— Oh! bien sûr, il aurait mieux valu que tu en aies la vraie, transmise par moi, mais, comme tu le sais, il n'a jamais pu en être question... même plus tard quand je t'ai emmenée chez mes parents, espérant t'amadouer plus facilement loin de Fontenailles.

— Et loin de Nadine.

— Oui. C'est exact : j'ai voulu t'éloigner de son influence.

— Tu as eu bien tort! Si tu t'étais allié à elle, au lieu de la traiter en rivale possessive et sournoise d'Eva, c'est toi que j'aurais entendu, et non Nina.

L'accusation d'Isabelle est lourde, mais sans doute juste. Adrien se demande comment il a pu commettre une telle erreur de jugement. Il allume sa bougie pour tenter de le découvrir, et le découvre, pas très fier : il avait voulu être le seul dompteur de cet animal sauvage d'Isabelle, le seul sauveur d'Eva, le seul artisan de leur rapprochement. Il avait péché par orgueil; pis : par vanité... Ah, celle-là, vraiment, c'est bien la plus grande éteigneuse de bougie qu'il connaisse! Me Theix maugrée contre lui :

– C'est bien le moment de s'en rendre compte!

Isabelle, toute contente d'avoir réhabilité Nadine dans l'estime de son parrain, est encline à l'indulgence :

– En tout cas, dit-elle, ce n'est plus le moment de le regretter. Parle-moi plutôt de ce qui se passait pendant ce temps-là à Paris.

Adrien use avec soulagement de l'amnistie que lui octroie sa filleule.

– A Paris, eh bien, pas grand-chose que tu ne saches déjà. Eva continue à accrocher ses rêves aux murs tristes de sa chambre solitaire de Neuilly : « sa merveilleuse complicité » avec Goldet, ta fabuleuse personnalité, votre inévitable rencontre, votre entente future à nulle autre pareille...

– Et son boulot?

– Un enchantement! Les Galopins dont elle demeure la constante tête de Turc sont, selon elle, des copains fantastiques qui la malmènent « comme si elle avait leur âge »! Elle trouve dans leur insolence une raison de se rassurer sur sa jeunesse.

– Elle en avait tellement besoin?

– Elle atteignait, en 1966, les abords directs de la quarantaine. La vie nocturne qu'elle menait depuis quatre ans consécutifs, plus les réveils matinaux, les jours où elle tournait, plus les soucis avaient laissé quelques traces sur son visage.

– Elle s'en alarmait?

– Sûrement... puisqu'elle prétendait le contraire : qu'elle avait hâte de vieillir et d'échanger sa jolie tête de poupée banale contre une gueule intéressante qui lui donnerait enfin accès à des rôles plus sérieux, correspondant à son tempérament profond.

– Elle n'avait donc pas abdiqué toute ambition professionnelle?

200

– Penses-tu! Dès qu'elle décrochait trois phrases dans un film, elle repartait sur le chemin des illusions : le metteur en scène lui avait promis que... Le producteur avait bien regretté que... La vedette (masculine) était étonnée que... En réalité, seuls les régisseurs et les assistants l'aimaient bien – parce que ce n'était pas une emmerdeuse – et lui fournissaient du travail.

– Suffisamment pour qu'elle puisse se passer de la boîte de nuit?

– Bien sûr que non! Il s'agissait juste de petits suppléments.

– Mais alors, elle a dû être ennuyée quand tu lui as appris que Goldet allait liquider ses affaires?

– Pas trop. Elle flairait le coup et s'était lancée sur une autre piste, ou du moins y avait posé des jalons.

– Ah! Un nouveau Prince Charmant à bâbord!

– Non! pas un Prince Charmant.

– Allons donc!

– Mais néanmoins une fée.

– Muguette?

– Ah non! Muguette c'était la fée pot-au-feu. Elle est apparue plus tard. Là, c'était Ingrid, la fée caviar.

Isabelle a une moue dégoûtée : Nina lui en parlait comme de la huitième merveille du monde.

– Beuh! Je la détestais, celle-là.

– Moi aussi. Mais le rôle qu'elle a joué dans la vie de ta mère vaut qu'on s'y attarde un peu.

Me Theix vide sa tasse à café en grosse faïence ébréchée, la repose sur la nappe auréolée de taches, à côté de la corbeille à pain en plastique, et ajoute :

– Pas ici, ce n'est pas son cadre.

Il règle rapidement l'addition et reprend avec Isabelle le chemin de son appartement, cette fois sans détour. Cinq minutes plus tard, ils sont déjà dans le bureau de l'avocat, devant le deuxième dossier d'Eva, d'où Adrien vient de retirer quelques photos d'Ingrid.

Isabelle inspecte à la loupe l'absence du millimètre de racines sombres qui authentifie sa blondeur naturelle; l'absence de maquillage sur les paupières et sur les cils qui laisse à ses yeux leur exacte dimension : immense; l'absence du bistouri chirurgical sur son nez parfaitement droit et fin; l'absence de rouge sur ses lèvres impeccablement ourlées; enfin, sa sveltesse, son allure, son élégance – celles, inimitables, des minces sans régime.

Isabelle abandonne les photos à regret – regret de ne pas y avoir trouvé le petit subterfuge de la beauté qui triche – puis reconnaît avec loyauté :

– Effectivement, joli physique de fée!

Adrien qui a eu l'occasion d'approcher Ingrid de près – tôt le matin ou tard le soir – ne peut que le lui confirmer. Elle était loin d'être une fée, mais appartenait à cette race d'êtres privilégiés par la nature qui vous font croire qu'elles existent et qu'elles se penchent parfois amoureusement sur le berceau de certains enfants pour les combler de dons et veiller sur leur destinée.

Me Theix ôte ses lunettes. Tout simplement pour les essuyer; mais Isabelle, avec un brin d'agacement, pense que c'est pour s'isoler et mieux revoir Ingrid dans le flou de sa myopie.

– Ma parole, dit-elle, elle te fascine encore?

– Elle m'a fasciné, mais pas pour la raison que tu imagines.

– Pourquoi alors?

Me Theix rajuste avec application ses lunettes sur son nez, puis dit :

– Elle avait vingt-trois ans. Elle était trait pour trait, centimètre pour centimètre, exactement ce qu'à son âge Eva aurait voulu être. Elle avait sans le moindre effort tout ce qu'Eva s'était en vain escrimée à obtenir : des débuts foudroyants de comédienne; une carrière en voie de devenir internationale; des origines composites : gréco-helvéto-suédoises; un nom d'ailleurs : Ingrid Héliakis; un amant à sa dévotion; des producteurs à sa botte; des admirateurs par pelletées; la sympathie de tous, du plus petit au plus grand. Elle incarnait tous les rêves de ta mère. Elle était, à vingt ans d'intervalle, sa projection réussie.

— Eva devait la détester.

— Sans doute, mais elle choisit de l'adorer. En tout bien tout honneur, je tiens à te le préciser.

Me Theix note au passage une expression de soulagement sur le visage d'Isabelle, tendu depuis le retour du restaurant, et poursuit :

— Eva, figurante dans un film dont Ingrid était la vedette, s'introduisit peu à peu dans le cercle des parasites qui gravitaient autour d'elle. Menacée d'être au chômage, Eva confia son problème à celle qu'elle n'hésitait pas à appeler déjà sa grande amie. Ingrid le résolut en recommandant « sa pauvre copine dans la merde » au producteur de son prochain film.

— C'était gentil.

— Oui... mais pas totalement désintéressé.

— Où était l'intérêt pour elle?

— Les journalistes encensaient à longueur de colonne « le cœur gros comme ça » d'Ingrid et « l'exquise pudeur avec laquelle elle les suppliait de ne pas signaler sa générosité »... Alors, de temps en temps, quand même, il fallait qu'elle soigne sa réputation et s'offre une bonne action.

— Sur le compte du producteur, en l'occurrence.

— Bien sûr. Comme tous les rôles du film étaient déjà distribués, il l'engagea – cruelle ironie du sort – comme doublure-lumière d'Ingrid.

— En quoi ça consistait?

— A prendre sa place pendant qu'on réglait les

éclairages et à la lui rendre, au moment de tourner.

— Il devait s'en passer, des choses, dans la tête d'Eva !

— D'autant plus — autre raffinement du hasard — que le film se déroulait en grande partie sur la Côte d'Azur et donc que ta mère se retrouvait dans son obscur emploi sur les lieux mêmes où, quelques années plus tôt, égérie de Corman, elle évoluait triomphante, une meute de photographes à ses trousses.

— Et là, elle les voyait se déchaîner sur Ingrid...

— Pis ! Elle était chargé par elle de les éconduire ou de les exhorter à la patience.

— C'était du masochisme : ça n'entrait pas dans ses fonctions.

— Si ! Parce que Ingrid, ayant repéré très vite le parti qu'elle pourrait tirer de la situation d'Eva et de son zèle, s'était attaché ses services vingt-quatre heures sur vingt-quatre.

— Comme quoi ?

— Comme tout. Comme secrétaire. Chauffeur. Confidente. *Yeswoman*. Arrangeuse d'embrouilles. Infirmière. Remonteuse de moral. Porteuse de paquets... Tu vois le genre.

— Très bien : une ombre dévouée et discrète.

— Et, qui plus est, toujours souriante.

— Pourtant, avec sous le nez, d'un bout de la journée à l'autre, le spectacle de ce qu'elle avait raté, elle ne devait pas tellement avoir envie de se fendre la pipe, moi je te le dis !

— Oui, toi... mais elle, elle disait exactement le contraire. Elle l'écrivait même... Attends !

Me Theix sort du dossier une lettre qu'Eva lui a envoyée — précisément de Cannes — et en lit à haute voix un passage souligné par lui d'un trait rouge :

— « Demain nous aurons une journée éprouvante : le matin, nous tournons une scène très difficile. A 6 heures, nous avons une conférence de presse. Ensuite de quoi, nous dînons avec des producteurs américains très importants; puis nous inaugurons à Monte-Carlo une nouvelle boîte de nuit.

» J'en suis fatiguée à l'avance, mais ravie. C'est pour moi une joie inespérée de voir mes rêves se réaliser à travers quelqu'un d'autre. »

Isabelle rugit.

– Foutaise! Une joie de cette sorte, il n'y a que votre propre enfant qui peut vous la procurer. Personne d'autre!

– Justement, je me suis demandé à l'époque, ne les ayant encore jamais vues ensemble, si Eva n'avait pas reporté sur Ingrid son affection maternelle ine.nployée.

A l'énoncé de cette hypothèse qu'elle reconnaît plausible, Isabelle ressent une espèce de jalousie rétrospective qui l'étonne, l'agace un peu et qu'elle tente de dissimuler à son parrain en le questionnant d'un ton faussement détaché. Il l'enregistre avec satisfaction mais ne relève pas:

– Et alors, c'était le cas? Eva s'offrait elle aussi son petit transfert?

– Non. D'ailleurs elle-même, qui ne reculait pourtant devant aucune exagération, ne l'a jamais prétendu. En revanche, elle a prétendu le contraire: qu'Ingrid, qui était orpheline, l'aimait comme sa mère, d'un amour exclusif.

– Bizarre qu'elle se soit distribué un rôle qui la vieillissait.

Cette invention, effectivement bizarre de la part d'Eva, résultait d'un méchant concours de circonstances: à Cannes, Eva, alors âgée de trente-neuf ans et onze mois et demi, s'étant vantée auprès de tous les participants du film d'atteindre bientôt la trentaine, Ingrid eut la délicate attention de lui souhaiter, le 23 août, son véritable anniversaire et lui fit apporter sur le plateau un gâteau de quarante bougies accompagné d'un bouquet de quarante roses.

Eva, prise de court – on le serait à moins! –, encaissa le coup avec un sourire puis tenta de l'amortir en expliquant à chacune des personnes présentes qu'Ingrid était névrosée et qu'elle l'avait vieillie – sans doute inconsciemment – dans le seul but de mieux l'identifier à la mère qu'elle avait perdue.

Isabelle excuse la piètre parade de sa mère, d'habitude mieux inspirée.

– Fallait vraiment qu'elle ait reçu un choc pour ne pas trouver autre chose!

– Malheureusement, le choc passé, elle s'est cramponnée à ce mensonge avec encore plus d'obstination et de fermeté qu'aux autres, sans doute parce qu'elle le sentait particulièrement invraisemblable.

– Ahurissant, oui! Qui ça pouvait tromper?

– Eva... peut-être.

– Et Ingrid, elle était au courant des sentiments qui lui étaient prêtés?

– C'est elle qui m'a raconté l'histoire de l'anniversaire. Entre deux éclats de rire... Depuis, elle n'appelait plus Eva, par dérision, que « Mamoushka ». En vérité, elle n'avait jamais connu sa mère.

– Charmante nature!

– Ingrid n'était pas une gentille fille. Ni généreuse. Ni modeste. Elle avait simplement un bon attaché de presse.

– Et du talent?

– Oui, à l'écran surtout. A la ville, comme disent les comédiens, elle en faisait beaucoup.

– Elle était consciente de l'envie qu'elle suscitait chez Eva?

– Tout à fait! Elle l'attisait à plaisir : c'était un

animal à sang froid, terriblement malfaisant... oui, terriblement!

– A ce point?

– Elle a failli me brouiller avec ta mère.

– Pourquoi?

– A cause d'une de ses « gamineries ». C'est le charmant euphémisme qu'Eva employait pour couvrir les vilains tours qu'Ingrid lui jouait.

Le souvenir de la gaminerie en question ramène d'un bond Me Theix à son bureau. Il plonge dans le classeur resté ouvert, comme un canard dans l'eau, à la recherche de sa pâture. La pêche est rapide. Il faut dire que la prise est voyante : une grande page rose recouverte d'une écriture haute et exagérément pointue. Il la tend à Isabelle. Elle va tout droit à la signature : celle d'Ingrid. Elle remonte à l'entête. A peine l'a-t-elle déchiffré qu'elle lève sur son parrain des yeux où l'incompréhension voisine avec un certain mépris.

– Qui c'est, ça : « Mon chêne chéri »?

– C'est moi!

Isabelle entame un nouveau circuit : signature-en-tête-Adrien, à l'issue duquel elle n'a visiblement pas encore assimilé le rapport qui pouvait exister entre ces trois pôles... Ses pensées sont si confuses qu'elle ne parvient pas à en formuler une de façon intelligible. Rendant un involontaire hommage à Boileau, elle énonce obscurément ce qu'elle conçoit mal – ou pas du tout.

– Mais pourquoi elle a ...? Enfin, tu étais vraiment ...? Je veux dire, vous avez ...?

Ennemi du désordre dans tous les domaines, Me Theix décide de démêler lui-même l'écheveau : il fait la connaissance d'Ingrid au cours d'un dîner qu'elle donne dans son magnifique appartement du quai d'Orsay, et où il a été invité moins en tant qu'ami d'Eva qu'en tant qu'avocat à la mode fort en cour dans les milieux du spectacle. Elle lui réserve une place de choix, en face d'elle, au centre de la table, reléguant Eva à l'une des extrémités. Elle se comporte avec lui toute la soirée comme s'il avait le physique de Paul Newman, la fortune de l'Aga Khan et l'esprit de Voltaire. Or, Adrien, parfaitement conscient de n'avoir rien de tout cela, s'étonne quelque peu qu'Ingrid lui témoigne tant d'intérêt et que, lorsqu'il prend congé, elle le prie avec tant d'insistance de revenir dans cette maison qu'il doit considérer comme la sienne, à présent.

Il y revient, relancé par des coups de téléphone d'Eva, croyant de bonne foi la trouver seule. Mais Ingrid est toujours là, entre eux deux, toujours exquise, l'admiration au bout des yeux, le compliment au bout des lèvres, le charme au bout de tous ses gestes. Comme, entre deux frôlements plus ou moins fortuits, elle lui extorque quelques renseignements juridiques, il a fini par la classer à la fois dans la catégorie des « Marie-enveloppantes » (les femmes qui ne peuvent pas rencontrer un homme sans lui mettre les bras autour du cou ou leur raconter une histoire sans s'agripper à leurs mains ou à leurs genoux) et dans la catégorie des « Marie-profiteuses » (plaie notamment des avocats et des médecins auxquels elles soutirent à la moindre occasion une consultation gratuite).

Oui, pour Adrien, Ingrid appartient à ces deux types de femmes, regroupées sous le titre général de « Marie-sangsues », pour lesquelles il n'éprouve aucune sympathie. Ayant ainsi répertorié sa conquête, il ne se pose plus aucune question sur l'attitude si indûment flatteuse de celle-ci à son égard. Il ne se rend chez elle que pour y voir Eva, continuellement dans son sillage et à sa disposition... ou parfois tels ou tels des amis communs qu'ils se sont découverts.

C'est le cas ce soir de décembre où Ingrid le convie à la traditionnelle « petite bouffe, sans chi-

chis, entre copains sympa ». Ils devaient être six. Ils sont deux. Ingrid et Adrien. Eva a dû partir subitement pour Londres afin d'essayer à la place d'Ingrid les costumes que celle-ci portera dans le film qu'elle va prochainement tourner en Angleterre. Quant aux trois autres, ils se sont décommandés au dernier moment.

Bien que ces fâcheuses nouvelles lui soient révélées par son hôtesse radieuse, fraîchement parfumée et vêtue – si l'on peut dire – d'une serviette de bain, Adrien – par modestie ou simple lucidité – ne croit pas tout de suite qu'il s'agit d'un guet-apens.

Il faut pour l'en convaincre qu'Ingrid l'entraîne d'une main ferme dans sa chambre... où le lit est déjà ouvert.

Il serait malhonnête de prétendre que Me Theix eut un mouvement de recul et qu'il perdit la moitié d'une seconde à s'interroger sur les causes de ces faveurs insolites : quand on gagne à la loterie, on ne se demande pas pourquoi. Or, pour Adrien, l'insolente beauté d'Ingrid, c'est le gros lot.

L'acte en lui-même réduit de beaucoup les proportions de sa chance... Il n'en est que médiocrement étonné car diverses expériences lui ont déjà enseigné que le comportement des femmes fournit souvent de fallacieux renseignements sur leur sensualité : les plus réservées à la verticale se révèlent, à l'horizontale, de fort joyeuses luronnes. Inversement, les plus provocantes dans les salons ne provoquent dans les alcôves qu'un assez morne ennui. Ingrid est de celles-ci, agrémentant toutefois son impassible indifférence de quelques halètements polis qui n'auraient pas abusé le plus vaniteux des amants et de quelques encouragements destinés exclusivement à hâter la fin des opérations.

Adrien remet ses lunettes et voit donc sans le moindre regret Ingrid prendre la direction de la salle de bains. Il admire en esthète ce corps mince et rond, en tout endroit digne d'un statuaire, et pense que la nature qui a comblé cette créature de rêve de dons si généreux a peut-être réparé son injustice en la privant de leur plus délicieux mode d'emploi. Puis la question qu'il s'est posée à leur première rencontre s'inscrit à nouveau dans sa tête, avec encore plus d'acuité : « Pourquoi moi ? »

Toujours méthodique, il procède par élimination. Il élimine immédiatement les raisons sexuelles : nymphomanie, perversité ou même simple curiosité. La pauvre chérie !... Après les moments qu'il vient de passer avec elle, l'idée d'une Ingrid victime de ses sens lui paraît tellement bouffonne qu'il ne peut s'empêcher de sourire tout seul dans ses draps à peine froissés.

Il élimine ensuite l'intérêt monétaire et professionnel. Elle n'a besoin ni d'argent ni de recommandation.

Alors quoi ? Un dépit amoureux ? Une vengeance ? Ça ne tient pas debout. Son amant en titre l'adore, et même si elle avait souhaité le châtier de quelque obscur crime de lèse-majesté, cent autres, plus spectaculaires que lui, se seraient volontiers enrôlés à ses côtés dans sa croisade punitive.

Le mystère reste entier...

Rhabillés tous les deux, assis l'un près de l'autre devant la table basse où trônent abusivement le caviar et le champagne des post-extases triomphantes, Ingrid reprend ses moues et ses attitudes de chatte langoureuse, un brin fatiguée (de quoi ? on se le demande !) et Adrien, lui, continue à se répéter : « Pourquoi moi ? »

Isabelle, aussi intriguée à présent que son parrain l'était à l'époque auprès de son étrange partenaire, le presse de répondre. Adrien reprend la lettre rose d'Ingrid qu'Isabelle tient toujours dans ses mains.

— Voyons ! La réponse est là, dit-il d'un ton volontairement prétentieux. Tu aurais dû le deviner.

Ingrid avait été irrésistiblement attirée par moi parce que j'étais un chêne.

– Quoi?

– Oui, oui. Tu as bien compris. Un chêne! Le symbole de l'inflexibilité et de la robustesse! Elle ressentait auprès de moi une ineffable impression de sécurité, inconnue d'elle jusque-là.

Adrien ne se formalise pas du rire de sa filleule. Il eut le même en faisant remarquer à Ingrid que ses cent soixante-trois centimètres s'accommodaient assez mal de sa comparaison avec un arbre qui atteignait parfois les quarante mètres. Qu'à cela ne tienne! Elle l'appela immédiatement « Son petit chêne ». Au troisième verre de champagne, il devint : « Son petit chêne qui lui résistait. » Au sixième verre de champagne : « Son petit chêne trop loyal. » A la fin de la bouteille qu'intentionnellement il lui a laissé boire à peu près seule : « Son petit chêne enraciné dans son vieil amour. »

– Quel vieil amour? demande Isabelle. Elle était au courant pour Claire?

– Pas du tout! Elle parlait de ta mère.

– Encore!

– Mais oui! Eva lui avait raconté avec force détails notre passion lointaine mais toujours sous-jacente, passion dont nous ne guéririons jamais.

– Ingrid s'était mis dans la tête de t'en guérir?

– Elle s'était surtout mis dans la tête d'enquiquiner ta mère en lui montrant qu'elle avait très facilement consolé son incomparable soupirant.

– Tu ne l'as pas détrompée?

– Si! Mais quand une femme vient de se taper, sans envie, un type, rien que pour emmerder une copine, va donc la convaincre, toi, que la copine s'en fout... Moi, je n'y suis pas arrivé!

Isabelle jubile pour sa mère : elle a dû bien rigoler en apprenant qu'Ingrid s'était donné tant de mal en pure perte!

Me Theix tempère son allégresse : le lendemain, revenue de Londres, Eva, toute réjouie par le récit – amplement erroné – qu'Ingrid lui a fait de sa sublime soirée de la veille, téléphone à Adrien pour le féliciter chaudement de ses performances amoureuses et l'encourager à les poursuivre. Adrien rétablit d'abord la rigoureuse vérité, puis explique la motivation profonde d'Ingrid en se gardant de reprocher à Eva d'en être, par ses mensonges, la première responsable; enfin, il lui enjoint de se méfier des manigances de cette petite garce, en attendant de la quitter. Loin d'accabler Ingrid, Eva prend sa défense. Son tort est de l'aimer d'un amour trop possessif. Jalouse de tous ceux qui l'approchent et, *a fortiori*, d'Adrien, elle a voulu se l'approprier pour les diviser, pour régner seule sur le cœur de sa « Mamoushka ». Tel a été l'unique but poursuivi par Ingrid : Eva ne peut qu'en être touchée.

Adrien, exaspéré, menace Eva de ne plus la revoir si elle s'obstine dans ses aberrations et lui met clairement le marché en main : Ingrid ou lui. Elle choisit Ingrid. Pour ne pas se désavouer.

L'absurdité de ce choix irrite Isabelle, comme si elle en avait été personnellement la victime.

– Ah! moi, à ta place, s'écrie-t-elle, je crois que je l'aurais... je l'aurais...

L'indignation lui coupe l'inspiration et elle avoue, impuissante :

– Je ne sais pas ce que j'aurais fait.

– Tu aurais commencé par l'envoyer au diable, comme moi, et puis, tu l'aurais plainte, comme j'espère le jury la plaindra.

Isabelle se redresse, affolée à l'idée que son parrain puisse envisager de dévoiler cette histoire en public.

– Tu ne vas quand même pas leur raconter ça, au procès?

212

— Quoi, ça?

— Ton aventure avec Ingrid.

— Tranquillise-toi : le même scénario s'est reproduit plusieurs fois par la suite. Dès qu'un homme s'intéressait à ta mère, Ingrid s'empressait de le lui souffler, comme ça, par jeu, par pure méchanceté. Eva, elle, continuait à ne voir dans ces perfidies que des preuves attendrissantes de l'attachement quasi viscéral que « la pauvre petite orpheline » ressentait pour elle. Les exemples ne me manqueront pas pour illustrer, au procès, la malignité un peu perverse d'Ingrid et l'endurance d'Eva.

— De qui les tiens-tu?

— D'elles deux. Le temps de la bouderie passé, ta mère recommença à m'écrire au cours des voyages où l'entraînait la carrière internationale d'Ingrid. Quant à celle-ci... elle me téléphonait à n'importe quelle heure, de n'importe quel coin du monde, à chaque fois qu'elle avait commis un nouveau méfait contre Eva.

— Une vraie salope!

— Et en plus, cynique! Elle me commentait – fort lucidement d'ailleurs – les réactions de ta mère avec l'excitation malsaine des enfants qui regardent un insecte se débattre dans un pot de mélasse. Quelques jours après ces coups de téléphone, je recevais – c'était systématique – une lettre d'Eva où elle glorifiait la jalousie de son Ingrid qui la voulait pour elle toute seule et l'avait encore « débarrassée d'un importun »!

— Finalement, avec ce petit jeu-là, Eva devait mener une vie monacale?

— Monacale, mais pas contemplative. Ce n'était pas une sinécure d'être, au cinéma comme à la ville, la doublure de Mlle Héliakis. Ta mère est sortie de cette expérience épuisée.

— Au bout de combien de temps?

— Trois ans. En juillet 1969, Ingrid rencontra en

Amérique un certain Charlie, le gouverneur de je ne sais plus quel Etat, qui jouissait d'une énorme influence dans les milieux politiques. Deux mois plus tard, elle l'épousa.

— Un coup de foudre?

— Oui. Pour le pouvoir. C'était à ses yeux déjà blasés un nouveau joujou bien plus subtil que la gloire et bien plus excitant que ses « gamineries ». Du jour au lendemain, elle plaqua tout, y compris Eva, bien entendu, qui de New York m'envoya un télégramme délirant.

« Je le livre, messieurs les jurés, tel quel à votre appréciation : " Allons épouser Charlie. Stop. Serons sûrement présidente. Stop. En attendant, trouve-moi travail à Paris. Stop. Y serai dans huit jours. Stop. Sincèrement à toi. Eva. " »

Au procès, à la lecture de ce télégramme qu'elle avait rédigé sous l'effet de quelques verres de whisky, Eva se recroquevilla sur elle-même et resserra son col sur sa gorge nouée.

12

Isabelle frictionne ses bras par-dessus son pull pour y activer la circulation. Adrien, lui, est prêt à tomber la veste. Un coup d'œil à son thermomètre mural le rassure sur la justesse de ses sensations personnelles.

— Il fait vingt-six dans cette pièce, dit-il, avec un brin de reproche dans le ton.

— Il pourrait y faire quarante, j'ai froid intérieurement. C'est cette vipère d'Ingrid qui m'a glacé les sangs.

– Tranquillise-toi, tu n'en entendras plus parler.

– Elle n'est pas devenue présidente?

– Elle n'a plus jamais donné de nouvelles après son mariage, mais je crois que ça, quand même, nous l'aurions su.

Isabelle daigne sourire du bout des lèvres puis quitte son fauteuil pour aller un peu plus loin se rasseoir par terre, le dos appuyé au chauffage central, les genoux repliés sur la poitrine et enserrés dans ses bras. Près d'elle, Me Theix ôte ses lunettes et, avec l'une des deux branches, lui gratte affectueusement le sommet du crâne, geste de tendresse si inhabituel chez lui qu'il éprouve aussitôt le besoin de s'en justifier :

– Quand ta mère est revenue à Paris, elle avait tout le temps froid. Je la retrouvais exactement dans la même position que toi devant tous les radiateurs de l'appartement.

Adrien remet ses lunettes juste à temps pour surprendre sur le visage de sa filleule une expression attendrie qu'elle rectifie dès qu'elle s'aperçoit qu'il l'a remarquée.

– Eva a habité chez toi? demande-t-elle.

– Oui. Pendant quatre mois environ.

– Tu n'as pas pu la supporter davantage?

– Au contraire, j'ai tout essayé pour la retenir, mais elle était engagée dans une nouvelle course aux chimères et ne m'a pas écouté.

– Où a-t-elle atterri?

– Chez la fameuse Muguette annoncée tout à l'heure.

– Ah! C'est là qu'elle intervient?

– Comme logeuse, oui; mais comme fée, elle est intervenue avant.

– Encore une malfaisante celle-là?

– Oh non! pas du tout! Un personnage un peu ridicule, mais dépourvu de méchanceté.

– Enfin! Je ne suis pas mécontente...

Du coup, Isabelle se lève. Elle est réchauffée. Ça se voit et ça s'entend. Abondante de gestes et de paroles, elle s'explique : elle est contente d'abord parce qu'elle ne s'est pas trompée sur le compte de Muguette. En dépit des mines condescendantes que Nina prenait pour lui en parler, elle avait toujours eu de la sympathie pour la fée pot-au-feu. Rien que ce sobriquet – si péjoratif dans la bouche de sa grand-mère – l'inclinait à l'indulgence. Autre motif de satisfaction : la gentillesse de Muguette, reconnue spontanément par son parrain, la débarrasse d'une idée qui commençait sérieusement à la turlupiner... Ici le discours s'arrête net, mais pas les gestes : elle tire sur son col roulé, plisse son nez refait, tourne son alliance avec son pouce. L'accouchement est difficile. Adrien l'aide.

– Quelle idée?

– Ben, je me demandais si... si tu n'étais pas un peu sectaire, si... tu n'étais pas systématiquement le défenseur d'Eva.

– Bref, si je n'avais pas, pour te peindre le tableau de sa vie, forcé sur le noir aussi exagérément qu'elle sur le rose.

– Pas à ce point-là, mais enfin... si elle avait été aussi malheureuse que tu le dis, parce que, quoi... souvent, elle a eu la vie facile, avec Corman, avec papa, avec Ingrid...

Me Theix regarde Isabelle avec les yeux d'un professeur consterné d'avoir entendu sa meilleure élève proférer une absurdité.

– Isabelle! Ce n'est quand même pas toi qui vas oser me dire qu'une vie facile est forcément une vie heureuse?

– Non, mais ce n'est pas triste non plus de...

Adrien l'interrompt. Il n'est pas disposé à écouter la liste des agréments que peut procurer l'argent. Ni

216

à lui fournir celle des gens fortunés qu'il fréquente et qui s'emmerdent. Ah non! Le savetier et le financier, elle doit connaître. Un résumé personnalisé suffira :

— Dis-moi, Isabelle, tu as été heureuse au château de Fontenailles?

La réponse est tellement évidente qu'il poursuit sans l'attendre :

— Tu as été malheureuse de tirer le diable par la queue avec Marc?

Là encore, Adrien se contente du silence confus d'Isabelle.

— Bon! Alors fous-moi la paix avec les détresses dorées d'Eva. Une vie heureuse est une vie – quelle qu'elle soit – qu'on a envie de mener. Une vie qui rattrape les rêves qu'on a faits. Pas une vie qui court continuellement après. Pas une vie qu'on se raconte. Pas la vie d'Eva.

Isabelle rentre son menton dans son col.

— Bien sûr... mais...

— Quoi encore?

— Je trouve un peu bizarre qu'elle n'ait croisé sur son chemin que des dégueulasses...

Devant la moue réprobatrice de son parrain elle se reprend :

— Disons, des pas gentils.

— D'abord, les gens qui ne font que des rencontres néfastes, ça existe. Qu'ils manquent de jugement ou simplement de chance, ils existent. Ensuite et surtout, ta mère, avec sa politique d'autruche satisfaite, a facilité la tâche de ceux qui l'ont exploitée : ils n'étaient ni pires ni meilleurs que d'autres, mais ils se sont permis le pire, sachant que, de toute façon, elle leur prêterait le meilleur. Tu comprends?

Oui... Isabelle comprend... sauf... sauf quelque chose d'incompréhensible pour elle, la complexée irrémédiable qui continue à considérer la beauté comme le sésame de toutes les félicités en général et celles de l'amour en particulier : comment Eva, plutôt gâtée par la nature, n'a-t-elle pas réussi à susciter un amour sincère, alors que d'autres – beaucoup moins favorisées – y réussissent? Elle ne pense pas à son cas personnel, bien sûr : avec Marc, c'est vraiment l'amour aveugle dans toute l'acception du terme. Adrien retrouve sa mine de professeur désappointé.

– Voyons, Isabelle, pas plus que l'argent ne fait le bonheur, la beauté ne fait l'amour. Dans les deux cas, ça aide. Ça peut aider. Mais c'est tout.

– Mais à part son physique, Eva avait d'autres qualités et elle aurait pu...

– Certainement elle aurait pu être aimée... si elle ne s'était pas vantée de l'être quand c'était faux. Si la perfection imaginaire de ses idylles ne l'avait pas poussée en toute logique à s'y accrocher. Comment voulais-tu qu'elle cherche un Prince Charmant puisqu'elle en avait un à ses côtés? Comment voulais-tu qu'un soupirant potentiel ose s'attaquer à une femme qui se déclarait elle-même comblée?

– Il y en a qui ne se découragent pas pour si peu.

– Oui, mais alors c'est elle qui les décourageait : elle ne voulait pas compromettre son bonheur – celui qu'elle s'inventait.

– Tu charries?

– Nullement! Je l'ai entendue moi-même s'offusquer des avances tentées par quelques amoureux téméraires.

– Alors...

Isabelle lève les bras au ciel : le geste de la reddition. Elle regagne son fauteuil, à nouveau calme et attentive. La séance, suspendue pour supplément d'informations, peut reprendre.

Me Theix introduit le témoin suivant : Mme veuve Rondeaux, née Baloy.

Prénoms : Muguette, Cécile, Suzanne.

Lieu de naissance : Toulouse.

Date de naissance : 1er mai 1908.

Elle est entrée dans la vie d'Eva grâce à Adrien. Celui-ci, au reçu du télégramme d'Amérique annonciateur du retour d'Eva, charge une de ses anciennes maîtresses, chanteuse de variétés relativement connue, de trouver un emploi, même modeste, à son amie-d'enfance-qui-traversait-une-mauvaise-passe. La gentille « Marie-souvenirs » s'adresse à Muguette qui, le jour, donne des leçons de chant, le soir, est choriste au Châtelet et, à toute heure, a la passion de se rendre indispensable. Muguette alerte immédiatement son chef de chœur, lequel alerte le directeur de scène, lequel a mis enceinte la titulaire de deux rôles utilitaires dans l'opérette en cours de représentation – une dompteuse aguichante et anglaise au premier acte; une mémée croulante et brésilienne au deux –, laquelle titulaire ne va plus pouvoir très longtemps cacher son état, surtout dans son collant de dompteuse.

C'est ainsi qu'Eva, une quinzaine de jours après avoir débarqué à Paris, débute modestement au Châtelet, sous le haut patronage de Muguette.

Isabelle interrompt son parrain : ce n'est pas la peine qu'il se fatigue à lui décrire les réactions de sa mère. Elle imagine très bien Eva transformant ses emplois subalternes en rôles prépondérants et idéalement conçus pour montrer deux facettes de son talent; Eva triomphante admirée par la troupe; Eva encouragée par la vedette masculine; Eva partant vers de nouveaux espoirs.

– Eh bien non, dit Me Theix, tu te trompes! Mais, sois tranquille, moi aussi je me suis trompé. J'attendais comme toi qu'Eva se glisse dans la peau, déjà utilisée, de son personnage de future vedette, mais elle s'en est créé un autre, tellement loin de sa nature et de ses goûts profonds qu'il lui a fallu un certain temps pour le mettre au point.

Muguette participa beaucoup à la nouvelle métamorphose d'Eva.

On pouvait la considérer comme une femme de bon sens; mais, bien sûr, si on estimait que le doute est l'apanage de l'intelligence, on pouvait aussi la considérer comme une imbécile... car vraiment elle ignorait ce que douter veut dire. Jamais il ne lui serait venu à l'idée de s'interroger une seconde sur le bien-fondé de ses convictions, de ses avis et de ses choix. Pas plus que sur la qualité de son physique, de son intelligence et de sa philosophie (c'est ainsi qu'elle appelait sa façon de vivre!). Inébranlable dans ses certitudes et les défendant avec sa fougue toulousaine, elle jouissait d'un assez grand prestige auprès des hésitants, des faibles, des paumés et des éternels « sans opinion » de tous les sondages.

Sa crinière de gitane, son corps opulent et sa voix de bronze ajoutaient à son autorité naturelle. C'était une femme qui en imposait et, disons-le, qui s'imposait volontiers : le plus souvent d'ailleurs par générosité. Si vous souffriez de quelque douleur – à n'importe quel endroit de votre anatomie –, elle rappliquait avec le remède approprié, son remède – par conséquent le meilleur – et vous obligeait à vous l'administrer devant elle; ou bien alors, elle vous entraînait de force chez son médecin, le meilleur aussi, cela va de soi. Elle détenait les meilleures adresses pour tout. Aussi bien pour les pinces à épiler, les tondeuses à gazon, les bistros pas chers ou les coussins gonflables; les meilleurs fournisseurs, les meilleures recettes de cuisine, de beauté, de bricolage et de nettoyage; les meilleurs amis, la meilleure organisation. Et gare à vous si vous ne profitiez pas de son savoir et de ses expériences!

Elle eut aussi le meilleur des maris, Gaston – un flûtiste fluet – qui, avant de mourir de la meilleure des morts – une brutale rupture d'anévrisme – lui laissa la meilleure des filles, Aline, danseuse dans les ballets du Châtelet, aussi chétive que son père, et qu'elle écrasait, comme lui autrefois, de son aile protectrice... comme elle en écrasera plus tard la fragile Eva. Mais nous n'en sommes pas là. Me Theix non plus. Il en est pour le moment à apprécier avec bienveillance la santé morale de Muguette.

– C'était une sage, dit-elle. Elle avait dû dans sa jeunesse rêver, elle aussi, d'être à la fois l'idole d'un homme et celle du public. Et, ma foi, avec sa voix bien timbrée et son visage de brune sémillante, elle pouvait y prétendre. Mais le sort en ayant décidé autrement, elle décida, elle, de s'accommoder de son lot : un époux inodore, mais gentil, et une situation pas fracassante, mais sûre. Son veuvage et les quelques aventures sans intérêt qui s'ensuivirent n'altérèrent en rien sa manière de voir et de vivre. Elle évaluait très précisément ses limites, en tant qu'artiste et que femme, et ne cherchait en aucune façon à les franchir.

– En somme, le contraire d'Eva.

– Rigoureusement. Son exemple d'ailleurs eut sur ta mère certains effets plutôt bénéfiques. Par exemple, c'est grâce à Muguette qu'Eva devint plus raisonnable sur le plan professionnel. Bien entendu, poussée par son vieux démon de l'exagération, elle ne tarda pas à l'être trop.

– Comment trop?

– Non contente de ne plus appeler la gloire de tous ses vœux, elle la méprisa et plaignit ses élus.

Les pauvres! Ils se démenaient, mouraient de peur, usaient leurs nerfs, tandis qu'elle, peinarde, accomplissait son petit boulot à l'abri des responsabilités et de la fatigue. La vraie chance dans ce métier consistait, pour elle, non plus à être en haut de l'affiche, mais au contraire tout en bas, le plus obscur possible.

— Oui, d'accord. Elle en remettait dans l'autre sens, mais ce n'était pas très grave.

— Pas en soi, non. Mais cette mentalité de fonctionnaire qu'elle s'était forgée de toutes pièces conditionna un processus évolutif qui ne tourna pas à son avantage.

Son physique pâtit en premier de son nouvel état d'esprit. Comme elle ne désire plus rien que de passer inaperçue, elle renonce à ce qui peut la distinguer des autres : sa silhouette, son visage, son élégance vestimentaire. Après tant et tant d'années de privations, elle se met à manger à sa faim et supprime sa gymnastique quotidienne. A ce régime-là, elle s'épaissit très rapidement du sud des joues au nord des cuisses. Les jambes restent intactes, mais comme elle ne porte plus que des talons plats et souvent des bas de laine, on ne s'en aperçoit pas beaucoup. Conjointement, sous prétexte que le soir, sur scène, elle porte des perruques, Eva cesse d'aller chez le coiffeur, laisse revenir lentement ses cheveux à leur châtain naturel où commencent à se mêler quelques fils blancs et prend l'habitude de recouvrir cette chevelure bicolore de bonnets noirs — la couleur qui va avec tout, prétend-elle. Pour compléter l'ensemble, elle ne se maquille plus et cache son empâtement sous des robes sac ou des pulls d'homme. Au théâtre, elle est obligée de lâcher, en cachette, les coutures de ses costumes, deux fois. Heureusement, un troisième élargissement étant inenvisageable, elle doit s'en tenir aux mensurations acquises qui, sans atteindre encore celles d'un Rubens, dépassent déjà amplement celles d'un Modigliani.

Inversement à sa taille, son esprit se rétrécit. Elle se complaît dans un univers étriqué dont Muguette est le phare. Elle se vautre dans la modestie et, fidèle à son principe de valorisation, cultive, à l'instar de Jules Renard, l'orgueil de sa modestie : elle a de petites préoccupations, de petits engouements, de petits projets, de petites distractions... et une grande gêne vis-à-vis d'Adrien qui en est le témoin impuissant et navré. Alors, elle s'éloigne de lui, affirmant qu'elle ne supporte plus son appartement trop luxueux, son quartier trop résidentiel et qu'elle doit saisir la chance, offerte par Muguette, d'évoluer dans des lieux et parmi des gens plus conformes à ses aspirations.

Elle s'installe donc dans l'appartement des dames Rondeaux situé rue Toullier, presque à l'angle de la rue Soufflot, et y occupe la pièce réservée jadis aux exercices instrumentaux du défunt Gaston... et probablement à ses ronflements nocturnes.

On lui alloue, dans la salle de bains vétuste, une des trois patères – celle de gauche –, une des trois branches du porte-serviettes, un coin dans l'armoire de toilette, délimité par un ruban adhésif rouge (ceux de Muguette et d'Aline sont délimités respectivement en vert et en bleu), et... sa boîte de papier hygiénique personnelle! Eva s'extasie sur ce dernier détail comme sur tous ceux qui trahissent la maniaquerie, voire la mesquinerie de Muguette, tels les patins en feutre au seuil de chaque porte, la tirelire cadenassée près du téléphone, le coffret dans chaque pièce qui contient un chiffon et un détachant pour le grain de poussière ou la tache imprévue, les bouts de molleton taillés aux dimensions exactes des objets qui reposent dessus (le plus extraordinaire dans le genre étant celui qui suit au millimètre le contour denté d'un cendrier en forme de feuille de chêne). Il y a aussi, parmi les curiosités de la maison, collé sur la porte de la cuisine, le planning conjoint des menus et des besognes ménagères; ce qui donne à peu près ceci : « Lundi : cuivres et porc; le midi en rôti; le soir en hachis Parmentier. Mardi : repassage et poisson; en court-bouillon le midi; en salade le soir. » Etc.

Cette méticulosité poussée à l'extrême a au moins l'avantage d'amuser Isabelle. C'est tellement loin d'elle que, par réaction sans doute, elle pose ses deux pieds bottés sur la table vernie.

— C'était aussi loin d'Eva, non? demande-t-elle.

— Ah oui! Ça je peux te dire — et Kifétout te le confirmerait — que ta mère n'était pas une championne de l'ordre!

— Elle l'est devenue, comme ça, du jour au lendemain?

— Sans aucune difficulté. Elle s'est mise à l'heure de Muguette, persuadée que c'était la sienne. Son leitmotiv pendant toute cette période fut : « C'est fou ce qu'on se ressemble! A croire qu'on est jumelles! » Ce qui comblait d'aise la brave Muguette, un peu parce qu'elle était de dix-huit ans l'aînée d'Eva, et beaucoup parce qu'elle avait une réelle affection pour elle.

Voilà Isabelle reprise par un accès de doute.

— Peut-être, après tout, que cette ressemblance existait vraiment. Peut-être qu'Eva ne se forçait pas autant que tu le prétends et que cette vie, que tu juges, toi, médiocre, lui convenait.

— Je l'ai espéré, figure-toi. Je l'ai même cru. Je pensais que la rue Toullier se rapprochait par certains côtés de la rue de Steinkerque et qu'Eva avait inconsciemment rejoint ses sources.

— Ah! Et alors?

– Alors, si cette vie la satisfaisait tant, pourquoi l'aurait-elle abandonnée, quatre ans plus tard, en critiquant systématiquement tout ce qu'elle avait soi-disant adoré?

– Evidemment...

Isabelle redescend ses jambes au sol. Les talons de ses bottes ont laissé deux marques sur la table. Elle se penche pour les essuyer avec sa manche. Elle pense au chiffon de Muguette et demande à son parrain s'il n'aurait pas des photos de cette période-là. Il en a. Et des plus éloquentes...

Les premières qu'il lui présente ont été prises par lui, assez perfidement, un 1er mai. Il avait été convié rue Toullier, pour fêter l'anniversaire de Muguette, en même temps que le chef des chœurs du Châtelet et le directeur de scène – des amis tellement serviables!

Isabelle pénètre avec la loupe dans l'univers des dames Rondeaux : la tablée traditionnelle avec les bouteilles de mousseux et le gâteau illuminé de bougies, fait maison, et orné de deux brins de muguet en sucre; du muguet aussi au centre de la nappe brodée, comme tout le reste du trousseau de Muguette, à ses initiales de jeune fille : M. B., pour qu'il puisse resservir en cas de remariage...; du muguet, mais en tissu celui-là, dans une jatte en faïence caramel sur la cheminée; toujours du muguet, dans les jardinières sur le balcon, aussi bien imité que les géraniums un peu défraîchis avec lesquels il alterne; du muguet partout, en tableaux sur les murs, en verre, en ivoire, en plâtre, en plastique; sur un pain d'épice rassis; sur une potiche; sur le dos d'un chien en peluche; sur la tapisserie d'un coussin; dans la transparence des porte-couteau; en or, sur le corsage de dentelle blanche de Muguette, fait maison lui aussi; en émail sur celui en acrylique rose d'Aline.

Isabelle remplace ses commentaires par un soupir accablé. Elle n'a pas très envie de regarder la nouvelle série de photos que lui tend son parrain; mais il attire son attention sur l'étiquette agrafée à la pochette dont il vient de les sortir. Elle y découvre ces quelques mots calligraphiés par Muguette : « Les bons souvenirs d'un joyeux trio » et, cédant à la curiosité, laisse Adrien les lui annoncer comme les chefs-d'œuvre d'un musée :

– « Le joyeux trio en balade. » Par tranches de deux. La troisième tenant l'appareil. Ici, par moins douze, sur le chemin qui séparait le théâtre du Châtelet de la rue Toullier; chemin qu'elles parcouraient – quels que soient les intempéries et l'état de leur santé – en trente-cinq minutes à l'aller, en trente minutes au retour... parce que, à minuit, la peur accélérait leur allure.

– Pourquoi ne prenaient-elles pas un taxi ou le métro?

– Parce que Muguette avait décrété que cette marche non seulement était économique mais encore constituait le meilleur des remèdes, qu'Aline, écho docile, réverbérait les paroles de sa mère et qu'Eva, frileuse comme une chatte angora, approuvait entre deux claquements de dents et deux quintes de toux, car elle avait gardé de sa pleurésie une certaine fragilité pulmonaire. D'ailleurs...

Me Theix tend une autre photo à Isabelle et reprend sur le ton du guide :

– La voici maintenant, au lit, pendant une de ses nombreuses grippes que Muguette, ici présente avec un inhalateur dans les mains, soignait avec des fumigations, des tisanes pectorales et des gouttes à l'eucalyptus. (Trois nouvelles photos passent des mains d'Adrien à celles d'Isabelle.)

– Voici, dit-il, le joyeux trio interprétant « grand

226

nettoyage de printemps », symphonie pour plumeau, aspirateur et encaustique. Premier mouvement, *allegretto* : Muguette et Eva cirent. Deuxième mouvement, *larghetto* : Muguette et Aline époussettent. Troisième mouvement, *moderato ma non troppo* : Aline et Eva torchonnent.

– Le pire, c'est que ces photos soient classées dans la rubrique « bons souvenirs »...

– En voici une autre.

– Où a-t-elle été prise?

– Dans les coulisses du Châtelet pendant l'entracte : Eva en mémé brésilienne, Muguette en bûcheronne et Aline en lapin (elle participait à un ballet d'animaux ayant pour cadre la cordillère des Andes).

– Il y a des lapins dans la cordillère des Andes?

– Je l'ignore autant que toi. Mais, en tout cas, il n'y a jamais eu de réclamations dans le public.

– Elles étaient en train de répéter?

– Mais non, tu vois bien qu'elles tricotent.

– Ça aurait pu être pour les besoins d'une scène.

– Même dans une opérette très fantaisiste, tu as déjà vu des lapins tricoter?

– On dirait un tableau surréaliste.

– Hélas! Ce n'est qu'une image hyperréaliste de leur vie...

Isabelle renonce définitivement à en voir davantage. Elle se lève, s'étire, se dirige à nouveau vers le radiateur, mais cette fois s'y colle les jambes, debout, dos à Adrien. Elle ne se retourne même pas pour lui dire :

– Finalement, tant mieux!

– Tant mieux que quoi?

– Qu'Eva n'ait pas été la vraie sœur jumelle de Mme veuve Rondeaux.

227

– Je te comprends mais, si elle l'avait été vraiment, elle aurait vécu heureuse rue Toullier.

– D'accord, mais je n'aurais pas aimé avoir une mère médiocre. A tout prendre, je préfère une mère foldingue.

– Eh bien, sois contente, tu l'as; car franchement il fallait qu'elle le soit pour avoir réussi à se fondre dans le moule de Muguette...

Le moule d'une sexagénaire dont toutes les pensées et tous les actes tournent autour d'un seul objectif, qui devient celui d'Eva : la retraite. De quarante-deux à quarante-six ans elle ne vit plus qu'en fonction de ses vieux jours... Elle les passera dans la propriété que Muguette a héritée de ses parents près de Toulouse. En vérité une bicoque rustique dont l'inconfort enchante Eva dans la tête de laquelle Mme veuve Rondeaux a planté le drapeau écologiste. Cette maison, lieu de leurs vacances, s'appelle La Muguetterie, mais elles envisagent de la rebaptiser « La Muguevaline ».

– La Muguevaline, répète Isabelle, comme s'il s'agissait de la plus ordurière des grossièretés. On dirait une spécialité pharmaceutique!

– Tu aurais préféré « Mon rêve » ou « Sam'suffit »?

Isabelle néglige de répondre. Non pas qu'elle manque d'opinion sur la question, mais parce qu'une idée vient de la frapper.

– Et puis d'abord, pourquoi mêler Aline à ça? Elle avait quel âge?

– Dans les vingt-six, vingt-huit ans.

– Elle ne pensait quand même pas, elle aussi, à la retraite?

– Muguette et ta mère y pensaient pour elle et l'associaient à leurs projets. Elle en était d'ailleurs ravie et y consacrait allègrement, comme ses deux aînées, une bonne douzaine d'heures par jour.

– Douze heures!

Ce chiffre qui effare Isabelle n'est nullement exagéré. En effet, en dehors de leur métier proprement dit qui leur prend, *grosso modo*, quatre heures par jour, les trois femmes se livrent à des acvivités secondaires dans la journée : Muguette, comme on le sait, donne des leçons de chant. Aline, assez douée pour la photographie, s'est constitué une petite clientèle parmi ses camarades du Châtelet qui lui demandent soit des photos « artistiques » pour le programme, soit des photos-souvenirs à l'occasion d'un mariage ou d'une naissance, soit des photos d'identité. Quelquefois aussi elle garde des enfants dans le quartier. Elle en profite pour leur tirer le portrait et le vendre après à leurs parents. Quant à Eva, elle s'est mise à créer et à confectionner des modèles en tricot qu'elle écoule, comme Aline ses photos, dans les coulisses du Châtelet.

Au fil des mois, son négoce se développe de telle façon que Muguette et Aline sont obligées de la seconder, puis par la suite une vieille cousine à elle, puis Nina. Malgré ces appoints précieux, Eva prend souvent sur son sommeil et, quand, au bout de deux ans, le Châtelet monte une nouvelle opérette, elle est presque soulagée d'apprendre qu'elle ne fera pas partie de la distribution. Quant à Muguette et à Aline, maintenues à leurs postes, elles accueillent le licenciement de leur amie carrément comme une aubaine. Mieux! Comme un signe du destin : c'est écrit, la réussite d'Eva se trouve au bout de la pelote de laine... et de l'écheveau de soie.

Devenue tricoteuse professionnelle, elle achète une machine perfectionnée avec laquelle elle fabrique, en mélangeant différentes couleurs et différentes matières, des ensembles très spectaculaires; mais continue à tricoter à la main des modèles plus traditionnels. Muguette et Aline en assurent la diffusion non seulement au théâtre, mais aussi dans certaines boutiques des quartiers Saint-Michel et Saint-Germain.

Le trio de fourmis s'active du matin jusqu'au soir. On expédie le ménage, la toilette, les courses et les repas à une vitesse record afin de consacrer le maximum de temps aux tâches productives. Leur seule distraction : la promenade-santé pour aller au théâtre et en revenir. Eva accompagne ses deux amies pour prendre l'air et les attend dans les coulisses en tricotant. Leur seul souci : amasser de l'argent qu'elles dépenseront plus tard dans leur retraite champêtre, quand elles auront un peu de loisirs.

C'est Me Theix qui bouscule l'ordonnance de cette vie laborieuse et planifiée si longtemps à l'avance.

– Tu n'as jamais vu de pulls fabriqués par ta mère ? demande-t-il.

– Si ! Nina m'en a apporté un de sa part, à Fontenailles : blanc avec des losanges roses sur le devant. J'ai décrété que ça faisait layette et je l'ai donné à Nadine. Elle le trouvait superbe.

– Elle ne se trompait sûrement pas : tout ce qui sortait des mains d'Eva trahissait un goût très sûr. J'étais certain, comme Muguette, qu'elle avait découvert là une vraie voie. C'est pourquoi, un jour, je lui ai proposé de lui acheter une boutique de prêt-à-porter de luxe, où seraient vendus ses modèles en exclusivité, à des prix bien plus élevés que ceux qu'elle pratiquait. Une de mes amies – mondaine et efficace – était prête à la gérer avec elle.

– Elle a refusé ?

– Oui. Elle a prétendu que ce projet l'effrayait, qu'elle n'en avait pas l'envergure.

– Elle l'a bien eue plus tard, à Nice !

– Evidemment! Mais, à ce moment-là, n'oublie pas qu'elle se voulait modeste, avec des moyens modestes et un sort modeste. Le faubourg Saint-Honoré, c'était trop pour elle. La rue Toullier lui suffisait.

– Elle a dû regretter plus d'une fois.

– En tout cas, elle en a eu l'occasion, car plus d'une fois je suis revenu à la charge.

– Et tu as toujours obtenu la même réponse?

– Oui... jusqu'au jour où, lui demandant par téléphone d'aller, à tout hasard, visiter un local particulièrement bien situé, elle m'apprend qu'elle souffre depuis peu d'une crise de rhumatismes à la main droite qui l'empêche de travailler et l'inquiète fort pour l'avenir de ses activités manuelles. Pendant une semaine, je prends régulièrement de ses nouvelles qui sont régulièrement mauvaises : la douleur augmente, remonte vers le coude en dépit des onguents de Muguette, puis du traitement de son médecin, appelé à la rescousse devant la persistance du mal. Je lui recommande alors un spécialiste réputé qui ne la soulage pas davantage, mais lui prescrit des anti-inflammatoires, fort perturbateurs pour son tube digestif et grâce auxquels elle perd rapidement ses kilos excédentaires.

– Veinarde!

– Dans un sens, oui. Car cette perte de poids lui redonne une fringale de coquetterie que ses loisirs forcés lui permettent de contenter. Au bout de deux mois de soins consciencieux, elle souffre toujours autant mais a retrouvé un aspect agréable.

– Et son moral?

– Assez médiocre tant qu'elle reste oisive à attendre une amélioration de son état, il se remet subitement au beau quand elle décide d'agir comme si elle ne devait plus jamais guérir et de se lancer dans une activité compatible avec l'usage d'une seule main.

– Laquelle?

– Le tour de chant.

– Eva a été dans le show biz?

– C'est beaucoup dire! Elle s'est produite dans un tour de chant.

– Encore une chose que Nina m'a escamotée.

– Ça ne m'étonne pas.

– Je vois... du genre lamentable?

– Disons... spécial!

Délicat euphémisme! Eva élabore et met au point son tour de chant avec le concours de Muguette – qui carbure à la valse viennoise depuis son enfance – et celui d'Aline – qui ne dédaigne pas de fredonner dans son bain les grands succès de Berthe Silva. Cela aurait pu ne pas être gênant car Eva, consciente quand même de ne pouvoir à son âge marcher sur les brisées de Sylvie Vartan, a eu l'idée d'aller à contre-courant et d'interpréter des chansons tendres du bon vieux temps. Elle espérait devenir ainsi l'homologue féminin d'un jeune chanteur qui avait remis récemment le démodé à la mode et connaissait une belle réussite. Mais ce filon, exploité par la voix acidulée d'Eva, sous la houlette archaïque de Muguette, donne des résultats tout à fait différents. Assez débilitants sur le plan artistique, mais malheureusement pas assez négatifs sur le plan matériel pour la décourager complètement. En effet, le chef des chœurs du Châtelet, après avoir jugé des capacités d'Eva, l'a dirigée vers « l'homme qu'il lui fallait », un imprésario besogneux, spécialisé dans l'organisation des goûters-spectacles pour les Parisiens et les banlieusards du troisième âge. Cette clientèle fut d'emblée séduite autant par l'allure de dame convenable d'Eva, par son sourire avenant, que par son répertoire qui s'étendait du *Beau Danube bleu* aux *Roses blanches*.

Muguette, obsédée de plus en plus par la retraite

de plus en plus proche, a vu d'un œil inquiet son amie abandonner ses aiguilles pour le micro; mais les succès remportés par Eva auprès d'un public indulgent la rassurent au point de penser que ce tour de chant rétro peut avoir sa place dans les manifestations populaires qui ne manquent pas dans la région du Sud-Ouest, région qu'elle a jadis parcourue dans tous les sens avec *Ciboulette* et *Madame Angot* – ses deux triomphes – et où elle a gardé de nombreux amis. Elle charge l'un d'eux (Mourmelon, inoubliable, et injustement oublié, dans *Ciboulette*, en 1935, au théâtre municipal de Montauban) de procurer quelques affaires à son élève dont elle se porte garante du talent et de la conscience professionnelle. La prospection de Mourmelon est assez fructueuse : en moyenne un gala par semaine, la plupart en plein air, donné à l'occasion d'une fête locale, entre le 15 mai et le 15 août. Après le 15 août, en revanche, plus rien.

Muguette ne s'en alarme pas, sûre que d'ici là le maudit rhumatisme d'Eva, qui déjà certains jours se montre moins virulent, aura complètement disparu et que leur vie à La Muguevaline pourra s'accrocher, comme prévu, aux mailles du tricot.

C'est au cours d'un de ces galas, organisé par Mourmelon, à Bergerac, dans le cadre de la foire au bétail, que, le 17 mai 1973, Eva fait la connaissance de son troisième mari, négociant en vins : Etienne Billoux.

A cette nouvelle, Isabelle sursaute. Non parce qu'elle ignore la rencontre de sa mère avec ce M. Billoux, mais parce que Nina la lui a située dans un lieu beaucoup plus romantique : Venise! Rien que ça! Isabelle se souvient même de l'endroit exact car la musique des mots l'avait frappée : devant l'église Santa Maria Gloriosa dei Frari.

– Je connais, dit Me Theix, c'est là que, l'été

précédent, j'étais tombé sur une fille dont la ressemblance avec Claire m'avait cloué sur place.

– Comme c'est drôle! Dans la version de ma grand-mère, Eva a été saisie par la ressemblance de Billoux avec son premier mari, Philip.

– Il lui ressemblait autant qu'un vieux doberman peut ressembler à un jeune lévrier.

– Le sosie idéal, quoi!

Chacun de son côté, Me Theix et sa filleule suivent les méandres du mécanisme mental d'Eva, puis Isabelle en revient à la réalité des choses :

– Donc, elle a rencontré Billoux à la foire au bétail de Bergerac?

– Oui.

– C'est sidérant!

– Pas tellement! Sa propriété était à dix kilomètres de là.

– Ce n'est pas le lieu qui me sidère.

– C'est quoi alors?

– C'est la prodigieuse malignité du hasard, c'est la petitesse du fait déclenchant, c'est l'origine insignifiante des événements importants d'une vie... Tu comprends ce que je veux dire?

– Pas vraiment.

Isabelle a un mouvement d'impatience qui s'adresse autant à Adrien, plus rapide d'habitude, qu'à elle-même qui se voudrait plus calme, puis elle s'explique :

– Est-ce que tu as pensé que, si Eva n'avait pas eu de rhumatismes, jamais elle n'aurait épousé Billoux, jamais elle n'aurait eu par la suite l'occasion de s'installer à Nice, jamais elle n'aurait rencontré Bruno, et jamais, de ce fait, elle ne... enfin... nous ne serions pas là, aujourd'hui, à parler d'elle.

Adrien ôte ses lunettes et en essuie minutieusement les verres avec le bout de sa cravate pour réfléchir à ce qu'il va répondre. Il est tenté de dire à Isabelle que le jeu des « si » qu'elle a l'air de

234

découvrir est vieux comme le monde, qu'en cherchant la cause initiale de l'orientation ou des orientations de notre existence, on en arrive à remonter à l'origine même de cette existence, dont la responsabilité incombe à nos parents, qui eux-mêmes doivent la vie à leurs parents, qui eux-mêmes... et qu'avec ce jeu, de génération en génération, avec un peu de patience, on aboutirait à l'homme de Cro-Magnon... mais qu'il n'est pas très sérieux, à chacune de nos actions – bénéfiques ou néfastes –, de remercier ou d'accuser notre ancêtre des cavernes.

Oui, il est tenté de lui dire tout cela, à Isabelle, mais il est aussi tenté par la perspective de l'effet de surprise qu'il mijote depuis un moment. Finalement, il opte pour la surprise.

– Eh bien, vois-tu, si tu crois que ta mère est devenue Mme Billoux parce qu'elle avait un rhumatisme à la main droite, tu te trompes.

– Pourquoi?

– Parce qu'Eva n'a jamais eu de rhumatisme. Nulle part.

La réaction d'Isabelle ne déçoit pas Me Theix. Elle est complètement abasourdie et met au moins dix secondes avant de récupérer. Et encore, ce n'est pas la forme...

– Elle a simulé des douleurs pendant...

– Neuf mois, de septembre à mai.

– Elle a eu le courage de se détraquer la santé avec des médicaments pour rien?

– Pas pour rien. Pour maigrir.

– Elle ne souffrait pas?

– Du tout! Sinon d'une panique horrible à la pensée de se cloîtrer à la campagne et à celle, encore pire, d'avouer cette panique à Muguette.

– Comment ça lui est venu?

– En allumant sa bougie.

La réponse de Me Theix est valable au propre

comme au figuré : en 1972, Eva passe, comme les trois années précédentes, le mois de fermeture du Châtelet avec les dames Rondeaux à la Muguevaline. Tant qu'elle l'a envisagée comme un lieu de vacances, elle s'est fort bien accommodée de son inconfort. Jouer à « comme autrefois » rompt avec le quotidien, ça amuse... pendant trente jours... d'été, mais pendant trois cent soixante-cinq dont cent quatre-vingts d'automne et d'hiver et quatre-vingt-dix d'un printemps incertain... c'est une autre affaire.

Le soir, à la lueur du chandelier à trois branches qui éclaire sa chambre, l'imagination d'Eva galope, pour une fois dans le bon sens. Elle se voit là, pendant cinq ans, dix ans, vingt ans ou plus, tricotant et caquetant, entre Aline et Muguette qui finira bien par tomber malade, qui finira bien par mourir. Elle a beau éteindre ses trois bougies pour essayer dans le noir de repasser son vieux film – pas si vieux que ça! – d'une vie sereine et heureuse, les images de son nouveau film d'épouvante défilent inlassablement dans sa tête. Sous le coup de ses cauchemars éveillés, elle prend la décision de ne plus jamais remettre les pieds à la Muguevaline. Reste à l'annoncer aux dames Rondeaux, tout excitées, elles, à la pensée de leur installation prochaine et définitive. Eva n'en a pas le courage. A sa décharge, elle n'a pas non plus la lâcheté de fuir sans explication et sans laisser d'adresse. Alors, elle cherche un moyen d'évasion. Le tour de chant lui apparaît comme le meilleur : elle partira en tournée, elle rencontrera le succès, ou un homme... de toute façon, cela facilitera son éloignement, puis son départ. Mais avant, il lui faut inventer un prétexte pour abandonner le tricot et son aspect de tricoteuse. L'inspiration lui vient grâce à la concierge de la rue Toullier, immobilisée par une crise de rhumatismes, une vraie, elle, dans les genoux :

Eva aura des rhumatismes dans la main droite.

– Tu connais la suite, dit Me Theix, l'enchaîne-ment des circonstances et l'aboutissement de cette fausse douleur.

– Billoux à la foire au bétail de Bergerac!

Adrien sort de son dossier le programme de cette manifestation folklorique et le donne à Isabelle qui lit avec une tristesse étonnée :

« 20 heures : entrée de la fanfare.

« 20 h 15 : défilé du bétail.

« 21 heures : tour de chant d'Eva Devnarick.

« 21 h 30 : élection de la plus belle bête.

« 22 heures : remise du prix à la gagnante par Mme Devnarick, chanteuse, et M. Billoux, négociant en vins. »

« Au même moment, messieurs les jurés, une Eva de rêve agrippait le cœur d'un Prince Charmant sur le parvis de l'église Santa Maria Gloriosa dei Frari. Ce rapprochement peut prêter à rire, mais songez qu'entre les vaches de Bergerac et les pigeons de Venise il y a le désespoir d'une femme de quarante-sept ans qui n'a jamais aimé. »

Au procès, à cette phrase, Eva se mit à compter sur ses doigts... les années, sans doute!

13

Il est 6 heures. Kifétout vient de rentrer. Elle passe sa jolie tête brune par l'entrebâillement de la porte du cabinet de Me Theix et roule les billes noires de ses yeux à la manière de Joséphine Baker. Comme à chaque fois qu'elle est de bonne humeur, elle prend l'accent martiniquais :

– L'oiseau des îles à f'oid. Il est heu'eux de 'evenir dans son nid douillet.

– Toi, tu es contente de ta journée.

– Je suis t'ès contente de moi.

– Tu veux dire pourquoi ou non?

– Je veux.

Elle pousse la porte, mais reste discrètement sur le seuil pour s'expliquer. Elle garde son sourire, mais abandonne son accent :

– J'ai découvert quelque chose de formidable à cause de votre fameuse bougie.

– Quoi?

– Que le cœur, ça doit se programmer comme une machine à laver. Si on se trompe de programme, on est fichu. C'est ce qui m'est arrivé avec Jean-Pierre. Je l'avais mis sur cent degrés, grande passion. Ça me le rendait dans un de ces états... tandis que maintenant j'ai rectifié : je l'ai mis sur quarante degrés, charmante aventure, et je n'ai plus aucun problème. Etat impeccable! Je vous le dis! C'est une question de programmation. Faut pas traiter le synthétique comme de l'inusable!

– Jolie formule! dit Isabelle.

Gênée du compliment, Kifétout baisse la tête et prend la poignée de la porte, prête à s'en aller, puis au dernier moment se ravise :

– Qu'est-ce que je vous prépare pour le dîner?

– Du simple, du froid et du rapide, répond Me Theix. Nous n'avons pas encore terminé notre conversation.

– Je sais bien que c'est votre métier, mais qu'est-ce que vous pouvez être bavard!

– Je parle à Isabelle de sa mère.

Toute la gaieté disparaît du visage de Kifétout.

– Ah... pardon! dit-elle, en se tournant vers Isabelle.

– Il n'y a pas de mal.

– Vous savez, elle était très gentille, Mme Eva.

– Je commence à le croire.

Kifétout, incapable de soutenir un instant de plus le regard d'Isabelle, referme doucement la porte. Un ange passe entre Adrien et sa filleule. C'est elle qui lui coupe les ailes.

– Eva aussi s'est mal programmée avec Billoux?

– Comme avec les autres; mais avec lui, en plus, elle déclenche la machine à vide, avant même de le connaître.

– Je ne comprends pas.

– Quatre ou cinq mois avant Bergerac – en fait, je pense, dès qu'elle signe ses premiers contrats de chanteuse –, Eva s'invente un homme mystérieux qui lui téléphone, comme par hasard, chaque fois qu'elle se trouve seule rue Toullier. Il ne veut pas révéler son identité, ni son métier, ni comment il la connaît. Pourtant, il semble bien la connaître et se dit son ami invisible mais présent, d'une voix que ta mère ne craint pas de comparer à celle de Charles Boyer.

– Rocambolesque... à quarante-sept ans!

– Quarante-six au moment, mais quand même...

– Pendant qu'elle y était, elle aurait pu aussi s'envoyer des lettres enflammées.

– Elle se contente de quelques cartes postales anciennes, enguirlandées de roses, sur lesquelles elle écrit, en déformant son écriture, les premiers vers d'une chanson célèbre qui n'est sans doute pas parvenue à tes jeunes oreilles.

– Laquelle?

– « Un jour, tu verras.
    On se rencontrera
    Dans la rue n'importe où
    Guidés par le hasard... »

C'est Isabelle qui achève le refrain :
– « Nous nous regarderons
    Et nous nous sourirons
    Et la main dans la main
    Par les rues nous irons. »

– Ah! tu connais ça, toi?

– J'adore!

– Ta mère aussi adorait.

Encore un coup des chromosomes... Isabelle, cette fois, ne cache pas son attendrissement, mais, quand même, elle ne s'y attarde pas.

– Pourquoi Eva s'est-elle inventé cet amoureux fantôme?

– Pour pouvoir lui donner le corps, la tête et le nom de l'homme qu'elle finira bien par séduire un jour et qui l'arrachera définitivement aux griffes des dames Rondeaux.

– Et ce fut Billoux?

– Le premier qui s'est présenté, dont la conquête rapide lui ait paru possible; et pourtant je te jure que Billoux, comme homme mystérieux, ce n'était pas le rêve!

Me Theix produit immédiatement les preuves de ce qu'il vient d'avancer: des photos d'Etienne le jour de son mariage avec Eva. A la mairie, en complet noir étriqué – celui qu'il s'était acheté six ans plus tôt pour l'enterrement de sa précédente femme –, avec le nœud papillon rayé gris et vert, emprunté à Maurice, son fils aîné, et la chemise blanche aux manches trop courtes, empruntée à Lucien, son fils cadet. Il est épais de partout, des jambes, du buste, des mains... et du visage, remarquable par ses deux lignes de poils broussailleux, l'une à peine interrompue en son milieu surplombant deux yeux vifs de renard; l'autre plus courte et plus touffue, surplombant une lippe gourmande.

Voici maintenant, sous les yeux d'Isabelle, Etienne pendant le repas de noces: la trogne illuminée, les coudes sur la table, son couvert dans les mains , sans veston, le col de sa chemise ouvert sur un maillot de corps ajouré. Etienne enfin à la fin de cette belle journée d'été, le teint de plus en plus coloré, la mèche en bataille (il n'en avait qu'une seule sur le sommet du crâne), montant sur un tonneau pour chanter *Le père Dupanloup est un cochon* ou *Pour apprendre à jouer de l'épinette*, Me Theix ne sait le préciser, mais en tout cas une de ces chansons qui rappellent opportunément aux étrangers que les Français restent, sinon le peuple le plus spirituel du monde, du moins le plus doué pour la bagatelle.

— Et c'est à ce rustaud, dit Isabelle, qu'Eva a prêté la panoplie de l'homme mystérieux : les messages sibyllins au téléphone, les cartes fleuries et les vers romantiques!

— Elle était pressée par le temps. Trois raisons la poussaient à réorganiser sa vie au plus vite. La première : l'heure de la retraite approchait. La deuxième : Nina était à sa charge depuis la mort de son compagnon à Noël. La troisième : toi.

— Moi?

— Tu avais fait, tu dois t'en souvenir, deux fugues dans l'année...

— Totalement improvisées. Sur des coups de ras-le-bol.

— Oui, mais tout me laissait à penser – entre autres, ta sociabilité soudaine dont ta grand-mère se félicitait – que tu en préparais minutieusement une troisième qui serait peut-être la bonne.

— Fin psychologue, mon parrain...

— Fin, mais bavard! J'ai confié mes impressions à ta mère qui s'est immédiatement mis dans la tête qu'elle allait pouvoir enfin te récupérer. Mais, bien sûr, pas à La Muguevaline que tu détesterais autant qu'elle; pas rue de Steinkerque où tu étoufferais; dans un endroit susceptible de te plaire et que pourrait lui procurer le fruit de son travail ou, au pis aller, le futur homme de sa vie.

— Ce n'était pas si mal raisonné. J'ai cherché longtemps avec Nadine un point de chute pour moi où on ne viendrait pas me dénicher. Peut-être que, si elle m'avait tendu une perche à ce moment-là, je l'aurais attrapée.

– Tu crois vraiment?

– A vrai dire, je n'en sais rien. Mais c'est possible. Pour ne plus voir Fontenailles et ses habitants, je serais allée n'importe où.

– Tu l'as prouvé!

– Alors pourquoi pas chez Eva?

Me Theix attrape ses cheveux drus à pleines mains comme s'il voulait se les arracher et exhale des soupirs de locomotive essoufflée.

– Qu'est-ce qu'il y a? demande Isabelle.

Adrien se redresse et agresse Isabelle du regard et de la voix:

– Il y a... il y a que ta mère rencontre Etienne Billoux le 17 mai 1973, que le lendemain elle visite sa propriété, ses hectares de vignes, ses caves, son entrepôt, ses bureaux, son parc, sa maison vaste et cossue ainsi que le pavillon de gardien libéré depuis peu par ses occupants. Il y a que ta mère, voyant là la solution de tous ses problèmes, mène une offensive de charme sur Etienne, sur ses fils, sur ses brus, ses petits-enfants, sa vieille bonne et ses chiens avec une telle ardeur et une telle habileté que, le 25 juin – le lendemain de la fête de la Saint-Jean –, les bans du mariage sont publiés! Le 26, elle me téléphone d'une part pour m'inviter à sa noce le 12 juillet, d'autre part pour me demander de t'annoncer la nouvelle et te dire qu'une place t'est d'ores et déjà réservée au foyer des Billoux – son foyer. Le 27 juin, j'écris à Nadine – chez sa mère pour que ma lettre ne risque pas d'être interceptée – et lui transmets le message d'Eva en insistant sur l'immense espoir qu'il représente pour elle. Le 30 juin, j'apprends par sa réponse que tu es partie depuis trois jours pour une destination provisoirement inconnue, mais qu'il n'y a pas lieu de s'inquiéter.

– C'est vrai, je suis partie le 27 juin.

– Le jour où j'ai écrit ma lettre! Tu m'avoueras que c'est rageant! A quarante-huit heures près, tu l'aurais lue et peut-être que...

– Non! Ne regrette rien, à cette date-là, c'était trop tard : mon cofugueur m'attendait déjà en Ecosse et je n'aurais pas reculé, c'est sûr.

– J'aime mieux te croire : ç'aurait été trop bête!

– Elle a été déçue, Eva?

– Pas vraiment! L'idée que tu échappais aux la Guérinière lui plaisait plutôt. Elle pensait que ton départ était un premier pas vers elle. Au déjeuner de son mariage, elle a même levé son verre à ton bonheur.

– Elle savait à ce moment-là que j'avais moi aussi convolé?

– Oui, et même dans quels termes tu l'avais appris à ton père par télégramme en sortant de la mairie d'Aberdeen.

– On avait passé au moins deux heures à le mettre au point!

– Vous n'étiez pas doués : trente minutes par mot. Il y en avait quatre : « Mariée. Libre. Heureuse. Adieu. »

– Je ne pouvais pas en dire plus : j'étais fauchée. La superdèche!

Isabelle exagère... comme sa mère. Mais elle le reconnaît aussitôt... pas comme sa mère! Aussitôt après son mariage, elle a trouvé à s'employer dans un château de la région, comme demoiselle de compagnie auprès d'une vieille lady, un peu acariâtre, certes, mais somnolente les trois quarts du temps – ce qui allégeait considérablement sa tâche, rémunérée de façon fort convenable. Quand elle écrivait à Adrien, elle noircissait à plaisir sa situation, espérant qu'il transmettrait ses lettres aux la Guérinière et que ceux-ci auraient mauvaise conscience. Espoir déçu car les gens de Fontenailles, après sa fuite et son mariage scandaleux, se désintéressèrent de son cas.

– Combien de temps finalement es-tu restée en Ecosse?

– Deux ans et deux mois. C'est simple, jusqu'à ce que Nadine me déniche la place d'assistante pour aveugles à Auxerre. Tu ne te rappelles pas? J'ai débarqué chez toi le 1er septembre 1975. Tu venais de rouvrir ton cabinet. J'ai été ta première cliente. Je t'ai demandé d'entamer une procédure de divorce... pour non-consommation du mariage. Tu avais l'air ahuri.

– Oui, maintenant je m'en souviens. Je revenais de chez ta mère – plus exactement de chez les Billoux. J'y avais passé mon dernier week-end de vacances.

– C'est ça! Et, une fois de plus, tu as voulu me parler d'Eva!

– Et, une fois de plus, tu m'en as empêché.

– Ah! Tu ne vas pas encore embrayer sur les regrets! Maintenant que tu peux me parler d'elle, profites-en.

Me Theix effectivement en profite. Il revient sur le jour du mariage d'Eva. Il croit bien que, ce jour-là, elle est vraiment heureuse : heureuse d'être la femme d'un homme important dans la région, d'un conseiller municipal qui tutoie le maire et qui reçoit chez lui le député de la circonscription; heureuse de vivre dans cette belle demeure rassurante, solidement implantée parmi des arbres séculaires et où le charme du passé s'allie avec bonheur au confort le plus moderne; heureuse d'avoir obtenu que Nina vienne habiter près d'elle... enfin, à côté, dans le pavillon des gardiens – pour qu'elle soit plus tranquille, bien entendu; heureuse d'être débarrassée de tout souci matériel pour le restant de ses jours, car les fils d'Etienne l'ont adoptée et, quoi qu'il arrive à leur père, ne la renverront pas.

Nina non plus. Bref, heureuse de connaître enfin la sécurité...

Dommage qu'il y ait Billoux! Sans son mari, Eva serait une épouse comblée! Mais il est là! Et pas qu'un peu! Il a la soixantaine pétulante! Exactement « soixante-cinq ans aux noix », comme il le dit finement à Adrien, ajoutant sur sa lancée : « le 22 septembre, putain, le dernier jour de la Vierge... » et en lui rappelant, geste à l'appui, que dans sexagénaire il y a le mot sexe! Le tout enrobé dans un accent périgourdin qui n'allège pas son propos...

Adrien en frémit pour Eva, puis se rassure un moment avec la pensée que ceux qui parlent abondamment d'un culte n'en sont pas forcément les plus fervents pratiquants... Hélas! Ce n'est pas le cas d'Etienne : il « en » cause, mais il pratique aussi. Adrien ne peut en douter quand Billoux lui révèle que cette ardeur exigeante – dont il s'enorgueillit encore davantage depuis qu'Eva lui a appris fort adroitement qu'il la partageait avec Victor Hugo – est à l'origine de son remariage. La Parisienne – c'est ainsi qu'il appelle Eva – l'a émoustillé et, du coup, a dévalué toutes ses aventures champêtres ou provinciales qui, de surcroît, l'obligeaient à des déplacements fatigants et lui coûtaient fort cher. Tout compte fait – et, dans sa bouche, cette expression prend son sens plein –, une femme à domicile sera plus économique. Plus pratique aussi, puisqu'il l'aura sous la main et que, l'âge venant, elle pourra avantageusement remplacer une infirmière. Ses fils consultés à ce sujet – comme sur tout – en sont convenus d'autant plus facilement que, depuis un certain temps, leur père fréquentait une certaine Bri-Bri de vingt-trois ans qui risquait d'être beaucoup plus dangereuse qu'Eva.

Le hasard des conversations veut qu'après avoir entendu Billoux lui exposer gaillardement et froidement les raisons de son « nouvel attelage » Adrien entend Muguette s'extasier sur « cette union si romantique ». Romantique... Mais oui! Eva, inspirée par la couleur locale, a réussi à la convaincre que, sous la carapace un peu rustre de Billoux, bat le cœur tendre de Cyrano... Pour Muguette, tout justifie cette identification, pour le moins abusive, avec le héros de Rostand : les complexes physiques d'Etienne (qui en est positivement dépourvu), sa générosité, sa faconde, sa fougue, et surtout, surtout le fait – qui doit rester rigoureusement secret – le fait qu'il ait attendu la publication des bans de leur mariage pour avouer à Eva qu'il est bien son soupirant anonyme, celui du téléphone, des cartes postales, de la chanson. Cette pudeur exquise, n'est-ce pas du Cyrano tout craché?

Et d'avoir inventé ce secret qui interdit à ses détenteurs privilégiés – Muguette, Aline et Adrien – d'en parler à l'intéressé, n'est-ce pas de l'Eva tout craché?

– Et voilà comment, conclut Me Theix, ce lourdaud d'Etienne devint, à son insu, Cyrano Billoux de Bergerac et comment les dames Rondeaux, victimes désolées du mariage d'Eva, finirent par le juger avec une bienveillante indulgence à laquelle s'ajoutait, pour Aline, une rongeante envie.

– Elles ont continué à se fréquenter après?

– Très peu. Muguette et Aline ne disposaient que de vélomoteurs, et leur maison – redevenue La Muguetterie – était quand même à une bonne centaine de kilomètres de celle de Billoux.

– Mais Eva avait la voiture de son mari.

– Non! Quand il la laissait au garage, il en emportait les clés et les papiers. Ses deux fils agissaient comme lui, afin d'être sûrs que leurs chères épouses ne s'éloignent pas de leur foyer en leur absence.

– Un véritable sérail!

– Un peu... L'eunuque de service était un vieux jardinier, tout dévoué à Etienne, qui le tenait scrupuleusement au courant des allées et venues de ces dames.

– Charmant!

– Surtout pour ta mère! Les deux brus, encore, avaient leurs enfants – trois chacune –, ça les occupait, et puis le tennis qu'elles pratiquaient assidûment ensemble. Elles s'entendaient d'ailleurs très bien.

– Et avec Eva?

– Ni bien ni mal. Elles s'arrangeaient pour la voir le moins possible, ce qui était très facile étant donné les dimensions de la maison.

– Sans moutard, sans sport, sans activité ménagère, sans voiture, qu'est-ce qu'elle pouvait bien faire, Eva?

– Pour reprendre une de ses formules, « elle regardait délicieusement couler le temps goutte à goutte ».

– Autrement dit, elle s'emmerdait!

– A périr! Elle passait ses journées dans le pavillon des gardiens avec Nina qui s'ennuyait autant qu'elle. Elles se sont remises à tricoter...

– En somme, Eva vivait exactement comme elle aurait vécu à La Muguetterie, l'inconfort en moins.

– Mais Billoux en plus... du moins la première année.

– Il est mort, après?

– Non, mais il est devenu plus rare. Il a eu de nouveau, comme avant son mariage, des week-ends d'affaires, des réunions inopinées de conseil municipal, des dossiers à étudier à son bureau de Bergerac, fort tard dans la nuit.

– Mazette! Eva ne lui suffisait plus?

– Ses ardeurs, qu'elle avait stimulées un temps, s'étaient soudainement rendormies dans le conjungo. Inquiet, il avait cherché à les réveiller dans l'adultère et y était finalement parvenu avec son ancienne, mais toujours jeune, favorite : Bri-Bri.

– Eva devait en être plutôt contente ?

– Dans un sens, oui, sûrement. Dans l'autre, non.

Isabelle attend des explications. Elles lui parviennent par l'intermédiaire de plusieurs lettres sorties du classeur par Adrien. La première, très courte, est d'Eva. Datée du 12 juillet 1974, jour du premier anniversaire de son mariage, elle a été écrite à Nice.

« Mon cher et vieil Adrien,

» Nous venons de fêter avec Etienne, dans sa délicieuse maison de Nice, notre première année de bonheur. Les gens heureux n'ayant pas d'histoire, je n'ai rien de spécial à te raconter et t'écris ces quelques lignes uniquement pour te prouver que même dans un site et sous un ciel qui incitent à l'oubli, et baignant dans une béatitude qui incite à l'égoïsme, je pense à toi avec tendresse et fidélité. Eva. »

La deuxième lettre a été écrite par Nina, dans son pavillon de gardien, le 24 août 1974 :

« Mon bon Adrien.

» J'ai été très heureuse de recevoir votre carte de Copenhague, mais bien navrée d'apprendre que nous ne vous verrions pas cette année à Bergerac. J'aurais tant aimé vous parler d'Eva, et surtout que vous lui parliez. Moi, elle ne m'écoute pas. Elle refuse de croire à la gravité des fredaines de son mari. Elle est persuadée qu'il l'aime profondément et que j'ai tort de m'alarmer pour une petite crise passagère due au démon de midi. Elle ne se rend pas compte qu'à près de soixante-dix ans il s'agit plutôt de démon de minuit et que c'est beaucoup plus sérieux. D'autant que " l'autre ", avec ses vingt-quatre ans et son cynisme, est un véritable danger public. Elle gagne du terrain tous les jours : pensez

248

qu'Etienne est parti, début juillet, pour passer, comme l'année dernière, un mois dans sa maison de Nice avec Eva et qu'il l'a renvoyée au bout de dix jours, soi-disant qu'il souffrait de dépression et avait besoin d'être seul. Inutile de vous dire qu'il ne l'est pas resté longtemps... sa poule (pardonnez-moi ce mot, mais il n'y en a pas d'autre) est allée le rejoindre. Tout Bergerac l'a su mais, bien entendu, Eva a soutenu que c'était faux et qu'Etienne était vraiment déprimé. En plus, les fils Billoux, qui détestent la dénommée Bri-Bri, en veulent à Eva de n'avoir pas réussi à en débarrasser définitivement leur père et eux par la même occasion. Ils l'accusent de ne pas avoir fait tout ce qu'il fallait pour garder son mari. C'est une honte! Ce n'est pas la faute de ma pauvre fille si leur père est un obsédé qui se laisse mener par où vous savez. Tout ce qu'on pourrait lui reprocher, c'est d'être trop gentille et de vouloir toujours arranger les choses, même maintenant qu'elles empirent. Alors, forcément, ce vieux grigou d'Etienne en profite. Depuis qu'il est rentré de Nice, il ne prend même pas la peine de se cacher : on " les " a vus dîner ensemble plusieurs fois au Cyrano, le grand restaurant de Bergerac, et souvent " elle " le raccompagne très tard, jusque devant la grille du parc, à côté de là où je loge, dans la voiture qu'il vient de lui offrir! Moi je vous le dis, ça finira mal.

» Je vous serais vraiment très reconnaissante si vous pouviez écrire à Eva pour lui conseiller de se méfier davantage.

» Pardonnez-moi de vous avoir importuné, mais j'ai grand-peur pour Eva et il n'y a que vous qui puissiez la défendre... contre elle-même. Bien affectueusement. Nina.

» *P.-S.* Hier, jour de l'anniversaire d'Eva, personne ici, à part moi, ne le lui a souhaité. Heureusement, il y a eu votre télégramme et une carte postale des dames Rondeaux. Ces deux-là, j'en arrive par moments à les regretter... c'est vous dire! »

— A la suite de cette lettre, demande Isabelle, tu as écrit à Eva?

— Evidemment! Voici sa réponse. Elle a un peu tardé à venir. Elle est du 20 septembre :

« Cher rabat-joie,

» Tu ne changeras donc jamais! Tu es plus méfiant qu'un chat! Tu l'as toujours été. Ton métier et les années n'ont rien arrangé! Mais je ne t'écris pas, tu le penses bien, pour t'adresser des reproches; simplement pour te rassurer et t'enlever les sottes idées que ma mère t'a mises dans la tête.

» Il est vrai que mon ménage traverse, actuellement, une passe un peu délicate, mais quel ménage n'en traverse pas? Etienne est d'ailleurs le premier, je dirai même le seul à en souffrir. C'est à moi de l'aider à surmonter cette épreuve, car c'en est une pour un homme – surtout de sa trempe – d'être atteint subitement d'une certaine forme d'impuissance. Sa détresse était telle que j'ai craint le pire. A seule fin de l'éviter, je l'ai moi-même orienté vers certains palliatifs. Dieu soit loué, il s'en est trouvé un d'efficace en la personne d'une jeune femme très sympathique – contrairement à ce qu'on a pu te raconter. J'ai dû combattre à la fois les scrupules d'Etienne qui méprisait sa conduite, ceux de ses fils qui la considéraient avec encore plus de sévérité et la peur commune qu'ils avaient de me perdre. Par bonheur, j'ai pu convaincre mon mari que l'important pour moi était de le voir heureux et de conserver son amour. De ce côté-là, je suis comblée, car la compréhension, pourtant bien normale, que je lui témoigne me l'attache chaque jour davantage. Maurice et Lucien le constatent, comme moi, et sont les premiers maintenant à louer mon attitude.

» J'espère que tu voudras bien les imiter et admettre que ta vieille amie n'est pas aussi folle que sa mère le suppose.

» A ce propos, j'ai recommandé à Nina de ne plus t'ennuyer avec mes " grands " problèmes, qui ne sont, en fait, que de minuscules aspérités dans le tissu bien lisse de ma vie : sa santé est satisfaisante, en dépit des soucis qu'elle se crée pour un rien; l'aventure d'Isabelle en Ecosse me laisse bien augurer de son avenir... et peut-être du nôtre; les vendanges commencent demain; la récolte s'annonce abondante; la bonne humeur règne dans la maison; mon entente avec Etienne est plus solide que jamais...

» Et, en plus, j'ai ton amitié, comme tu as la mienne, lointaine, mais présente, tu le sais.

» Je t'embrasse du fin fond de mon cœur. Eva. »

Sans aucun commentaire, Me Theix échange cette lettre contre une autre de Nina, celle-ci envoyée presque un an plus tard, le 3 août 1975 :

« Mon cher Adrien,

» Je vous écris en cachette d'Eva pour vous demander de venir au plus vite à Bergerac. La situation, qui était restée stationnaire depuis ma lettre d'août dernier, s'est récemment aggravée.

» D'abord Etienne a décrété qu'il n'irait pas, comme les années précédentes, à Nice, mais en revanche m'y a expédiée avec Eva sous prétexte de travaux à effectuer dans mon logement. En vérité, il a profité de notre absence pour y installer sa maîtresse! Oui, mon pauvre Adrien, quand nous sommes rentrées du Midi, cette satanée fille était là, à ma place! Mes affaires avaient été déménagées dans une chambre de la maison, mansardée, à l'étage des domestiques! Pas gêné le moins du monde, Etienne nous a averties que c'était à prendre ou à laisser, sans nous dissimuler d'ailleurs qu'il préférerait qu'on laisse.

» Sur le coup, j'ai cru m'évanouir mais, après, j'ai pensé que cet affront était finalement une aubaine, qu'Eva allait pouvoir divorcer aux torts de son mari en invoquant son concubinage notoire sous le toit conjugal. Mais je me suis réjouie trop vite... Eva ne veut pas divorcer! Elle traite Etienne en malade, le plaint, lui cède tout et estime qu'elle n'a pas le droit d'abandonner un homme en perdition! C'est affreux! Je crois vraiment que c'est elle qui est dérangée...

» Il est grand temps que vous veniez la remettre à la raison. Je suis désolée de troubler vos vacances avec ces tristes nouvelles, mais je suis en plein désarroi et je n'ai plus d'espoir qu'en vous.

» Je vous attends avec impatience.

» Bien à vous. Nina.

» *P.-S.* Ne répondez pas et ne parlez pas de cette lettre à Eva quand vous la verrez. »

— Cet appel au secours, dit Me Theix, m'a suivi dans différents lieux de vacances et m'est parvenu finalement chez mes parents en Bretagne vers le 20 août. Immédiatement j'ai écrit à Eva pour lui dire que je devais me rendre dans le Périgord pour affaires à la fin du mois et que j'en profiterais pour passer à Bergerac. Par retour du courrier, elle m'a répondu ceci :

« Mon petit Adrien,

» Juste quelques lignes pour te demander de nous fixer au plus vite sur la date de ton arrivée afin que nous puissions te réserver une chambre dans un hôtel des environs, toutes celles de la maison étant occupées. En effet, nos petits-enfants ont grandi et ont exigé d'avoir chacun la sienne. Par ailleurs, à notre retour de Nice, Maman, qui a souvent des vertiges, a préféré habiter avec nous, et, plutôt que de laisser vide le pavillon de gardien, nous l'avons prêté momentanément à cette jeune amie d'Etienne dont je crois t'avoir déjà parlé et qui se montre une voisine très agréable, très discrète.

» Nous espérons que tu nous pardonneras de ne pouvoir mieux t'accueillir et, en attendant le plaisir de te revoir, nous te serrons très chaleureusement les mains. Eva. »

Me Theix replie cette dernière lettre et la joint aux trois autres avec un trombone. Isabelle se lève en maugréant :

– Nous, nous, nous, nous...

– Qu'est-ce que tu racontes?

– Tu n'as pas remarqué qu'Eva écrit « nous » à tout bout de champ, au lieu de « je ».

– Si, bien sûr! Mais c'est normal, dans les couples unis on parle au pluriel, et Eva voulait imposer aux autres l'image d'un couple uni.

– Quand elle t'a eu en face d'elle, ça a dû être moins facile que par lettre?

– Aucun problème pour Eva : dans sa tête, Etienne était un pauvre homme qui souffrait de son état et de ses conséquences, Bri-Bri, une fille ado-rable qui le soignait avec compétence. La locomo-tive de son imagination bien posée sur ses rails entraînait ses actes, ses paroles, tout le reste... et entre autres son refus de divorcer.

– Encore la logique dans l'absurde!

– Pourtant, Nina avait raison : Eva était en posi-tion de force et je lui aurais obtenu sans difficulté une pension alimentaire susceptible, crois-moi, de la faire vivre n'importe où plus agréablement que dans son trou.

– Argument dont tu t'es servi, je suppose, au cours de ta visite...

– Oui... et qu'elle m'a amèrement reproché. J'au-rais dû m'en douter. Ta mère n'était pas intéressée. Elle a toujours préféré à l'argent une certaine idée d'elle-même, enfin... l'idée qu'elle se fabriquait d'elle, pour une durée plus ou moins longue.

– Tu devrais noter ça pour ta plaidoirie.

– Je ne risque pas d'oublier, sois tranquille. Ça lui a coûté assez cher avec Billoux. Pas seulement sur le plan pécuniaire. Moralement aussi.

– Ça, j'avoue que ça ne devait pas être très euphorique de subir tous les jours les goujateries d'Etienne, les insolences de Bri-Bri et l'hostilité du clan des fils.

– Et celle de Nina qui rendait sa fille responsable de tous les maux qui l'accablaient.

– En plus? Eh bien... Vraiment elle payait un prix prohibitif le plaisir de se valoriser en étant une femme de devoir.

– Heureusement, ça n'a pas duré trop longtemps.

– Pas possible! Eva s'est rebiffée?

– Mais non! Billoux a eu une congestion cérébrale, environ un mois après mon passage à Bergerac, à l'issue d'un festin trop copieusement arrosé qu'il donnait pour le dernier jour des vendanges. Il est resté hémiplégique et n'a pratiquement plus jamais parlé.

– Toujours ça de gagné!

Me Theix s'amuse de la réaction d'Isabelle, identique à la sienne quand, à la fin de septembre, Eva lui apprend, par téléphone, « le coup qui la terrasse ». Elle s'en formalise et, pour ne pas avoir de nouveau à supporter son impertinence, ne l'informe plus de la santé de son précieux époux. Nina s'en charge. Semaine après semaine, elle le fait participer à sa satisfaction, quand l'état du malade s'aggrave; à son découragement, quand il s'améliore; à son impatience, quand il stagne. A chacun de ses appels, elle réserve aussi une place à Eva. Pas la meilleure! Sa fille la désespère : ne voilà-t-il pas qu'au lendemain de la congestion de leur père, les fils Billoux ayant signifié son congé à Bri-Bri, Eva est accourue pour la remercier des services rendus par elle à son mari! Ne voilà-t-il pas encore qu'elle soigne celui-ci avec un dévouement incroyable!... C'est bien simple, « absolument comme si elle l'aimait », dit Nina au comble de la désolation. Moitié « Sœur Sourire », moitié « Femme Courage », Eva prodigue à Etienne mille soins plus ou moins plaisants et demeure attentive au moindre de ses progrès, à la moindre de ses régressions. Mieux! elle refuse qu'on l'aide, jalouse de ses prérogatives d'épouse : il lui appartient, à elle et à personne d'autre, de veiller sur lui. « Je ne peux pas vous dire mieux, répète Nina au bout du fil, absolument comme si elle l'aimait... » Et elle ajoute : « Ce cochon! » ou bien : « Ce saligaud! »

Enfin Nina, le 1er janvier 1975, annonce à Adrien qu'Etienne vient de succomber à la suite d'une seconde attaque. Sa voix est si peu endeuillée qu'il juge plus opportun de lui présenter ses vœux que ses condoléances. La seule chose qui afflige Nina ce jour-là, c'est encore le comportement de sa fille. Celle-ci croit bon de manifester le chagrin le plus vif... « Absolument comme si elle l'aimait. » Cette fois, compte tenu des circonstances, Nina ajoute seulement : « Ce triste sire! »

Eva ne trouve le courage d'appeler directement Adrien qu'après la lecture, chez le notaire, du testament d'Etienne. Il faut dire que les fils Billoux l'ont bien stimulée, en lui demandant d'une part de leur préciser la date de son départ, d'autre part de leur signer un petit papier comme quoi elle renonce, moyennant un dédommagement qui reste à discuter, à la maison de Nice que, dans un moment d'aberration, leur père lui a léguée. Elle n'attend d'Adrien qu'une évaluation approximative de la somme qu'il est décent de requérir auprès des enfants de son mari.

Adrien, qui sait de quelles extravagances Eva est capable quand elle agit « comme si », lui parle avec la suavité qu'on emploie pour dissuader les déséquilibrés, perchés sur un toit, de se jeter dans le vide. Il partage totalement son point de vue; il va se renseigner auprès de gens plus compétents que lui sur la valeur de la maison, afin d'être sûr de ne pas spolier les fils Billoux qui ont toujours été si corrects avec elle! Demain matin il lui rendra la réponse.

Le soir même, vers 20 heures, Adrien s'embarque au volant de sa voiture pour Bergerac, après avoir mené dans les principales agences immobilières de Nice une enquête dont les résultats le réjouissent fort.

Le lendemain matin, très tôt, il pénètre dans le bureau des fils Billoux, quelques minutes après eux.

D'abord il leur explique qu'Eva l'a chargé de ses intérêts pour ne pas avoir à parler d'argent avec des personnes de sa famille – ce qui est toujours gênant, n'est-ce pas? Là, les deux grands lâches, après un échange de regards affolés, approuvent.

Ensuite Adrien leur apprend que la sensible Eva n'a plus le cœur d'abandonner la maison de Nice – sa maison – où elle a vécu le meilleur de sa vie conjugale. Là, les deux hypocrites commencent à se sentir à l'étroit dans leurs gros sabots mais le cachent de leur mieux : eux aussi tiennent à cette maison pour des raisons sentimentales. Elle nécessite des travaux qu'Eva ne serait pas en mesure d'entreprendre. Bien entendu, ils l'y accueilleront toutes les fois qu'elle le désirera. Elle y sera comme chez elle. Adrien les remercie de leur gentillesse. Ils protestent que c'est tout naturel. Adrien les assure du contraire. Mais si, mais si! Mais non, mais non! C'est à celui des trois qui sera le plus aimable. Adrien passe un moment délectable à lire dans les yeux rusés de ses interlocuteurs quelque chose comme : « Quel con, cet avocat parisien ! » Puis, ayant épuisé cette joie, tout doucettement il pose son pavé dans leur mare :

— Pourquoi, leur dit-il, voulez-vous qu'Eva soit comme chez elle, puisqu'elle est effectivement chez elle ?

Là, soudainement, le vernis des Billoux craque et aux mots enrobés de miel succèdent des chiffres enrobés de fiel. A chaque nouvelle somme avancée par eux, Adrien oppose un refus souriant. Il les laisse suer leurs millions à grosses gouttes, un par un ; à leur dernière surenchère – irrémédiablement la dernière –, il leur lâche le prix assez considérable que, lui, il exige. Là, les deux lascars éclatent de rire comme à une bonne plaisanterie. Adrien joue les innocents : Qu'y a-t-il de si drôle ? N'est-ce pas exactement la somme qu'un promoteur niçois leur a offerte quinze jours plus tôt pour construire sur l'emplacement de la maison un immeuble de rapport ? Là, les deux joyeux drilles ne rient plus. Ils comptent. Et comme ils comptent beaucoup plus vite qu'ils ne pensent, ils estiment leur perte bien avant de prendre leur décision. Ils ne l'ont pas encore prise quand retentissent successivement la demie de 9 heures au carillon de leur bureau et la sonnerie du téléphone. Maurice décroche et, dès que sa secrétaire lui a décliné le nom de son interlocuteur, il demande que la communication lui soit transmise dans un autre bureau. Il quitte le sien, suivi de son frère, sans un mot pour Adrien qui ne remarque même pas cette impolitesse : il est bien trop absorbé à boire le petit-lait des grandes farces. En effet, il sait que les fils Billoux sont en train d'apprendre de la bouche même du promoteur niçois que leur maison – celle d'Eva – est frappée d'alignement et que, dans ces conditions, bien sûr, il renonce à l'affaire. Il sait aussi – et pour cause! – que le promoteur niçois n'est autre en réalité que son fidèle collaborateur Courtin, qui prend très facilement l'accent méridional.

Quelques instants plus tard, les deux larrons, transformés en bons apôtres, rejoignent Adrien. Ils ont réfléchi : après tout, ils s'inclinent devant la volonté de leur père. Eva peut garder la maison de Nice. En échange, ils ne lui demandent que de quitter celle de Bergerac avec sa mère avant qu'eux-mêmes y retournent pour le dîner. Adrien leur promet d'y veiller personnellement et leur garantit en prenant congé qu'il conservera d'eux le meilleur souvenir...

Isabelle a suivi cette histoire comme un western : les affreux Billoux contre Adrien, le justicier, qui vole au secours de l'innocente Eva. Le bon triomphe, galope vers l'héroïne pour lui annoncer sa victoire, et là... Là, toute ressemblance avec des personnages de fiction s'arrête : l'héroïne ne saute pas au cou du héros, éperdue de reconnaissance; elle est branchée sur un autre film; elle joue encore la comédie de la veuve éplorée. Isabelle se sent frustrée de son *happy end*.

– J'espère que tu l'as secouée, dit-elle.

– Non. On ne réveille pas les somnambules. Je suis entré dans son jeu. Je n'ai pas lésiné sur le pastel : elle avait eu un mari merveilleux qui lui prouvait son amour, au delà de la mort, en lui léguant cette maison à laquelle il tenait tant... Un mari prévoyant qui, de sa tombe, voulait encore la protéger... Elle se devait de respecter sa volonté... La même que celle de ses chers fils... Elle ne pouvait décemment pas les contrarier... Ils avaient tant de peine, tant de peine...

– Tant de peine qu'ils la flanquaient à la porte!

– Voyons! C'était normal : sa présence rappelait trop cruellement à ces deux hypersensibles l'ombre

258

chérie du défunt et ils ne pouvaient plus la supporter.

— Tu as eu le culot de dire ça à Eva?

— Bien m'en a pris! Elle n'attendait que ça pour quitter son enfer avec son auréole de sainte épouse.

— Il fallait vraiment qu'elle ait envie de te croire, parce que, quand même, ton mensonge était énorme.

— Une bagatelle comparée à celui qu'elle me fit dans la voiture en revenant à Paris.

— Eh bien... ça promet!

— Elle m'a confié, rose de confusion, qu'elle avait intercepté une lettre qui m'était destinée, écrite par Etienne peu avant sa congestion. Une lettre prémonitoire, si belle qu'elle n'avait pas eu le courage de s'en séparer.

— Ah! Voilà Cyrano qui repointe le bout de son nez.

— Tu veux la voir?

— Qui?

— La lettre de Billoux.

— Elle existe?

— Mais oui! Eva s'était donné la peine de la rédiger et elle me la montra le soir même.

— Elle avait imité l'écriture de Billoux?

— Elle aurait pu, je ne la connaissais pas, mais elle s'était méfiée de ma vilaine curiosité et l'avait entièrement tapée à la machine... à l'exception des deux initiales tremblantes pour la signature.

— Un peu gros, comme ficelle!

Me Theix a le geste auguste de l'avocat qui a de quoi museler la partie adverse autrement qu'avec des mots et sort de son classeur la pièce à conviction : la pseudo-lettre d'Etienne sur papier à en-tête des « Vins Billoux, Père et Fils », datée du 28 septembre 1974 et probablement écrite par Eva pendant qu'elle veillait son moribond.

Adrien cède son précieux document à Isabelle puis, avant qu'elle en commence la lecture, s'installe confortablement dans son fauteuil, ferme les yeux, sourit béatement comme un mélomane qui goûte par avance le plaisir que va lui procurer une partition. Isabelle, en exécutante consciencieuse, démarre à son signal :

– « Mon cher maître et ami,
» Tout d'abord, il faut que je m'excuse... »
Adrien interrompt Isabelle.

– Une seconde! Tu as remarqué?
– Quoi?
– Le « je m'excuse ».
– Et alors?
– Ce n'est pas correct.
– Tout le monde le dit.
– Pas ta mère! Elle parlait et surtout elle écrivait un très bon français, sans fautes de syntaxe ni d'orthographe.

– Et il y en a dans la lettre?
– Une ou deux. Juste assez pour être crédible sous la plume de Billoux.

– Tu me les signaleras, parce que moi...
– D'accord, continue.

– « Je m'excuse de vous écrire à la machine, mais j'ai une crise de goutte dans le pouce qui m'empêche de tenir un stylo. Je ne l'ai pas dit à Eva pour ne pas l'inquiéter.

» C'est d'elle que je veux vous entretenir. En dépit des apparences, dont je souffre plus que j'en ai l'air, je l'aime énormément. C'est une femme de cœur, mais aussi une femme de tête. Elle a un bon sens, un flaire... »

– Avec un *e*.
– Ben oui, avec un *e*.
– Il n'en faut pas.
– Ah bon! Je reprends : « Elle a un bon sens, un flaire et un dynamisme qui feraient merveille dans

les affaires. Je me suis félicité à plusieurs reprises d'avoir suivi ses conseils et j'aurais bien voulu qu'elle travaille avec nous à l'entreprise. Mais mes fils n'ont pas été d'accord... à cause de leurs épouses, qui auraient été jalouses. Elles ne sont pas commodes. Eux non plus. Je me suis reproché de ne pas avoir assez insisté. Il y a seulement dix ans, je les aurais obligés à céder, mais avec l'âge on devient moins combatif. Ce n'est pas vraiment ma faute, mais j'en ai quand même du remord. »

– Sans *s*.

– Oui, ça, je sais!

– Excuse-moi!

– Pas d'offense! Je poursuis : « Ça me tourmente tellement qu'il y a des moments où je souhaiterais disparaître pour qu'Eva puisse mener la vie qu'elle mérite. Enfin, quand ça arrivera, il faudra lui dire que je compte sur elle pour réagir avec énergie et courage, que je veux être fier d'elle comme je l'ai été de mon vivant (même si je ne lui ai pas bien montré) et puis que, de là-haut, rien ne pourra me faire plus de plaisir que de la voir heureuse.

» Je ne sais pas bien m'exprimer mais je suis sûr que vous me comprenez et que vous lui tournerez ça comme il faut.

» J'ai pensé à vous parler de tout ça quand vous êtes venu à Bergerac, mais je n'ai pas osé. Si je m'y suis décidé aujourd'hui, c'est parce que je me sens fatigué et que je me soucie pour Eva. Maintenant que je vous ai écrit, je me sens soulagé. Bien sûr cette lettre doit rester confidentielle... jusqu'à ce que je ne sois plus là. Après vous ferez comme vous jugerez le plus utile pour elle.

» Avec mes remerciements anticipés, je vous prie de croire, cher maître et ami, à ma considération distinguée. E.B. »

« Oui, messieurs les jurés, voilà comment

Mme Billoux, privée de toute tendresse, se fit, pour en trouver, son propre Cyrano; comment elle s'offrit les compliments et les mots d'amour qu'elle n'avait jamais entendus et se justifia par avance d'un oubli que personne, pas même les fils du défunt, n'aurait songé à lui reprocher. »

Au procès, en découvrant qu'Adrien n'avait jamais été dupe de sa dérisoire imposture, Eva eut pour lui un regard où il crut voir de la honte et Isabelle de la haine.

14

Si ventre affamé n'a pas d'oreilles, il a parfois de la voix : Adrien, qui vient de traîner de la cuisine à la salle à manger une table roulante abondamment garnie par Kifétout, hurle en direction de son bureau où sa filleule est restée :

— Madame est servie! Qu'elle se grouille!

Isabelle le rejoint. Elle a toujours à la main la lettre qu'Eva a écrite à Adrien de la part de Billoux. Elle s'assied, la pose à côté de son assiette et demande :

— Tu as tout de suite compris que c'était un faux?

— Evidemment! Quand on connaissait à la fois Billoux et ta mère, le doute n'était pas permis. En plus, Nina l'avait entendue taper à la machine...

— Tu ne lui as pas dit?

— Surtout pas! J'ai tout de suite vu le parti que je pouvais tirer de cette lettre. C'est le seul mensonge d'Eva qui lui ait été bénéfique.

Il faut dire – puisque Me Theix, lui, par modestie, ne le dira pas – qu'il exploita très habilement ce mensonge. Dès qu'il souhaitait qu'Eva prît telle ou telle décision, il lui affirmait que c'était précisément celle que Billoux aurait souhaité lui voir prendre, celle qui l'aurait rendu fier d'elle – ce qui, aux termes de ses dernières volontés, était son plus cher désir.

Adrien prêta au défunt ses réactions propres, sûr d'influencer beaucoup plus Eva en lui disant : « Etienne penserait sûrement que... » plutôt que : « Moi je pense que... »

C'est ainsi que, de sa tombe, Billoux encouragea d'abord Eva à vendre la maison de Nice au promoteur, averti par Adrien du changement de propriétaire. Ensuite le bon Etienne lui souffla l'idée d'acheter, avec l'argent de la vente, rue de France, derrière la promenade des Anglais, une boutique et l'appartement de trois pièces situé juste au-dessus. Enfin, il lui conseilla de créer à nouveau des modèles en tricot et d'y consacrer son commerce. C'est sans doute aussi grâce à son intervention céleste qu'elle trouva dans la région deux personnes capables de travailler sur ses directives.

Le succès vint aussi vite qu'à Paris et Eva, pour satisfaire sa clientèle, fut obligée d'augmenter le nombre de ses « fournisseuses ». Au début de l'été 1977, trois ans après l'ouverture de son magasin, elle en emploie trois à plein temps et deux en plus pendant la période des vacances. Elle a également engagé pour l'aider à la vente une exquise sexagénaire et une ingrate minette de vingt ans – ce qui satisfait ses clientes de tous âges. Nina tient la caisse. L'affaire roule bien. La réussite, l'activité, le soleil du Midi allègent fort agréablement la cinquantaine d'Eva. Billoux est oublié depuis longtemps. De son passé, elle ne se souvient que d'Isabelle dont la maternité prochaine la remplit de joie et d'espoir. Toutes les semaines, Adrien l'entend au bout du fil claironner que tout va bien. Et c'est enfin vrai ! Elle est contente de la vie et d'elle-même. En conséquence, elle n'a plus besoin de mentir.

Tout va bien...

C'est alors que tout commence à aller mal : Nina glisse dans l'escalier de leur immeuble, se casse le col du fémur, est transportée à l'hôpital. Eva, bien que surchargée de travail en ce début de saison, lui rend visite quotidiennement. Un jour, à son chevet, elle rencontre celui qui deviendra le protagoniste d'un drame alors que tout semble le destiner à la comédie : Bruno Cavezzi.

A ce nom, Isabelle et son parrain, avec un ensemble parfait, repoussent leurs assiettes. Ils n'ont plus faim. Pour le principe, Adrien demande :

– Tu veux du café ?

– Non. Je suis assez énervée comme ça.

– Un peu d'alcool ?

– Oui. De la poire, si tu as... Et des photos de Cavezzi. Si tu as aussi.

Adrien a les deux, dans son bureau. Il y précède Isabelle. Il ouvre le bar. Il ouvre le classeur. Il pose sur la table basse un verre de Williamine et les photos de Bruno. Elle laisse le verre. Elle prend les photos. Elle prend aussi la loupe. Elle regarde les photos à l'œil nu. Repose la loupe sur la table : pas besoin d'approfondir le détail pour cerner le personnage : Bruno, c'est la jeunesse insolente. Le charme latin. La gaieté méridionale.

Bruno, c'est du muscle et du sourire. A consommer sur place – pas à emporter.

C'est une parenthèse. Un soir de fête, de folie, d'oubli.

C'est un souvenir à raconter.

C'est très précisément le garçon que toute femme sentimentale et sensible doit éviter, surtout si le temps a quelque peu émoussé ses armes de combat.

C'est à ce garçon-là qu'Eva, à la veille de ses

cinquante et un ans, confie toutes ses économies d'amour.

Nina flaire tout de suite le danger et, de son lit d'hôpital, écrit à Adrien pour l'en avertir. Cette lettre l'inquiète d'autant plus qu'Eva ne lui a jamais fait la moindre allusion à cette aventure. Cette discrétion, si peu habituelle, cache sûrement quelque chose : il profite du week-end prolongé du 14 juillet pour essayer sur place de savoir quoi.

Isabelle salue avec une certaine admiration la démarche amicale de son parrain.

— Tu étais vraiment chouette avec Eva, dit-elle.

Ce compliment, en l'occurrence, n'est que partiellement justifié. Et, comme Me Theix est entièrement honnête, il ne veut en prendre que sa part : il aime mieux se plaire que plaire aux autres.

— Il faut que j'ouvre une courte parenthèse, dit-il. A l'époque où Eva s'est installée à Nice, je me suis occupé des différentes tractations que nécessitaient ses affaires — dont certaines, bien sûr, ne pouvaient s'effectuer que sur place. Au cours d'un de mes voyages, j'ai rencontré une Niçoise, sympathique...

— Une « Marie-quoi », celle-là?

— Une « Marie-sans-problème » à laquelle je me suis attaché... dans la mesure de mes moyens. Nous continuons d'ailleurs à entretenir des relations épisodiques mais charmantes.

— D'autant plus charmantes qu'elles sont épisodiques...

— Voilà! Cela pour t'expliquer que je n'avais pas autant de mérite que tu le croyais d'aller dans le Midi pour jouer les anges gardiens auprès de ta mère.

Fichu ange gardien finalement, plutôt inefficace dans son boulot de protecteur. Mais est-ce sa faute, un peu? beaucoup? ou seulement celle d'Eva? En toute bonne foi, Me Theix essaie de répondre à ces questions qui le tourmentent depuis maintenant trois jours.

Adrien ne prévient pas Eva de son arrivée et se rend directement de l'aéroport à sa boutique. Elle ne s'y trouve pas. Blanche Vionnet, l'aînée de ses vendeuses, dès qu'elle l'aperçoit, abandonne la cliente dont elle s'occupe entre les mains d'Agathe, sa jeune collègue. Elle l'entraîne à l'abri des oreilles indiscrètes, jusque dans la rue, pour lui apprendre avec des mines gourmandes que « la patronne » ne descend pratiquement plus le matin au magasin depuis... depuis ce que vous savez, dit-elle en rougissant. Il n'y a dans sa voix douce et ses yeux rieurs qu'indulgence, contentement... et innocence : c'est la maman-gâteau fière et émoustillée d'assister de si près à l'éclosion d'un « véritable amour de conte de fées »...

Ces mots, dont Me Theix ne connaît que trop la provenance, le font soupirer. Blanche, emportée par son sujet, ne le remarque même pas. Elle ne remarque pas non plus qu'Agathe lui lance à travers la vitrine des regards dont la dureté frappe Adrien. Elle continue à véhiculer les mensonges d'Eva : Bruno, adorable, est de loin le plus amoureux des deux. Il entoure de mille attentions sa princesse. C'est ainsi qu'il appelle Eva. Ce dernier détail est vrai – Adrien le vérifiera par la suite –, à cela près qu'il n'emploie ce terme que par dérision, pour se moquer du ton parfois un peu mondain de sa maîtresse. Eva, plus réservée, garde ses distances. Non pas que Bruno ne lui plaise pas – elle aurait été vraiment difficile! –, mais elle le souhaiterait plus indifférent. Son amour de jeune chiot l'étouffe un peu. Mlle Vionnet le déplore :

– Les femmes sont terribles, dit-elle, mon cher maître : elles ne sont jamais contentes. On les aime trop ou pas assez. Enfin... j'espère que ça s'arrangera. Ils forment un couple si beau, si bien assorti...

Adrien objecte que leur différence d'âge incite peut-être Eva à une certaine prudence. Objection rejetée.

– Maître, voyons! C'est un argument qui ne peut entrer en ligne de compte à notre époque, et puis, M. Bruno, de caractère, est nettement plus mûr qu'Eva.

Adrien soupire à nouveau : jadis, en Amérique, Eva avait déclaré Bill Corman, de quarante ans son aîné, plus jeune qu'elle! Voilà maintenant que Bruno, de vingt-cinq ans son cadet, est plus vieux! Sacrée Eva! Elle ne changera jamais. Hélas!

Adrien estime sa moisson de renseignements suffisante et l'heure – près de midi – convenable pour arracher une amie intime aux bras de son amant. Il lui tarde de voir sa tête, à celui-là. Il découvre d'abord sa voix : charmante avec un petit brin d'ail. Bruno et lui ne sont séparés que par la porte palière. L'un s'apprête à quitter l'appartement; l'autre à y entrer. Adrien va sonner quand il entend : « Salut, princesse! »; puis les pas précipités d'Eva qui accourt en quémandant : « Encore un baiser! »

Me Theix, gêné, redescend quelques marches et attend... pas très longtemps. La porte s'ouvre. Il entend encore Eva murmurer quelque douceur à « l'amour de sa vie » puis remonte bruyamment jusqu'au palier où sa présence provoque deux étonnements très différents : celui d'Eva, nuancé d'affolement, et celui de Bruno, accompagné d'un grand éclat de rire. Ça l'amuse visiblement que l'homme planté là devant lui soit le « fameux Adrien d'Eva ». Qu'a-t-elle pu encore lui raconter? Sans doute, comme d'habitude, qu'il se consumait de passion pour elle et qu'il ressemblait à Cary Grant! Toujours est-il que, navré de ne pouvoir s'attarder davantage, Bruno l'invite à dîner le soir même, avec eux. Enfin il survole l'escalier comme un elfe... ou plus prosaïquement comme un garçon de son âge!

La conversation qu'Adrien a tout de suite après avec Eva est la réédition de celle qu'il vient d'avoir avec Mlle Vionnet. Il note simplement l'intrusion dans le vocabulaire d'Eva de certains modernismes qui lui vont aussi mal que son jean trop serré et sa queue de cheval. Ils alternent, quand elle ne se surveille pas, avec les formules de style roman à deux sous qu'elle a toujours affectionnées. Ce qui donne des résultats assez curieux : Bruno n'est pas son jules. Seulement un copain avec lequel elle s'envoie en l'air de temps en temps. Elle en a le droit. Elle est libre. La chair a ses exigences, Bruno est bien baraqué. Infiniment délicat. Vachement sympa. Elle s'est aperçue, dès son premier regard, qu'elle avait un drôle de ticket avec lui. Pourquoi aurait-elle refusé ce rayon de soleil qui lui était offert ? Adrien doit, comme elle, rester très *cool*, très décontract. Elle n'est pas dominée par ses sens. Elle considère cette aventure, au demeurant très banale, comme un passe-temps. Pas plus. C'est pourquoi, d'ailleurs, elle n'a pas pensé à lui en parler! Elle n'est quand même pas assez fêlée pour croire que les sentiments, si flatteurs, qu'elle inspire actuellement à Bruno seront éternels. C'est sûr, pour le moment, il a un sérieux coup de cœur. Trop sérieux même à son goût : il ne lui lâche pas les baskets! Elle a hâte que Nina, toujours à l'hôpital, réintègre l'appartement où Bruno a pris la mauvaise habitude de venir trop souvent. Il est un peu encombrant. A part ça – Adrien en jugera par lui-même –, c'est un type super!

Sans aller jusque-là, Me Theix reconnaît qu'il trouva Bruno plutôt sympathique.

Au cours du dîner qui les réunit, le jeune homme se raconte sans esbroufe : il est le fils d'un médecin

– mais attention, un médecin de village... en Corse... avec neuf enfants... dont lui, le dernier. Son bac passé, il a fallu qu'il se débrouille. Il est donc venu sur le continent et s'est débrouillé. Successivement plagiste, serveur dans un restaurant, barman dans une boîte de nuit, il ne cache pas que ces différentes activités lui ont permis de rencontrer quelques dames généreuses... Adrien apprécie cette belle franchise. D'autant plus que si Bruno évoque sans honte – ni forfanterie – ses lucratifs succès féminins, il avoue qu'ils appartiennent à un passé déjà presque lointain. Depuis un an il est étudiant en médecine et travaille pour subvenir à ses besoins, comme aide-soignant précisément dans l'hôpital où l'on a opéré Nina. La façon qu'il a de parler de la vieille dame plaît aussi à Adrien. Il ne peut pas être mauvais, ce garçon qui s'attendrit sur « les pauvres fesses pleines d'escarres de la mamma », sur « cette garce de plaie qui n'arrive pas à se fermer », sur « cette putain de mort qui rôdaille autour de tout ça », ce garçon qui a confié ses funestes pressentiments à Adrien, en dehors de la présence d'Eva, pour ne pas la peiner... Cette discrétion est à porter à son crédit, ainsi que sa bonne humeur permanente, sa sociabilité, sa gentillesse et le naturel avec lequel il bouscule les barrières entre les générations.

Bref, pendant ce week-end, Bruno remonte le handicap des préjugés défavorables qu'Adrien nourrissait à son endroit, avant de le connaître. Bien sûr, Me Theix aurait préféré qu'Eva tente sa chance dans la catégorie des « solides et rassurants » plutôt que dans celle des « jeunes et séduisants », mais honnêtement, dans cette catégorie-là, elle aurait pu tomber sur pire. Il pense même que si Eva, comme elle le lui a affirmé, le cantonne dans son rôle d'amant de passage, il peut assurer un intérim agréable, en attendant mieux.

Avant de quitter Nice, Adrien fait part de ses impressions favorables à Nina mais ne la convainc pas. Il met son pessimisme sur le compte du vieillissement et de sa santé chaque jour plus déficiente.

Deux mois plus tard, elle mourait sans avoir su, heureusement, à quel point elle avait raison.

Me Theix se reproche aujourd'hui d'avoir été moins clairvoyant qu'elle : c'est ça qui taquine sa conscience. Inutilement, selon Isabelle :

— Pour reprendre ton expression de tout à l'heure, dit-elle, le train des mensonges d'Eva était en marche, tu n'aurais pas pu l'arrêter plus cette fois-là que les autres.

— Ça, non... mais quand même, j'ai été avec Bruno d'une naïveté inexcusable !

Me Theix se frappe le front comme s'il y battait sa coulpe :

— Comment, mais comment, dit-il, ai-je pu me laisser berner par ce joli cœur ?

Isabelle prend son verre, en parcourt lentement le rebord de son index, puis, de sa voix la plus douce, s'adresse à son parrain sans le regarder.

— Allume ta bougie, Adrien ! C'est ça qui t'empoisonne, beaucoup plus que le remords : tu ne digères pas d'avoir été roulé par Bruno comme un bleu.

Me Theix à son tour prend son verre et, le temps de réfléchir en buvant plusieurs petites gorgées :

— C'est roboratif, dit-il.

— La Williamine ou la bougie ?

— Les deux !

— Je ne me suis donc pas trompée ?

— Je crains que non. Je ne me pardonne pas d'avoir laissé ma méfiance s'endormir et, en plus, de ne pas avoir été fichu de la réveiller tout seul.

— Ah bon ! Qui s'en est chargé ?

— Une lettre anonyme, en provenance de Nice.

— Qui disait quoi ?

– Que Bruno n'était pas étudiant en médecine, qu'il s'était fait virer de l'hôpital pour indélicatesse et qu'il vivait entièrement aux crochets d'Eva.

– C'était vrai?

– Tout m'a été confirmé après deux jours d'enquête. En outre, j'ai appris à cette occasion quelques détails très édifiants sur Bruno : il était le fils de modestes restaurateurs d'Ajaccio. Il n'avait qu'un frère – son jumeau – avec lequel il débarqua à Marseille en 1975, après avoir eu plusieurs démêlés avec les gendarmes corses et raflé les économies de leurs parents. Pendant trois ans, ils se livrèrent à différents trafics et finirent par être arrêtés. Bruno, déchargé au maximum par son frère, fut relâché. Il partit pour la Côte « se refaire une santé ». Il atterrit dans une boîte de nuit de Monte-Carlo où ses qualités de barman furent moins appréciées par ses employeurs que ses qualités d'amant par les riches clientes de l'établissement. L'une d'elles était l'amie d'un des médecins de l'hôpital de Nice. Grâce à sa recommandation, il y fut engagé comme aide-soignant.

– C'était moins rigolo et moins rentable que sa boîte de nuit...

– Il avait son idée. Ou, plutôt, il suivait l'idée de son frère avec lequel il était resté en contact : s'introduire dans le milieu médical pour se procurer de la drogue.

– Comme ça, je comprends : Bruno préparait l'avenir familial!

– C'est du moins avec cette intention qu'il prit ses nouvelles fonctions. Elles lui permirent de rencontrer ta mère. Mais, six mois plus tard, il dut les quitter sur fortes présomptions de vol d'ampoules de morphine.

– Eva sut les causes de son renvoi?

– Elle a su non seulement ça, mais aussi la vérité sur le passé de son cher et tendre à la faveur de la perquisition qui a été faite chez elle et de l'interrogatoire qu'elle a subi ensuite à son sujet.

– Ça a dû la défriser!

– Oui... au moins pendant une heure, le temps que Bruno la retourne comme une crêpe en lui racontant d'autres sornettes.

– Qu'elle t'a racontées?

– Contrainte et forcée quand je suis descendu à Nice, spécialement pour lui communiquer les précieux renseignements qu'on m'avait fournis sur Bruno, que je croyais inédits... et qu'elle connaissait depuis sept mois!

Ce voyage ne compte pas parmi les meilleurs souvenirs de l'avocat. Le jour de son arrivée à Nice, la température, chaude pour la saison, a vidé les rues au bénéfice des plages et des terrasses. Quand il entre dans la boutique d'Eva, elle s'y trouve seule avec ses deux vendeuses. Nina n'a pas été remplacée à la caisse. C'est Agathe, occupée à replacer les modèles dans la vitrine, qui le voit la première et signale sa présence aux deux autres, en grande conversation. Est-ce le son de sa voix un peu moins sourde qu'à l'accoutumée? Ou le sourire imperceptible qui traîne sur son absence de lèvres? Mais Adrien, en cet instant précis, a la certitude qu'Agathe est sa correspondante anonyme. Il se promet d'éclaircir cette affaire. Mais plus tard. Pour le moment, une autre l'attend. Il prend des nouvelles de Bruno, Mlle Vionnet et Eva lui répondent en duo que, les examens approchant, Bruno a dû abandonner son travail à l'hôpital, qu'il passe ses journées à réviser ses cours chez un de ses camarades de faculté et qu'il rentre le soir complètement exténué. Ça commence bien! Adrien prétexte une soif irrépressible pour entraîner très vite Eva jusque dans son appartement.

Là, il va droit au but :

– Bruno, dit-il, a menti sur toute la ligne. C'est un petit voyou qui...

Eva ne le laisse pas poursuivre davantage. Elle sait. Depuis sept mois. Depuis qu'il a perdu son emploi à la suite d'une ignoble dénonciation, celle d'une infirmière éconduite par lui. Bruno lui a ouvert son cœur : « Ver de terre amoureux d'une étoile », désireux de se hisser à sa hauteur, il s'est inventé une famille et des aspirations plus dignes d'elle! Comment rester de marbre devant de tels aveux? Comment ne pas pardonner au pécheur repenti? Comment condamner un garçon, victime au premier chef de sa faiblesse et de mauvaises influences? Comment ne pas lui donner une nouvelle chance? Il aurait fallu pour cela n'avoir ni le sens des responsabilités ni la moindre sensibilité. Eva, amplement pourvue de l'un comme de l'autre, a tendu la main à cet être malmené par la vie et l'aide moralement et matériellement à remonter la pente.

Elle s'en félicite car l'amour de Bruno, accru de sa reconnaissance, confine maintenant à une espèce de vénération, propre à enorgueillir et à toucher une femme de son âge. Cette épreuve, en les rapprochant, a transformé leur petite histoire en véritable conte de fées. La conduite de Bruno est irréprochable. Il a écrit à son frère, devant elle, pour lui signaler son changement définitif d'orientation. Son but est à présent de seconder Eva dans son affaire. Ainsi, il ne la quittera pas et s'acquittera par son travail de la dette contractée envers elle. A cet effet, il s'est inscrit dans une école commerciale où il se familiarise plus spécialement avec les mystères de la comptabilité et de la langue allemande. Comme il parle déjà l'italien et Eva l'anglais, à eux deux ils pourront satisfaire la clientèle étrangère, de plus en plus importante. Bruno, impatient de se rendre utile, complète ses connaissances livresques par des conversations avec un jeune Zurichois, David Zweller (le fils des montres!), qui habite une grande partie de l'année sur la Côte, à La Napoule, dans la propriété de sa grand-mère. Il y est parti pour la journée. Il reviendra ce soir, comme tous les soirs, tout fier de ses progrès, et bouillonnant d'enthousiasme...

Et le soir, effectivement, Bruno revient, conforme à la description d'Eva, héros dostoïevskien, régénéré par l'amour, avec une brassée de fleurs cueillies dans le jardin de la grand-mère de David et en lançant joyeusement :

– *Guten Tag meine Liebe!*

Du living où Adrien sirote un pastis, il entend les gloussements extasiés d'Eva, puis quelques chuchotis qui le concernent sûrement, puis le pas des deux amants qui se dirigent vers la cuisine, puis enfin ceux de Bruno qui revient seul vers lui, sa lanterne dûment éclairée, avec sur le visage un mélange très réussi d'humilité, côté œil, et de satisfaction, côté sourire. Il se déclare heureux de voir Adrien, heureux qu'il ait enfin appris la vérité... même s'il n'y croit pas encore tout à fait. De toute façon, ses reproches ne seront jamais aussi sévères que ceux qu'il s'est adressés lui-même. Dans ces conditions, il ne reste plus à Adrien qu'à se taire et à admirer la façon astucieuse dont Bruno passe de son autocritique à l'éloge d'Eva : c'est une femme épatante. Son absence de préjugés, sa générosité de cœur, son courage l'ont sorti d'un mauvais pas. Il lui en sera toujours reconnaissant. Il répète « toujours » en regardant bien en face Adrien. Celui-ci en profite pour dégorger le scepticisme qui obstrue sa glotte depuis un moment. Bruno, décidément très habile, ne se récrie pas. Au contraire, il admet tout de suite que la différence d'âge entre Eva et lui, négligeable aujourd'hui, créera obligatoirement des problèmes à plus ou moins longue échéance. Il est inévitable –

hélas! – qu'un jour la vie les sépare. Mais, ce jour-là, il s'arrangera pour qu'Eva en souffre le moins possible. Quoi qu'il arrive, il restera son ami. Cela, il est prêt à le jurer sur sa propre tête de Corse croyant. Me Theix ne cache pas à Bruno le peu de valeur qu'il accorde à ce serment. Là encore, le jeune homme ne récrimine pas. Il comprend les doutes de l'avocat. Il attendra simplement que le temps plaide pour lui.

L'apparition agressivement rose d'Eva met un terme à ce court entretien. D'un bout à l'autre, Bruno y a tenu un langage de mesure et de raison, auquel Adrien ne peut opposer que sa méfiance de chat échaudé, mais que rien – ça l'agace assez! – rien ne justifie.

Il espère que le dîner lui sera plus favorable. A tort. Eva accapare la conversation. Le magasin est une mine inépuisable d'anecdotes : les caprices et les manies des clientes; le mauvais caractère d'Agathe; la gaieté et la gentillesse de Mlle Vionnet...

– A propos, demande Me Theix à Eva, comment se fait-il que tu ne lui aies pas encore annoncé que Bruno a abandonné la médecine?

Bruno se dépêche de répondre :

– C'est moi qui suis responsable de cette cachotterie. J'ai pensé que la chère Blanche, comme Agathe d'ailleurs, ne verrait pas d'un très bon œil mon intrusion dans l'affaire d'Eva. Alors, autant ne pas les en prévenir avant que je me sente fin prêt.

– Et quand croyez-vous l'être?

Bruno ne veut pas donner de date précise, par superstition, pour ne pas décevoir Eva et Adrien au cas où il ne parviendrait pas à la tenir, mais enfin bientôt... Il s'y emploie, en tout cas, très sérieusement. Encore cet après-midi... Ah! il s'en est passé des choses cet après-midi-là dans la propriété des Zweller à La Napoule, des choses insignifiantes, anodines, sans intérêt et sans saveur. Bruno n'en omet aucune. Comme s'il se trouvait devant des enquêteurs – il devait d'ailleurs considérer Adrien comme tel –, il raconte sa journée avec David presque minute par minute avec un luxe de détails qui picotent désagréablement les narines de l'avocat, tant ils sentent bon la franchise! Et puis subitement, alors que Bruno semble en avoir terminé avec ses souvenirs de l'après-midi, il s'écrie :

– Ah! j'oubliais...

Le fameux « Ah! j'oubliais » des gens qui ne pensent qu'à leur oubli depuis un bon bout de temps! Aussitôt, la narine découragée d'Adrien se remet à espérer : il y a du mensonge dans l'air; ou, sinon du mensonge, quelque chose de pas très clair. Un vrai chien d'arrêt, Adrien, à cette seconde : quelle chose a bien pu échapper à la mémoire si fidèle de ce brave jeune homme? Tout simplement que David a une petite sœur – *eine kleine Schwester* –, pas si petite que ça d'ailleurs : dix-sept ans, mais sur la photo qu'il lui a montrée, elle en paraît douze. Pas plus. Un vrai bébé. Elle est en pension à Zurich et ne vient sur la Côte que pour les vacances scolaires. Marrant, non? Il lui a parlé d'elle, incidemment, à cause d'un exemple de grammaire sur les comparatifs : ma sœur est plus jeune et moins grande que moi : *meine Schwester ist jünger und weniger gross als ich*.

– Quel cachottier quand même, ce David! s'écrie Bruno en convenant d'un grand éclat de rire que ce n'est pas à lui – ce sale menteur – de le lui reprocher.

Un clin d'œil complice pour Adrien; une pression de main pour Eva et l'affaire est close. L'affaire? Quelle affaire? Il existe une Christine Zweller... et après? Il faut vraiment avoir, comme Adrien, le soupçon chevillé à l'âme pour attacher la moindre importance à cet infime détail.

Pourtant, le lendemain, Me Theix y pense encore en prenant son petit déjeuner sur le balcon ensoleillé de sa « Marie-sans-problème ». Celle-ci ne connaît pas les Zweller, sinon comme tout le monde pour avoir vu leur nom dans la vitrine des grands bijoutiers; elle connaît très peu Bruno et Eva qu'elle n'a jamais fréquentés en dehors d'Adrien, faute de temps et surtout d'envie; en revanche, elle connaît Agathe, ou plus exactement sa mère, cliente de son salon de coiffure. Elle tient une vieille mercerie dans la rue qui longe l'église de Sainte-Réparade et habite juste au-dessus.

Sous le coup de midi, Adrien sonne à la porte de l'appartement. Agathe la lui entrebâille puis, dès qu'elle l'aperçoit, la lui referme au nez. Du palier, il l'entend dire à sa mère de ne pas se déranger, que « c'est une erreur ». Lui, au moins, est sûr de ne pas en avoir commis une : Agathe est bien son corbeau. Un corbeau pas très doué, qui le guette derrière un coin de rideau légèrement soulevé, le voit s'accoter à l'immeuble d'en face, sortir un papier et un stylo de sa poche, écrire, puis brandir son message en direction de la fenêtre et lui indiquer du geste qu'il va remonter pour le lui porter.

Ils se croisent au bas de l'escalier. Elle est pâle, frissonnante, misérable, plus proche du piaf affolé que du corbeau croassant. Adrien lui lisse doucement les plumes et la rassure : il ne doute pas qu'elle lui a envoyé sa lettre uniquement pour rendre service à Eva. Elle confirme d'abord d'un hochement de tête, puis par quelques mots extraits à grand-peine de son cœur, blessé d'injustice.

– Elle ne voit rien, rien, rien!

Le premier « rien » vise sûrement Bruno. Les deux autres sans doute elle-même dont Eva ne voit ni l'admiration ni le dévouement. Adrien se garde d'éclaircir davantage les sentiments d'Agathe. Ce qui lui importe, c'est que ces sentiments – quels qu'ils soient – la rendent aussi perspicace, aussi clairvoyante... et aussi serviable qu'elle l'a déjà été. Elle lui promet sans difficulté de l'informer de tout ce qu'elle pourra observer ou apprendre sur Eva, sur Bruno, sur David et sur cette Christine dont elle non plus n'a jamais entendu parler.

Quinze jours plus tard, Adrien reçoit une lettre d'Agathe signée gentiment : la Fouine. Elle lui signale qu'elle s'est liée avec la femme de chambre de la grand-mère Zweller. Par elle, elle sait que « Mademoiselle Christine » a déjà rencontré M. Cavezzi, si beau, si sympathique, à Pâques, qu'il lui tarde de le retrouver aux grandes vacances... et que Bruno fait passer Eva pour sa marraine! D'ailleurs, depuis quelque temps, celle-ci se vante auprès de Blanche qu'il l'appelle ainsi. Mais, bien sûr, dans sa tête le mot s'orthographie différemment : ma reine. En prime, Agathe joint à la lettre une photo de Christine...

C'est une photo que présentement Isabelle honore de sa loupe.

– Joli bibelot!

Adrien ratifie le jugement :

– Extérieurement, c'était une ravissante miniature du XVIIIᵉ siècle.

– Et intérieurement?

– Une héroïne de Musset.

– Ce qu'on arrive à faire, quand même, dans les pensions suisses...

– Elle avait dix-sept ans...

– Elle a dû vite évoluer au contact de Bruno.

– Détrompe-toi! C'est lui qui s'est mis à son diapason. Il a joué le jeune homme romantique au cœur pur, respectueux de la vertu des demoiselles – ce qui bien sûr a séduit Christine, mais aussi sa grand-mère et, à travers elles, les parents Zweller.

– Il n'a pas couché avec elle?

– En tout cas, ni les rapports circonstanciés de

l'informatrice d'Agathe ni le courrier que Christine a confié à la police ne permettent de le supposer. Ils ne se voyaient qu'en présence de la grand-mère.

– Souvent?

– Le premier été de leur idylle, tous les jours. Bruno partait pour La Napoule vers 11 heures du matin et n'en revenait que pour le dîner.

– Ben... Eva, qu'est-ce qu'elle disait?

– A lui, rien. A ses vendeuses, que Bruno essayait d'oublier auprès de David son échec à ses examens de médecine. A moi, qu'il peaufinait son allemand.

– Elle ignorait la présence de Christine à La Napoule?

– Penses-tu! J'ai entendu moi-même Bruno lui en parler, mais attention, pas avec cynisme, avec un maximum de prudence : tant qu'il n'a pas été sûr d'épouser les montres, il s'est ménagé le tricot.

– Il était fortiche, quand même!

– Très! Avec lui, Eva n'a pas eu à s'inventer de mensonges. Il lui a suffi de répéter et de croire les siens. Je pourrais même dire « le » sien. Car en vérité, à partir de cet été-là jusqu'à ses fiancailles officielles avec Christine, il n'en fit qu'un.

– A savoir?

– En résumé, qu'il était la victime innocente de la passion exclusive de la petite Zweller qu'il ne partageait pas et qu'il n'avait rien fait pour susciter.

Bien sûr, ce monumental mensonge s'est construit pierre après pierre. Bruno pose la première à la fin août, le soir même du départ de Christine pour sa pension zurichoise. Il confie à Eva – preuve de sa bonne foi – qu'il a l'impression, vague, que « la gamine » est tombée amoureuse de lui pendant les vacances. D'où lui vient cette impression? Eh bien, il a remarqué que Christine se fermait chaque fois qu'il évoquait devant elle les qualités d'Eva et son désir de travailler près d'elle. Au point que cette petite chipie s'est mis dans la tête d'obtenir de son père qu'il trouve un emploi pour Bruno chez un de ses dépositaires, sur la Côte. Bien sûr, Bruno rassure Eva. Il ne s'agit là que d'une lubie d'enfant gâtée... Jamais elle ne sollicitera son père... A la réflexion, il le regrette presque... il craint de plus en plus que leur collaboration ne soit préjudiciable à leur couple : il est dangereux de mélanger travail et vie privée. Eva n'est-elle pas de cet avis?

Elle l'est quand, huit jours après cette conversation, Bruno entre comme vendeur dans une grande bijouterie de la Croisette à Cannes.

Que ce soit au magasin, devant ses vendeuses, ou au téléphone avec Adrien, Eva entonne vaillamment le grand air de la félicité : elle est enchantée que Bruno s'affirme en dehors d'elle, reprenne au contact des autres confiance en lui. Elle le complexe tellement, le pauvre ange! Vraiment, elle doit une fière chandelle à la petite Zweller!

Celle-ci réapparaît pour les vacances de Noël. Bruno passe toutes ses soirées avec elle dans la maison de La Napoule, y compris celles des deux réveillons avec les parents venus de Zurich. Prétexte invoqué par Bruno auprès d'Eva : Christine, comme il l'a pressenti et redouté, s'est amourachée de lui. Ça l'ennuie terriblement mais, s'il refuse ses invitations et repousse ses avances d'une façon trop catégorique, elle se vengera en lui faisant perdre sa place... à laquelle il tient tant. Eva doit comprendre que son sort – leur sort – est entre les mains de cette gamine et que, dans « leur » intérêt même, il doit ménager son amour-propre.

Eva comprend... non sans peine! Elle digère si mal ces deux réveillons solitaires qu'elle les transforme pour Blanche, Agathe et Adrien en délicieux tête-à-tête avec sapin illuminé devant la cheminée et cadeaux dans les souliers. Les siens, elle se les est achetés elle-même, comme dans son enfance dans la gare de Lyon : une chemise de nuit juvénile –

280

Bruno la voit toujours si jeune! – et un petit cœur en or – il est si sentimental! Ce n'est qu'après le départ de Christine qu'Eva met en circulation le mensonge de Bruno sur le cas de conscience que lui pose la toquade de la gamine. En l'améliorant, évidemment. Le pauvre chéri se débat dans un dilemme épouvantable : supporter les pâmoisons de Mlle Zweller ou devenir chômeur. Il a choisi – sur les instances réitérées d'Eva – de supporter. Il en est au supplice, d'abord parce que Christine, la capricieuse, l'agace, ensuite parce qu'Eva, l'adorable, risque malgré son immense compréhension de souffrir et de se lasser. Heureusement, maintenant qu'elle est loin, Bruno a recouvré son calme, redouble de tendresse auprès de la délaissée et vit dans l'espoir que l'absence apaisera l'ardeur de sa soupirante. De toute façon, elle ne reviendra pas avant Pâques. D'ici là ils sont tranquilles...

Tant bien que mal, Eva se cramponne à cette fable jusqu'en avril. Elle cache à son entourage le week-end que Christine est venue passer chez sa grand-mère en février et celui de Bruno à Zurich, chez les parents Zweller, en mars, à l'occasion des dix-huit ans de leur fille. Mais, à Pâques, se produit un fait nouveau qu'elle ne peut cacher et qui l'oblige à actualiser son répertoire. Le dimanche de Pâques exactement : dans la matinée, Bruno quitte Eva en emportant tous ses effets personnels et en lui laissant ses aveux complets : certain des sentiments de Christine et de sa volonté inflexible de l'épouser dans l'année, il a appris à la jeune fille en même temps sa liaison avec Eva et son désir d'y mettre un terme définitif. Christine, ravie, lui a aussitôt déniché, à Cannes, une chambre meublée dans l'appartement d'une amie de sa grand-mère. Il y demeurera désormais.

Ce jour-là, férié comme le suivant, le magasin est fermé. Eva dispose donc de quarante-huit heures pour se barder de mensonges. Le mardi matin, elle affronte Blanche et Agathe derrière son bouclier. Ses yeux bouffis? Sa pâleur? Son désarroi? Sa nervosité? Une seule cause! Le drame qui frappe Bruno : Eva est la femme de sa vie et un sort contraire l'oblige à s'éloigner d'elle – provisoirement. Lui, si simple, si gai, vient d'être confronté à une situation cornélienne : la petite Zweller, dévorée de passion et de jalousie, l'a menacé de se suicider s'il n'abandonnait pas immédiatement Eva. Etait-elle sincère ou n'était-ce qu'un chantage odieux? Allez donc savoir avec une jeune fille aussi amoureuse et aussi exaltée! Eva a vivement insisté pour que Bruno ne prît pas le risque d'un geste fatal qui aurait empoisonné leur amour. C'est à cause de cela, uniquement à cause de cela, qu'il est parti, pleurant comme un enfant, maudissant le destin si injuste envers eux et en lui demandant pardon... de quoi, grands dieux? Est-on coupable d'être aimé? Le pauvre ange est bien le plus à plaindre des deux, lui qui n'a pas sa force de caractère et qui se retrouve tout seul dans sa misérable chambre cannoise (six mètres sur cinq avec salle de bains en marbre et terrasse sur la mer!), lui qui sacrifie son bonheur à ses scrupules...

« Oui, messieurs les jurés, Eva Devnarick, trompée, délaissée, désespérée, cent fois digne de pitié, ne voulut en avoir que pour celui qui la torturait.

» Comme d'autres se réfugient dans l'alcool ou la drogue, elle se réfugia dans l'imaginaire : cela détruit aussi. »

Au procès, à ces mots, Christine Zweller, qui venait de déposer du haut de sa jeune intransigeance contre Eva, soudain mal à l'aise, détourna

son regard de celui, douloureux et égaré, de l'accu-
sée.

15

Isabelle va reprendre sa position de fœtus auprès
du chauffage central. Elle tire sur les manches de
son pull et y enfourne ses mains.

– Encore un peu de Williamine pour te réchauffer? demande Adrien.

– Non!

– Un autre lainage?

– Non!

– Tu es fatiguée?

– Non!

– Tu n'as pas l'air bien.

– J'ai l'impression d'accoucher de ma mère: ce
n'est pas très confortable...

– Je comprends. Tu veux qu'on fasse une pause?

– Surtout pas!

– Je te préviens que le plus dur est à venir.

– Pour elle, avant tout.

La dernière image que Me Theix, hier, a emportée
d'Eva, misérable et honteuse, recroquevillée sur
elle-même comme Isabelle à présent, s'impose à lui
et balaie toutes celles qui l'ont précédée dans les
derniers mois. C'est Isabelle qui peu à peu les
ramène à sa mémoire.

– Tu as vu Eva après sa rupture avec Bruno?

– Oui. Une semaine après. Le hâle, renforcé de
maquillage, ne dissimulait pas sur son visage les
traces du chagrin. Mais ce qui m'a le plus frappé,
c'est sa nervosité. Elle devait prendre des excitants
pour tenir le coup. Elle ne s'arrêtait de parler que
pour allumer une cigarette au mégot d'une autre.

Une véritable logorrhée qui charriait sempiternellement les états d'âme de Bruno.

– Et sur les siens, pas un mot?

– Si! des mots très raisonnables, des mots qu'elle m'ôtait littéralement de la bouche : cette séparation était un mal pour un bien. Elle ne se faisait aucune illusion sur le retour de Bruno. Mieux! Elle ne le souhaitait pas. Elle savait depuis toujours leur liaison sans issue et se félicitait d'avoir évité la lente dégradation de leurs sentiments. Ils s'étaient quittés en plein amour et pourraient garder ainsi le meilleur souvenir de leur idylle.

– Et tout ça était faux!

– La suite, hélas, l'a prouvé.

De loin, à travers les rapports d'Agathe, Me Theix suit le cheminement de la souffrance d'Eva, quasiment insoupçonnable pour son entourage. Tous les matins, elle arrive au magasin en annonçant que, la veille au soir, Bruno lui a téléphoné pendant une heure, ou qu'il est venu à Nice la rejoindre, ou encore qu'elle est allée à Cannes lui remonter le moral. A l'entendre, jamais il n'a été aussi proche d'elle que depuis qu'il en est séparé. Blanche, dont l'expérience sentimentale doit tout aux livres et aux magazines, ne s'en étonne pas. En revanche, Agathe n'en revient pas, elle qui sait par son informatrice que Bruno passe la plupart de ses soirées et de ses jours de congé dans la maison de La Napoule avec la grand-mère Zweller, David, et souvent avec Christine aussi qui arrache des week-ends à l'indulgence de ses parents. Elle sait aussi que Bruno se gausse avec David des lettres qu'Eva lui adresse, qu'il se plaint parfois d'avoir « été coincé par sa sangsue » à la sortie de son travail et obligé de supporter ses pleurs dans un café.

Agathe a remarqué qu'au lendemain de ces entrevues orageuses Eva reçoit au magasin, en provenance de Cannes, un télégramme ou un superbe bouquet de fleurs accompagnées d'une carte. Eva commence toujours par déplorer ces « folies » de Bruno, témoignage d'un amour auquel il ferait mieux, comme elle, de renoncer; mais, tout de suite après, elle s'en attendrit. Ce qui la touche le plus, c'est qu'il lui écrive exactement ce qu'elle a envie de dire! Et pour cause! Elle apaise sa soif de tendresse à sa propre source! Il faut vraiment avoir l'innocence de la brave Mlle Vionnet pour croire un instant que Bruno peut cultiver des fleurs de rhétorique telles que : « La route est longue entre toi et moi, mais c'est la même et nous nous y rejoindrons! » Ou bien : « Je hais tous les autres de n'être pas toi. » Ou encore : « La seule chose qui me console, c'est d'être inconsolable... »

Plus le temps passe, plus Eva souffre, plus les messages qu'elle s'envoie sont passionnés, plus les bouquets sont somptueux.

En juillet, Bruno lui apprend ses fiançailles officielles avec Christine et lui demande fermement de ne plus l'importuner. Ce jour-là, Eva revient de Cannes avec à l'annulaire gauche deux anneaux d'or entrelacés – encore une folie de Bruno! – et annonce « le retour de la gamine » comme une bénédiction : « J'ai obtenu de Bruno, dit-elle, non sans mal, qu'il ne me relance plus tant que Christine serait là. J'espère qu'en ne me voyant pas il pourra enfin m'oublier... »

Christine, ayant renoncé à ses études, prolonge son séjour à La Napoule jusqu'au 1er octobre, date à laquelle elle retourne à Zurich pour les préparatifs du mariage, fixé au 7 novembre. Bruno doit l'y rejoindre une semaine avant, à la Toussaint.

D'après Agathe, effectivement, pendant les longues vacances de Christine, Eva ne cherche pas à voir Bruno et se contente d'entretenir la légende de leur bel amour contrarié avec des envois de fleurs, de télégrammes, de cadeaux et le récit des coups de téléphone qu'il est censé lui donner en pleine nuit, à bout de nerfs et de tristesse. Mais, au lendemain du départ de Christine (qu'Eva apprend probablement en appelant la grand-mère Zweller sous un faux nom), elle reprend le chemin de la Croisette pour y cueillir Bruno à la sortie de son travail. Le soir, il raconte à David Zweller, comme une simple anecdote, son entrevue avec la sangsue : « Je lui ai annoncé, bille en tête, mes noces prochaines. Contrairement à ce que je craignais, elle a très bien encaissé le coup. Elle m'a joué la grande amie compréhensive, heureuse de mon futur bonheur. On s'est quittés bons copains. C'est mieux pour tout le monde. Affaire classée... »

Affaire classée... pour lui. Pas pour Eva qui raconte à sa fidèle Blanche une histoire bien différente : « Bruno est en pleine dépression, dit-elle. Il sent que je lui échappe et ne peut le supporter. Il est dans un tel état que vraiment je crains le pire! »

Et le pire est arrivé... mais pas celui qu'elle sous-entendait.

Me Theix s'abat dans un fauteuil et, soulevant légèrement ses lunettes, frotte leurs deux points d'impact sur le haut de son nez. Le voici parvenu presque au terme de son récit. Il va se reverser un peu de Williamine. Pour un peu il aurait aussi froid qu'Isabelle.

– Pourquoi, demande-t-elle, Bruno est-il venu chez Eva?

– Elle lui avait acheté un cadeau pour son mariage et lui a demandé, par téléphone, de passer à son appartement – le soir de sa convenance – afin de le prendre.

– Il ne s'est pas méfié?

– Il n'avait pas de raison : depuis un mois elle lui fichait une paix royale.

– Ce rendez-vous ne devait quand même pas beaucoup l'amuser!

– Certainement pas!

– Alors, pourquoi l'a-t-il accepté?

Les réponses de Me Theix sont toutes hypothétiques : Parce que Bruno n'a pas osé refuser? Parce qu'il a voulu s'offrir une bonne action avant son départ pour Zurich? Parce que, David et sa grand-mère n'étant plus là, il ne savait pas comment occuper sa soirée? Parce qu'il était curieux du cadeau d'Eva? Parce que cette rencontre ne l'ennuyait pas tellement?

Isabelle propose une autre hypothèse :

– Parce que c'était écrit.

– Peut-être, tout bêtement...

Isabelle se lève et va chercher du côté de la Williamine, comme son parrain, un peu de réconfort. Elle se souvient du coup de téléphone, vieux pas même de trois jours, où son parrain lui a appris la mort de Bruno Cavezzi, l'amant ignoré d'une inconnue qui était sa mère. Elle se souvient de son indifférence à cette nouvelle. Elle lui semble inconcevable aujourd'hui, à cette minute, où à la fois il lui tarde et elle redoute d'aborder enfin ce drame, à cause duquel – elle n'ose pas penser grâce auquel – elle a découvert sa mère. Comme à la fin d'un livre parfois, alors qu'on est familiarisé avec les personnages, on se reporte volontiers au début qui nous apparaît alors plus clair, elle a envie de relire en détail avec son parrain le premier chapitre – premier pour elle, dernier pour lui – de l'histoire d'Eva, pour mieux le comprendre.

– Raconte, dit-elle, ton voyage à Nice.

– L'essentiel suffira.

– Ah non! Tout.

Isabelle est aussi obstinée à savoir qu'elle l'a été à ignorer. Me Theix, cette fois, approuve son entête-

ment et dénoue les fils des derniers souvenirs qu'il
a d'Eva :

– Avant-hier matin, en arrivant à Nice, j'ai eu une
première entrevue avec ta mère.

– Où ça?

– Chez elle, puisque, à ce moment-là, elle n'était
encore que témoin.

– Comment était-elle?

– Normalement bouleversée, mais pas effondrée.
Elle m'a fourni sur la mort de Bruno les mêmes
explications que la veille aux enquêteurs de la
police et aux journalistes : à savoir qu'il s'était
suicidé parce que « sa mijaurée » avait décrété être
enceinte de lui et que la famille Zweller, abusée
par ses affirmations, l'avait mis en demeure de
« réparer ».

Isabelle salue d'un sourire triste le vocabulaire
feuilletonnesque de sa mère qu'elle reconnaît
encore dans les explications supplémentaires de
son parrain :

– A la perspective de ce mariage forcé qui allait
l'éloigner à tout jamais de la seule femme qu'il
aimait, Bruno avait préféré disparaître.

Adrien dénonça à Eva non seulement l'absurdité
de ses propos mais aussi leur danger quand on
s'apercevrait – très vite – de leur inanité, et la
supplia d'adopter une attitude plus raisonnablement crédible. En vain.

Pendant que se déroulait leur discussion, Christine débarquait en droite ligne de Zurich au commissariat avec son frère, sa grand-mère, sa corres-
pondance depuis plus d'un an avec Bruno et un
certificat de virginité en bonne et due forme. Ces
pièces à conviction, ajoutées aux dépositions des
trois membres de la famille Zweller, portèrent bien
entendu un coup fatal à Eva et justifièrent son
arrestation par le commissaire Baudoin qui déjà

avait enregistré ses premières déclarations avec un certain scepticisme.

Adrien est encore près d'elle quand les policiers viennent l'appréhender. Elle se montre parfaitement maîtresse d'elle-même, douloureuse mais digne, beaucoup moins émue que lui. Il a l'impression ahurissante qu'il n'assiste pas vraiment à une arrestation, mais à une scène d'arrestation qu'elle jouerait devant des caméras. Il se demande même, en la voyant chausser calmement de très seyantes lunettes noires devant ses anges gardiens étonnés de tant de sang-froid, si Eva ne compose pas dans sa tête, à cet instant, la légende de sa photo dans le journal : « Eva Devnarick, plus belle encore dans l'adversité, quitte son domicile entre deux policiers visiblement sous le charme! »

Adrien suit dans sa propre voiture celle qui conduit Eva au commissariat et obtient de Baudoin la permission de rester pendant son interrogatoire.

– Les Zweller étaient là? demande Isabelle.

– Non, mais le commissaire avertit tout de suite Eva qu'ils venaient de lui faire certaines révélations – sans préciser lesquelles.

– C'est à ce moment-là qu'elle s'est déballonnée?

– Pas du tout! Contre toute vraisemblance, elle s'est enferrée dans son personnage de femme adorée malgré elle.

– Elle a soutenu que Bruno s'était suicidé?

– Non ça, quand même, elle y a renoncé, mais sa nouvelle version du drame était tout aussi rocambolesque... Tu veux l'entendre?

– Quoi?

Me Theix sort de son cabinet et y revient peu de temps après, tenant dans une main le dernier modèle de mini-magnéto à micro incorporé qu'il avait emporté à Nice à tout hasard, dans son sac de voyage.

– Je l'ai planqué dans la poche de mon manteau, pendant l'interrogatoire. Ce n'est pas très légal...

Isabelle s'en fout complètement et invite d'un geste impatient son parrain à mettre l'appareil en marche. Adrien repère très vite le passage qu'il cherchait : il a manifestement écouté déjà plusieurs fois l'enregistrement.

– Le son n'est pas très bon, explique-t-il. La voix d'Eva était beaucoup plus assurée en réalité que sur la bande.

Ça aussi, Isabelle s'en fout. Elle n'est que curiosité et angoisse, tendue de tout son être vers sa mère. Elle l'entend. Elle la voit :

« **Eva :** C'est moi qui ai encouragé l'aventure de Bruno avec Mlle Zweller. J'espérais qu'ainsi il allait se détacher de moi et accepter une rupture à laquelle je le poussais, non par lassitude mais par raison. Hélas, malgré les scènes et le chantage de cette malheureuse fille, il refusait de rompre. Il ne pouvait pas se passer de moi. »

Isabelle serre les dents comme sous l'effet du citron sur une plaie, mais ravale ses agacements pour ne pas perdre un mot de la suite.

« **Baudoin :** Arrivons-en au fait! Jeudi soir, que s'est-il passé?

» **Eva :** Eh bien, jeudi soir, en rentrant chez moi, j'ai eu la surprise je pourrais presque dire la mauvaise surprise, d'y trouver Bruno, plus amoureux que jamais. Il avait préparé en mon absence une jolie table de fête et mis du champagne au frais pour fêter la bonne nouvelle.

» **Baudoin :** Quelle bonne nouvelle?

» **Eva :** Mlle Zweller, découragée par ses mufleries, lui avait avoué qu'elle s'était prétendue enceinte uniquement pour l'acculer au mariage : il était donc débarrassé de sa sangsue (c'est comme ça, monsieur le commissaire, qu'il appelait la pauvre Christine) et pouvait m'épouser moi!

» **Baudoin :** Vous épouser?

» **Eva :** Oui, monsieur le commissaire. Moi aussi, j'ai été étonnée et j'ai repoussé bien entendu cette proposition délirante. Néanmoins je dois préciser : délirante... pas pour lui qui ignorait notre véritable différence d'âge, mais pour moi qui la connaissais.

» **Baudoin :** Vous avez donc refusé?

» **Eva :** C'est-à-dire, oui... mais il m'a tellement tarabustée qu'à bout d'arguments j'ai fait semblant d'accepter pour avoir la paix, mais avec l'intention de partir le lendemain, à la première heure.

» **Baudoin :** Ah bon! Partir, mais pour où?

» **Eva :** Quelque part où il ne me trouverait pas, sans laisser d'adresse.

» **Baudoin :** Et votre magasin?

» **Eva :** Peu m'importait! Le principal était de fuir Bruno pour lui permettre de m'oublier.

» **Baudoin :** Donc vous avez accepté, finalement?

» **Eva :** Oui, et je lui ai accordé cette nuit de fiançailles qu'il me réclamait.

» **Baudoin :** Passons les détails... Après?

» **Eva :** Eh bien, au petit matin, je me suis levée avec précaution. Je me suis habillée et j'ai préparé un bagage. Malheureusement, malgré le somnifère que je lui avais fait prendre, Bruno s'est réveillé et m'a surprise, la valise à la main. Alors là, monsieur le commissaire, ç'a été horrible : il a tout de suite compris mes intentions et il est devenu littéralement fou. Il m'a injuriée, brutalisée, et soudain, au paroxysme de la colère, s'est emparé d'un revolver qui était dans le tiroir de la table de nuit.

» **Baudoin :** Comment savait-il qu'il s'y trouvait?

» **Eva :** C'était lui qui m'avait conseillé de l'acheter, huit jours auparavant, pour des raisons de sécurité, et de le garder la nuit à portée de main, précisément à cet endroit.

» **Baudoin** : Admettons! Bruno Cavezzi prend le revolver et je suppose qu'il vous en menace?

» **Eva** : Oui... Mais à partir de là, monsieur le commissaire, je suis incapable de vous dire ce qui s'est passé au juste. Tout a été si rapide! Je me suis précipitée sur lui pour le désarmer. Il s'est débattu. Il y a eu une courte lutte entre nous et subitement... une détonation.

» **Baudoin** : Mais qui a tiré, lui ou vous?

» **Eva** : Je n'en sais rien! Nos deux mains étaient agrippées au revolver.

» **Baudoin** : Vous ne vous souvenez pas si c'est son doigt ou le vôtre qui était sur la détente?

» **Eva** : Absolument pas. Je me souviens du silence après la détonation et puis... de la tache rouge sur l'oreiller... Quelle horreur! Jamais je n'oublierai, monsieur le commissaire.

» **Baudoin** : Vous avez tout de suite pensé qu'il était mort?

» **Eva** : Non! C'est en posant ma tête sur sa poitrine et en n'entendant plus son cœur battre que...

» **Baudoin** : Vous n'avez pas appelé un médecin?

» **Eva** : Pour quoi faire? Et puis j'étais comme " tétanisée ", incapable du moindre mouvement. Quelqu'un qui serait entré à ce moment-là nous aurait certainement crus morts tous les deux.

» **Baudoin** : Combien de temps êtes-vous restée ainsi *tétanisée*?

» **Eva** : Je l'ignore, mais sans doute assez longtemps. C'est la radio de mes voisins qui m'a sortie de ma léthargie. Il devait être 8 heures.

» **Baudoin** : Et alors là, pourquoi n'avez-vous pas appelé la police?

» **Eva** : Je me suis affolée. Il y avait mes empreintes sur le revolver. J'ai eu peur qu'on m'accuse d'avoir tué Bruno volontairement et j'ai décidé bêtement, je le reconnais – mais je vous assure, monsieur le commissaire, que dans de telles circonstances il est impossible de raisonner intelligemment –, j'ai donc décidé de maquiller cet accident en suicide. D'où mes premières déclarations stupides. J'espère que vous voudrez bien les mettre sur le compte de la panique... »

L'enregistrement s'arrête net avant la réponse du commissaire Baudoin.

Isabelle passe et repasse ses doigts sur son front entre les deux yeux comme pour y effacer la ride qui s'y est creusée.

– Comment ça s'est terminé? finit-elle par demander.

– Beaucoup plus vite que je ne pensais. Baudoin a juste émis quelques doutes sur la cause évoquée par Eva de son affrontement avec Bruno, mais comme elle lui a déclaré que son scepticisme prouvait sa méconnaissance totale du cœur humain, il n'a pas insisté.

– Elle était inconsciente!

– Gravement! Si elle avait bien voulu se montrer telle qu'elle était : une femme délaissée, paumée, pitoyable, Baudoin aurait été tout prêt à croire, comme moi d'ailleurs, qu'il y avait eu entre eux une scène particulièrement violente à propos du mariage de Bruno et qu'elle l'avait tué, soit dans une crise de folie passionnelle, soit en état de légitime défense.

Sur le chemin de son hôtel, puis en dînant, puis dans son lit, une grande partie de la nuit, Adrien cherche par quel moyen il pourra convaincre Eva de renoncer à son personnage de femme aimée. Malheureusement le commissaire Baudoin trouve avant lui. Il vient l'en avertir le matin à la première heure, dans sa chambre d'hôtel. Il n'a pas beaucoup dormi, lui non plus. La veille, après le départ d'Adrien du commissariat, il a reçu une information qui l'a incité à reprendre l'interrogatoire d'Eva : le petit jeu du chat et de la souris, vu cent fois dans les films, a commencé. Pour Eva, de l'inédit. Pour lui, de la routine. Il était forcément gagnant. Elle a pourtant résisté au maximum.

– Qu'est-ce qui l'a fait craquer? demanda Isabelle.

– Les lettres de Bruno à Christine.

– Pourquoi Baudoin ne les lui avait-il pas montrées devant toi?

– Elles étaient tellement moches pour Eva, m'a-t-il dit, qu'il espérait obtenir ses aveux sans y avoir recours.

– Pourtant, ce courrier ne devait rien contenir de très nouveau pour elle?

– Savoir est une chose. Constater en est une autre.

– Evidemment! Surtout pour Eva...

– N'empêche que c'est seulement après la lecture de la dernière lettre que, la fatigue aidant, à 2 heures du matin, Eva s'est effondrée.

Cette lettre n'est pas pire que les autres, mais elle ôte à Eva la seule bouée de sauvetage à laquelle elle accroche ses mensonges depuis son premier interrogatoire. En effet, Bruno y écrit que « la sangsue » est de plus en plus givrée. La preuve? Mlle Vionnet lui a téléphoné à Cannes, clandestinement, pour lui reprocher de trop gâter Eva, de lui envoyer des bouquets trop fastueux, des télégrammes trop longs et lui conseiller à l'avenir d'être plus raisonnable et surtout de ne plus la harceler pendant des heures au téléphone! Il n'a pas douté de l'origine de ces extravagances et s'affirme, pour conclure, soulagé d'être bientôt définitivement débarrassé de cette mytho!

Le commissaire Baudoin, en possession de cette

lettre depuis le matin, lança des enquêteurs sur la piste du fleuriste de Cannes qui, par l'intermédiaire d'Interflora, effectuait des livraisons à la boutique de Mme Devnarick à Nice depuis une dizaine de mois. Dans la soirée, il apprit qu'Eva était son propre donateur et conclut, de là, qu'elle était également son propre expéditeur de messages amoureux. Ce qui, d'une part, motiva son nouvel interrogatoire et, d'autre part, lui permit de crever la cellophane des mensonges d'Eva. Il ne lui resta plus qu'à recueillir la vérité, sans grande satisfaction professionnelle, et à en informer Adrien avec une certaine tristesse, comme maintenant, lui, en informe Isabelle :

— Jeudi soir, donc, Bruno arrive chez ta mère avec probablement l'intention de n'y rester que le temps d'une visite courtoise. Mais Eva a préparé un petit souper d'adieu et mis au frais le champagne de l'amitié. Alors il reste. Elle est très enjouée. Il mange et boit sans méfiance. Peu après le repas, il ressent une irrésistible somnolence, s'allonge sur le lit et, presque aussitôt, s'endort profondément : Eva lui a administré, à son insu, une importante dose de somnifère. Elle s'étend près de lui, et passe sans doute la nuit la plus longue de sa vie... A 8 heures du matin, quand les marteaux piqueurs du chantier voisin entrent en action, elle enfile des gants, sort de sa cachette le revolver qu'elle a acheté juste une semaine avant et elle tire. Une balle dans la tempe, à bout portant. Ensuite, elle place l'arme dans la main inerte de Bruno, afin d'accréditer la version du suicide qu'elle a imaginée; puis, après s'être apprêtée avec soin, elle descend à son magasin à l'heure habituelle. Aussi ponctuelles l'une que l'autre, Blanche et Agathe l'y rejoignent ensemble quelques minutes plus tard. Elle leur raconte la visite inopinée de Bruno, le coup de cafard qui l'a provoquée, le souper improvisé à la hâte pour lui changer les idées, le léger tranquillisant pour le calmer, son réveil encore un peu difficile et enfin, après la promesse de se ressaisir, son départ presque souriant au petit matin qui lui laisse augurer des lendemains meilleurs. Vers 1 heure, elle invite Blanche – comme souvent – à venir dans son appartement partager son frugal repas. C'est ainsi que Mlle Vionnet, à l'arrivée de l'enquêteur, peut en toute bonne foi témoigner que « la pauvre Mme Devnarick s'est évanouie en découvrant, en même temps qu'elle, le corps de M. Cavezzi qu'elle croyait à Cannes et qui était revenu se tuer romantiquement sur les lieux de ses amours perdues ». Avec le seul souci d'aider les policiers, Blanche les égare encore, en se faisant l'écho fidèle de tous les mensonges d'Eva et en leur confiant – rougissante – les intentions délicates, presque exagérées, dont Bruno la comblait. Eva n'a qu'à confirmer. Elle passe toute la soirée à se regarder, en compagnie de Blanche, devant ses miroirs truqués. Ce furent sans doute ses derniers bons moments. Le lendemain, j'étais là... et puis Christine Zweller... et puis le commissaire Baudoin...

Adrien vide son verre, retourne à son bureau, ferme les deux classeurs et, pour ne pas entendre le silence, dit :

– Voilà, la boucle est bouclée, maintenant tu sais tout.

– Non ! Il y a toujours une chose que je ne sais pas.

– Laquelle ?

– Si Eva était dupe de ce qu'elle racontait.

Me Theix soupire. Il éprouve soudain une lassitude comparable à celle qui le prend dans les salons, quand on attaque une de ces conversations bateau sur la tauromachie, l'art abstrait ou l'homosexualité, dont il connaît par cœur le déroulement et les points de vue que chacun des participants va y développer. En général, il s'arrange pour échapper à ces débats trop prévus. C'est ce qu'il essaie de faire avec sa filleule :

— Ecoute, Isabelle, nous avons déjà eu une discussion sur ce sujet, hier, à propos de Corman... On ne va pas recommencer!

Cet argument ne semble pas constituer pour Isabelle un obstacle plus sérieux qu'un gravier pour un bulldozer. Elle poursuit son idée imperturbablement :

— Enfin, Adrien, Eva n'a pas pu profondément, totalement, continuellement être toutes celles qu'elle a voulu paraître! Sous ses déguisements successifs, elle devait bien voir de temps en temps un bout de sa peau à elle?

— Pas obligatoirement.

— On ne peut pas changer de personnalité comme de chemise et croire en plus à chaque fois que c'est la vraie!

— Cela arrive plus souvent que tu ne le penses. Surtout chez les femmes. Je ne le dis pas en mauvaise part, mais elles sont souvent plus mouvantes, plus malléables que les hommes : si elles fréquentent des maçons, elles construisent des maisons. Si elles fréquentent des intellectuels, elles se mettent à penser. Et, pour peu qu'elles fréquentent des curés, elles servent la messe!

— D'accord! Mais ces femmes-là agissent sous l'influence de quelqu'un. En général pour lui plaire, par amour... Mais Eva, elle, agissait sous sa propre influence, pour se plaire à elle-même... ou se supporter si tu préfères.

Adrien n'en est plus à préférer un mot plutôt qu'un autre. Il n'a qu'une envie : dormir d'un sommeil qu'il souhaite, au sens propre du terme, écrasant. Lui qui a horreur des somnifères est même prêt à en prendre si, comme il le craint, le manège de ses pensées continue à tourner sur l'oreiller. Il se contente de répondre à Isabelle par un borborygme vaguement approbateur. Mais elle n'a besoin de personne pour entretenir la conversation : elle rebondit sur les silences de son parrain comme sur des contradictions de premier choix.

— Tu ne vas pas me dire qu'Eva, s'écrie-t-elle, quand elle s'émerveillait sur les fleurs, les cadeaux et les télégrammes de Bruno, « oubliait » que c'était elle qui les avait envoyés... Quand elle te montrait la lettre de Billoux, qu'elle oubliait que c'était elle qui l'avait rédigée et tapée à la machine... Quand elle se plaignait, au temps de Muguette, de son rhumatisme à la main, elle savait bien quand même qu'elle ne souffrait pas...

Cette fois, Adrien intervient. Il se sent incapable d'écouter plus longtemps Isabelle lui énumérer toutes les invraisemblances qu'elle a relevées en deux jours dans l'attitude de sa mère et que, lui, a déjà ressassées plus de cent fois.

— Toutes proportions gardées, dit-il, c'est un peu comme si tu t'étonnais qu'un fou en complet-veston se prenne pour Louis XV ou Napoléon.

Isabelle sursaute.

— Eva n'est pas folle !

— Il y a des degrés dans la démence.

— Et selon toi, la mythomanie serait...

— Pas selon moi seulement...

Adrien rouvre le premier classeur. Au verso de la couverture rose, il a recopié deux définitions de la mythomanie relevées dans deux dictionnaires différents. Il les lit à Isabelle :

« Mythomanie : tendance pathologique à élaborer des mensonges. Exaltation de l'imagination qui, souvent utilitaire au début, devient habituelle. »

— Ça pourrait bien être effectivement le cas d'Eva.

— L'autre définition la cerne aussi d'assez près : « Mythomanie : forme de déséquilibre psychique caractérisée par une tendance à la fabulation, à la simulation, plus ou moins consciente et volontaire. »

Lentement, pesamment, Isabelle répète ces mots :

– Plus ou moins consciente et volontaire...

– Eh oui! C'est entre ce plus et ce moins que se situe la réponse au problème que te pose ta mère maintenant et qu'elle me pose à moi depuis si longtemps.

– Mais comment savoir?

– Il faudrait être dans sa tête... et c'est impossible!

Isabelle refuse l'impossible. Elle, elle saura. Elle ira voir sa mère à Nice. Elle grattera sa carapace, comme naguère Marc a gratté la sienne. Elle lui arrachera sa vérité profonde. Elle découvrira qui elle est réellement. Elle en est sûre.

Adrien garde ses doutes pour lui. Le principal n'est pas qu'Isabelle sache, mais qu'elle ait envie de savoir. Le principal, c'est qu'elle désire par-dessus tout rencontrer sa mère, la connaître – et mieux que personne encore! –, avoir une influence sur elle, la changer – ce qui sous-entend : la conquérir... s'en faire aimer...

Le principal, c'est qu'Eva soit devenue sa mère.

16

12, rue de la Gendarmerie...

C'est l'adresse de la maison d'arrêt de Nice.

La première fois qu'Isabelle en franchit la porte, c'est sans illusion et presque avec sérénité. Elle sait que cette visite ne peut être que pénible : se retrouver, après dix-huit ans de séparation, dans un parloir de prison, ce n'est pas plus facile pour une mère que pour sa fille.

Elle s'est longuement préparée à ce tête-à-tête si particulier : elle a prévu – selon la formule qui lui est chère – de dédramatiser tout de suite la situation, de ne pas se laisser gagner par l'émotion, de mettre sa mère à l'aise et de parler « comme si de rien n'était ». Elle a prévu toutes les réactions possibles d'Eva – de l'effondrement au repentir –, prévu tous les antidotes – de la compréhension à la rudesse –, prévu les phrases pièges, les phrases échappatoires, les phrases relances.

Elle a tout prévu... sauf cette boule monstrueuse qui prend possession de sa gorge dès qu'elle croise le regard de sa mère. Eva doit avoir la même. La sienne se dilue dans les larmes. Celle d'Isabelle reste incompressible, ne laissant passer que des mots plats et conventionnels : « Faut pas... C'est idiot... Ça ne sert à rien... Calme-toi... On perd du temps... » Finalement elles abrègent cette entrevue que l'une comme l'autre a imaginée devoir être trop courte.

Furieuse contre elle-même, Isabelle, en quittant sa mère, se rue sur une feuille de papier et lui écrit tout ce qu'elle n'a pu lui dire. Le lendemain, elle revient et, grâce à cette lettre, rédigée dans un style assez abrupt, peu propice à l'attendrissement, elles réussissent à se parler. Eva mitraille sa fille de questions sur toutes les années qu'elle a vécues loin d'elle, en commençant par les dernières, celles où elle n'est pas directement impliquée : c'est plus commode. Son mari ? Son fils ? Sa belle-mère ? Sa maison ? Son métier ? Ses projets ? Eva exige tant de détails, tant de précisions qu'à la fin de la visite Isabelle en a tout juste terminé avec le chapitre de sa vie auxerroise. Elle comprend très bien que la curiosité d'Eva ne vise qu'à endormir la sienne, mais elle ne lui en tient pas rigueur : il est normal que sa mère se réserve un temps d'observation, un temps d'adaptation avant d'aborder ses propres problèmes.

Le jour suivant, le même jeu se renouvelle. Isabelle s'y prête encore, mais élague ses souvenirs de telle sorte qu'au terme de cette troisième visite elle a entièrement parcouru le trajet de sa jeune existence. Le contact est maintenant établi. Elle compte bien que la fois suivante sa mère prendra à son tour le chemin des confidences.

Eva le prend... à la seule condition qu'il lui soit permis de garder le silence sur le dernier épisode de sa vie, trop douloureux pour elle. Isabelle accède à ce désir, mais réclame à sa mère, pour le reste, la plus absolue franchise et l'avertit – à seule fin de lui ôter scrupules ou pudeurs – que son parrain l'a déjà instruite des événements les plus importants.

Immédiatement Eva récuse les qualités d'informateur d'Adrien : certes, c'est un homme adorable, mais il croit toujours, en toute circonstance, être le seul détenteur de la vérité; ensuite, il a toujours eu une tendance excessive à la méfiance et au pessimisme; enfin, dans son cas, il n'a pas pu être objectif puisque, de toute éternité, bien qu'il l'ait toujours nié, il l'aime! Pauvre Isabelle! Au lieu d'un informateur, elle a eu un déformateur!

Isabelle pressent que toutes les futures conversations seront faussées par cet *a priori*, posé par Eva, qu'on ne peut pas se fier au jugement d'Adrien. Elle s'acharne donc à le détruire. Eva le défend jusqu'au point de rupture :

– Si tu es plus disposée, dit-elle, à croire un ami – témoin sporadique et partial de ma vie – que ta propre mère qui est quand même mieux placée que quiconque pour savoir ce qui s'y est passé, ce n'est même pas la peine que je commence à m'expliquer.

Isabelle cède et la quitte sur la promesse de l'écouter à l'avenir d'une oreille vierge de tout préjugé : tout vaut mieux que le silence.

A partir de là, à chaque visite, Eva déroule le tapis fleuri et moelleux de ses mensonges sous le regard tantôt agacé, tantôt navré d'Isabelle. De temps en temps, celle-ci ose une objection, un constat d'invraisemblance, mais, à chaque intervention, Eva se réfugie derrière le même bouclier : Adrien, inspirateur évident des réactions d'Isabelle, a menti, exagéré, mal interprété, mal compris.

Bien que dûment prévenue des dons convaincants de sa mère pour la fabulation, il arrive à Isabelle de sortir de leurs entretiens passablement troublée et de se demander : « Et si c'était Adrien le mythomane ? » Cette idée s'enfuit devant les preuves flagrantes de son inanité, mais quand même, pour qu'elle ait pu lui traverser l'esprit, il faut vraiment qu'Eva dispose d'une force de persuasion peu commune. Maintenant qu'elle en a vérifié sur elle les effets, Isabelle comprend mieux l'inefficacité de son parrain à la combattre : Eva contraint ses interlocuteurs, sinon à la croire, du moins à ne pas la contredire. Isabelle comme les autres, malgré son énorme ténacité.

Au fil des mois, elle se décourage de résister au flux bouillonnant de l'imagination maternelle. Elle finit par écouter Eva en silence, puis, seulement attentive à ce qu'elle ne lui dit pas, à ne plus entendre ce qu'elle lui dit et qu'elle connaît. Elle se réconforte à la pensée que son apparente approbation apporte peut-être à sa mère la seule joie qui lui soit permise et que plus tard, dans des lieux et des circonstances plus propices, elle repartira à la quête de cette vérité qui continue à l'obséder.

En juillet, Isabelle annonce à sa mère qu'elle est

enceinte et que, de ce fait, elle ne pourra plus se déplacer aussi souvent. Eva paraît plus heureuse de cette future naissance qu'affectée par ses conséquences. Fidèle à sa volonté de ne pas être plainte, elle décrit « les charmes de sa vie carcérale », une vie régulière, sans problème, sans surprise qui la repose de toutes ses agitations passées. Elle a renoué avec la religion et obtenu, grâce à l'intercession de l'aumônier, la place tant convoitée de bibliothécaire. Elle lit. Elle médite. Elle a, en fin de compte, beaucoup plus l'impression d'être dans un couvent, en retraite, que dans une prison. Les détenues auxquelles elle parle pendant la promenade quotidienne dans la cour envient sa sérénité : elles, elles sont vraiment malheureuses. Eva non. Le destin continue à la privilégier. La preuve ? Ces cadeaux du ciel qui lui arrivent à point nommé : sa fille... et cette nouvelle naissance.

Ses yeux cernés, ses ongles rongés, son rictus creusé démentent ses propos réconfortants... Mais Isabelle fait semblant de ne pas s'en apercevoir. Elle a décidé, à regret, de garder ses bougies éteintes. Plus tard, oui, plus tard, elle les rallumera.

Les dernières visites qu'Isabelle rend à sa mère se passent presque exclusivement à évoquer le bébé à venir. Eva est sûre que ce sera une fille. Elle ne veut surtout pas qu'Isabelle lui donne ses prénoms : Simone ou Eva. Elle n'a jamais aimé le premier ; elle n'aime plus le second. Pas une fois, même en février, quand elle sait qu'Isabelle, enceinte de huit mois, ne reviendra plus la voir avant le procès fixé en avril, elle ne se demande – du moins à haute voix – quand elle découvrira ses deux petits-enfants. Jamais d'ailleurs elle ne fait la moindre allusion à son avenir, proche ou lointain, à la peine qu'elle encourt, à ses espoirs et à ses craintes. Par superstition peut-être. Adrien, lui, c'est par prudence qu'il évite ce sujet : on ne peut jamais présumer d'un verdict. Ça dépend de tant de choses : les jurés, les juges, le public, l'attitude de l'accusé, l'éloquence et la conviction des avocats... Il espère cinq ans. Il redoute dix. Peut-être plus.

Pendant son dernier mois de grossesse, Isabelle compte et suppute : si c'est cinq ans – avec réduction de peine pour bonne conduite et déduction des dix-huit mois de prévention – on arrivera peut-être à deux ans. Eva aura alors cinquante-huit ans, Thomas neuf ans et « l'autre » une cinquantaine de mois. Ce ne serait pas trop mal. Mais si c'est dix ans... avec réduction... sans réduction... Et si c'est plus... Non, impossible ! Isabelle reprend ses calculs les plus optimistes et sur eux construit des projets pour sa mère : il faudra qu'elle vende sa boutique, actuellement entre les mains vigilantes de Blanche et d'Agathe ; qu'elle en rachète une autre, soit à Auxerre près d'elle, soit à Paris près d'Adrien... mais plutôt à Auxerre, à cause des enfants. Eva s'y attachera. Thomas a hérité ses yeux. Elle craint depuis quelque temps qu'il n'ait hérité aussi son imagination... Il a raconté à l'école qu'Isabelle attendait des quintuplés et que son père avait guéri d'une sciatique un prince arabe qui, depuis, le couvre d'or ! Pourvu que l'hérédité n'ait pas sauté une génération ! Pourvu que « l'autre »...

« L'autre » naît le 3 mars. C'est effectivement une fille. Avec la permission d'Adrien, Isabelle l'appelle Claire, assurant avec plus d'humour que de naïveté que ce prénom exorciserait l'enfant des démons du mensonge.

Malgré le remue-ménage que provoque toujours un nouveau-né dans un foyer, la pensée d'Isabelle ne cesse d'être aimantée quotidiennement par celle de sa mère. Vagissements, biberons, risettes et couches n'empêchent pas son impatience de grandir au fur et à mesure que se rapproche la date du procès. Eva, elle, ne la mentionne que dans sa dernière lettre pour regretter qu'elle soit si proche... uniquement parce qu'elle a peur d'y arriver en médiocre forme physique. En effet, une mauvaise grippe, quoique fort bien soignée à l'infirmerie de la prison, l'a laissée sans aucune force. Elle espère, néanmoins, dans huit jours, pouvoir présenter à ses juges un visage convenable.

Isabelle se demande si ce souci de coquetterie – le seul avoué par sa mère – doit être considéré comme de bon ou de mauvais augure. Son inquiétude la pousse à chercher des présages partout : dans la couleur du ciel, dans les cigarettes que son parrain s'est remis à fumer, dans les verdicts indulgents ou sévères dont la presse rend compte, dans les sourires de Claire, jusque dans le pelage de son chat sur lequel elle se penche au moment de partir pour Nice comme sur une boule de cristal... et qui malencontreusement se hérisse...

Jusque dans l'incident mécanique qui retarde le départ de l'avion qu'elle prend avec Adrien...

Jusque dans les turbulences atmosphériques...

Jusque dans l'averse diluvienne qui les accueille à l'aéroport! Sans parler de ce treizième jour d'avril où doit se décider le sort de sa mère. Adrien lui a affirmé que le 13 était pour lui un chiffre bénéfique, sans autre raison d'ailleurs que de l'apaiser. Elle, elle n'a aucun souvenir – heureux ou malheureux – qui se rattache à ce chiffre. Eva non plus, elle s'est renseignée. Isabelle ne sait donc pas quelle influence lui attribuer.

Elle le sait, le jour même du procès, à 19 heures 53 minutes précisément, quand le juge, après deux heures trente-cinq de délibérations, lit la sentence.

17

Le 13 est un chiffre faste!

Les dieux itinérants de la chance se sont arrêtés ce jour-là sur le palais de justice de Nice et ont choisi d'y veiller sur Eva, condamnée à dix-huit mois de réclusion, peine que couvre presque entièrement sa détention préventive : elle sera libérée dans une semaine.

Sa folle imagination a-t-elle amené Eva à croire à un impossible acquittement? Est-elle déçue par la routine administrative qui l'empêche de profiter immédiatement de sa liberté? Ou, au contraire, abasourdie par un verdict qu'elle attendait plus rigoureux? Ou encore n'est-elle pas vraiment consciente de ce à quoi elle vient d'échapper?

Toujours est-il qu'elle reste sans réaction à la lecture du jugement. Tout de suite après, quand Adrien, en sueur, et Isabelle, en larmes, écrasent leur émotion, l'un sur ses mains glacées, l'autre sur ses joues exsangues, Eva ne manifeste rien qu'un désir presque impatient d'être seule et de dormir. En sortant du tribunal, Adrien et Isabelle s'étonnent que sa joie n'ait pas éclaté autant que la leur, mais peu à peu ils se l'expliquent.

— D'abord, dit Adrien, pas plus que l'absolution d'un prêtre, l'indulgence d'un jury ne peut effacer une faute, ni les remords qu'on en a. Eva, libre, reste prisonnière d'un souvenir taraudant.

— C'est certain!

— Ensuite, il ne faut pas oublier qu'elle était à la limite de l'épuisement. Déjà que nous, nous ne sommes pas très frais... Alors, elle...

— Moi qui ne l'avais pas vue depuis février, je l'ai

trouvée terriblement changée. Quand elle est arrivée ce matin dans le box des accusés, j'ai pensé à une vieille Auxerroise, toute rabougrie, qui disait d'elle : « On me fondrait qu'on n'en sortirait même pas une poupée. »

– Pauvre Eva! C'est vrai qu'elle avait l'air toute rétrécie, comme aspirée de l'intérieur. Plusieurs fois j'ai eu très peur qu'elle ne s'évanouisse au cours de ma plaidoirie.

– Et moi donc! J'étais tellement tendue que j'en ai encore des tremblements dans les jambes.

– Et on s'étonne qu'elle, à son âge, ne se soit pas mise à danser!

– C'est vrai, on est très injustes!

Leur déception s'envole dans l'air léger d'avril. En conséquence de quoi, leur estomac se creuse. C'est le moment pour Adrien d'offrir à sa filleule ce super-dîner de la détente dont ils ont tant de fois rêvé et que ni l'un ni l'autre n'ont jamais osé évoquer.

Ils trinquent à la libération d'Eva, à son avenir, à sa santé. Ils conviennent que le plus urgent est de l'aider à récupérer au plus vite son équilibre physique et moral. Isabelle décide qu'elle redescendra dans huit jours à Nice pour prendre en charge sa mère dès sa sortie de la maison d'arrêt et l'emmener directement à Auxerre, loin de ses mauvais souvenirs.

Ils trinquent encore – sur l'initiative d'Isabelle – à la victoire d'Adrien. Bien qu'il s'en défende, c'en est une, et pas des plus faciles; une victoire comparable en tout point à celle qu'il a remportée, dix-huit mois auparavant, sur sa filleule, sur son indifférence, voire son hostilité contre sa mère : il a développé dans sa plaidoirie le même thème qu'avec elle, corrigé çà et là par les observations qu'elle lui avait faites; il a adopté presque le même ton, à peine moins familier : celui de la confidence. Pas plus qu'elle, naguère, le jury d'aujourd'hui n'était porté à l'indulgence. Comme elle, peu à peu, il a été amené par Adrien à considérer les mensonges d'Eva avec moins d'agacement que de commisération. Comme elle, il a été troublé, puis attendri par ce qu'ils cachaient d'insatisfaction, de désarroi, de détresse.

— Oui, conclut Isabelle, belle victoire, Adrien ! D'autant plus belle qu'elle doit moins à ton éloquence d'avocat qu'à ta conviction d'ami.

Adrien ne peut pas la démentir : la joie qu'il éprouve n'est pas d'ordre professionnel, mais purement affective.

En raccompagnant sa filleule jusqu'à la porte de sa chambre, mitoyenne de la sienne, il lui confie que jamais une affaire – si importante qu'elle fût – ne l'a empêché de dormir. Or, celle d'Eva lui a coûté pas mal d'insomnies... et il est persuadé que la nuit prochaine encore n'en sera pas exempte.

Me Theix est bien content de s'être trompé. Après huit heures d'un sommeil de nouveau-né, il s'est levé avec un moral de jeune homme... et des douleurs de vieillard ! Maintenant que le voilà dérouillé par le bain, rasé, habillé de frais, il a récupéré son âge véritable : une soixantaine musclée, de corps et d'esprit.

Il enfile sa montre à son poignet et n'a pas plutôt pensé au petit déjeuner commandé pour Isabelle et lui la veille au soir que le garçon d'étage, avec cinq minutes d'avance, le lui apporte sur un plateau, égayé d'un bouquet de roses pompons. A peine ce serviteur attentionné est-il parti qu'Isabelle est là, prête comme lui, aussi reposée et affamée que lui. Il y a des jours, comme ça, où tout s'arrange bien, où tout est facile, où les êtres et les choses obéissent mystérieusement à des ordres qu'on n'a même pas le mal de formuler. Des jours récompenses. Adrien et Isabelle ne doutent pas que ce 14 avril en soit un. Ils sont sûrs de trouver un taxi à l'heure prévue pour leur départ, sûrs qu'il n'y aura pas d'embouteillage jusqu'à l'aéroport, pas de grève surprise, pas de trou d'air et pas même un importun bavard à côté d'eux. Ils sont sûrs aussi que le café et les confitures, toujours assez médiocres dans les hôtels, aujourd'hui vont être bons. Ils le sont... enfin, meilleurs que d'habitude! Les croissants, également. Ils en lancent les restes par la fenêtre ouverte à deux moineaux audacieux venus s'aventurer sur le balcon et qui les becquettent allégrement.

— Dommage qu'on n'ait pas un appareil photo, dit Me Theix.

— J'en ai un!

Pendant qu'Isabelle le cherche dans sa chambre, Adrien, avec beaucoup de précautions, glisse la corbeille tapissée de miettes à portée des oisillons. Quand elle revient, l'un est déjà à l'intérieur de la corbeille; l'autre, sur le rebord, a l'air de faire le guet : clic! clac! clic! clac! Le premier moineau va rejoindre son compagnon... ou sa compagne, avec dans son bec un morceau de mie de pain qu'il partage avec lui... ou elle : clic! clac! clic! clac! Ces deux bestioles posent aussi complaisamment que des modèles de magazine! Ils laissent même Adrien figurer derrière eux sur la dernière photo de la pellicule d'Isabelle; puis, comme s'ils savaient qu'on n'a plus besoin d'eux, ils s'envolent.

— J'espère que les photos seront réussies, dit Me Theix.

— Aujourd'hui, le contraire m'étonnerait.

Ils se sourient puis, subitement, Isabelle pique sur la joue de son parrain un baiser furtif.

— Merci, dit-elle.

– De quoi?

– De tout!

Comme l'attendrissement n'est pas leur fort, ils étouffent tout de suite celui qu'ils ressentent sous la banalité des mots :

– Tu as terminé ton bagage? demande Adrien.

– Oui. Tu veux que je t'aide à faire le tien?

– Je veux bien. Je vais ranger mes affaires de toilette. Occupe-toi du reste.

Isabelle commence par plier la robe d'avocat d'Adrien. Elle sent un renflement dans l'une de ses poches. Elle y enfonce sa main et l'en ressort avec un objet oblong enveloppé d'une feuille d'aluminium. Elle l'emporte dans la salle de bains et le montre à Adrien en riant :

– C'est une banane! Tu avais peur d'avoir faim, hier?

– Non, c'est une bougie.

Incrédule, Isabelle écarte le papier. Mais oui! c'est bien une bougie tout ordinaire, toute bête : celle-là même qu'il y a dix-huit mois Kifétout a mise discrètement dans la valise d'Adrien et qui, de ce jour, a fait office pour lui de talisman.

– A chacun ses amulettes, dit-il en guise d'excuse.

– J'aime bien celle-là! J'ai d'ailleurs l'intention d'offrir un bougeoir à Thomas pour son prochain anniversaire.

– Avec le mode d'emploi, n'oublie pas!

Isabelle est en train de rempaqueter la bougie avec soin quand le téléphone sonne. Adrien va répondre :

– Oui, oui, dit-il dans l'appareil, passez-le-moi.

Puis à Isabelle, sur un ton volontairement infatué :

– C'est le commissaire Baudoin. Il doit vouloir me féliciter.

310

A peine a-t-il entendu la voix de son interlocuteur qu'Adrien se retourne contre le mur, dos à Isabelle, comme s'il voulait échapper à sa curiosité. Apparemment discrète, elle va dans la salle de bains, mais tend l'oreille près de la porte entrouverte. Elle en est pour ses frais : Adrien parle bas et peu. Elle attend, pas très longtemps, qu'il raccroche le téléphone pour rentrer dans la chambre.

D'un seul regard, elle enregistre la pâleur extrême de son parrain, son immobilité totale, sa main crispée encore sur l'appareil, si fort que les tendons en saillent. L'explication lui arrive de plein fouet, sans même qu'elle ait eu le temps de formuler une question :

– Eva... s'est pendue cette nuit dans sa cellule.

A chacun sa façon de réagir devant les coups du sort. Celle d'Adrien, c'est le silence. Celle d'Isabelle, la révolte. Elle l'expulse d'une voix rauque par des jurons venus de ses entrailles nouées et scandés par ses poings contre le mur :

– Merde! Bordel de nom de Dieu de merde! Saloperie de monde! Vie à la con!

Adrien vient doucement près d'elle pour l'exhorter au calme. Elle s'abat sur son épaule et y déverse en pluie d'orage le reste de sa colère. Au bout d'un temps assez long, Adrien parvient à glisser quelques mots à travers les gouttes :

– Je te demande pardon, dit-il.

Elle pense que son parrain fait allusion à la façon brutale dont il lui a annoncé l'affreuse nouvelle et hausse les épaules.

– Il n'y a pas de bonne façon d'apprendre une telle chose, répond-elle.

– Je sais, et ce n'est pas de mon manque de ménagement que je te demande pardon.

– De quoi, alors?

Adrien se détache brusquement des bras d'Isabelle pour lui dire en face :

— C'est moi qui suis responsable de la mort de ta mère.

— Tu es fou!

— Non. C'est ma plaidoirie qui l'a tuée. Enfin... les vérités que j'y ai révélées sur elle. Elle s'est vue... pire, on l'a vue telle qu'elle était, et non telle qu'elle se rêvait. J'ai sauvé sa liberté, mais je lui ai enlevé sa raison d'être.

Isabelle regimbe :

— C'est impossible! Tu supposes seulement... Tu n'as pas de preuve!

— Malheureusement si!

— Elle a laissé une lettre?

— Juste quelques mots écrits avec un crayon à maquillage sur la glace de son lavabo : « Je n'irai plus au bois, les miroirs sont cassés! »

Les yeux d'Isabelle sont vides de larmes et de toute expression. C'est un véritable automate qui répète :

— Les miroirs sont cassés...

— C'est clair, non?

— Pour nous, en tout cas. Nous l'avons, la réponse que nous avons tant cherchée.

— Hélas, oui! Eva croyait à ses mensonges.

Me Theix baisse la tête. Son regard rencontre sa montre. Il y a toujours dans les pires moments un détail ridicule qui vous ramène à la réalité : des tiraillements d'estomac, le sifflement d'une théière... des aiguilles qui tournent sur un cadran.

— Je suis désolé, Isabelle, mais je dois impérativement être à Paris en début d'après-midi. Si on veut attraper notre avion, il faut partir tout de suite.

— Pars! Je le comprends très bien, mais moi je vais rester jusqu'à l'enterrement.

– Je reviendrai, bien sûr, mais là, je te jure que...

– Ne t'inquiète pas. Ça va aller. Il y a Marc, il y a Thomas, il y a Claire. Je les appellerai tout à l'heure. Ça va aller.

– Tu ne m'en veux pas?

– Je t'en voudrais de t'en vouloir. C'est tout. Maintenant, on fait les bagages et tu files.

Le ton d'Isabelle est suffisamment comminatoire pour qu'Adrien se dirige sans trop de honte vers la salle de bains. Devant la porte, il voit la bougie de Kifétout qu'Isabelle, dans sa crise de nerfs, tout à l'heure, a laissé tomber. Il la ramasse, hésite un moment, puis l'emporte, la casse en deux sur le lavabo et en jette les morceaux dans la corbeille. Il enfourne ses objets de toilette dans sa sacoche aussi vite et avec aussi peu de soin qu'Isabelle ses vêtements et ses dossiers dans sa valise.

Ils ont terminé les bagages en même temps et se félicitent que l'horaire les autorise à des adieux brefs et sans attendrissement.

Dans le taxi qui roule vers l'aéroport, Adrien, par association d'idées, pense à celui qui les conduisit, Isabelle et lui, voilà dix-huit mois, d'Orly à son domicile. Avec une précision incroyable, il se rappelle le visage du chauffeur et ce qu'il lui a raconté à propos d'un de ses copains... Emile... Il se rappelle même le nom... Emile, dont il avait sauvé la tête et que la mort avait rejoint dans un accident de voiture à sa sortie de prison. Me Theix se rappelle mot pour mot, il en jurerait, la conclusion du chauffeur : « Moi, à la place de Theix, je l'aurais eue saumâtre! »

Avec Eva, le destin vient de lui jouer un tour identique. Mais cette fois, il ne l'a pas saumâtre! Il l'a douloureuse... Jamais réussite n'a plus ressemblé à un échec.

. Au comptoir d'Air-Inter, l'hôtesse lui tend un message qu'elle vient de prendre pour lui. Il est d'Isabelle. Elle dit :

« J'ai recollé les morceaux de la bougie. C'est celle-ci que je donnerai à Thomas. »

Littérature

Cette collection est d'abord marquée par sa diversité : classiques, grands romans contemporains ou même des livres d'auteurs réputés plus difficiles, comme Borges, Soupault. En fait, c'est tout le roman qui est proposé ici, Henri Troyat, Bernard Clavel, Guy des Cars, Frison-Roche, Djan mais aussi des écrivains étrangers tels que Colleen McCullough ou Konsalik.

Les classiques tels que Stendhal, Maupassant, Flaubert, Zola, Balzac, etc. sont publiés en texte intégral au prix le plus bas de toute l'édition. Chaque volume est complété par un cahier photos illustrant la biographie de l'auteur.

ADAMS Richard	*Les garennes de Watership Down* 2078/**6***
ADLER Philippe	*C'est peut-être ça l'amour* 2284/**3***
	Les amies de ma femme 2439/**3***
AMADOU Jean	*Heureux les convaincus* 2110/**3***
AMADOU J. et KANTOF A.	*La belle anglaise* 2684/**4***
ANDREWS Virginia C.	*Fleurs captives* :
	-Fleurs captives 1165/**4***
	-Pétales au vent 1237/**4***
	-Bouquet d'épines 1350/**4***
	-Les racines du passé 1818/**4***
	-Le jardin des ombres 2526/**4***
	-Les enfants des collines 2727/**5***
ANGER Henri	*La mille et unième rue* 2564/**4***
APOLLINAIRE Guillaume	*Les onze mille verges* 704/**1***
	Les exploits d'un jeune don Juan 875/**1***
ARCHER Jeffrey	*Kane et Abel* 2109/**6***
	Faut-il le dire à la Présidente ? 2376/**4***
ARTUR José	*Parlons de moi, y a que ça qui m'intéresse* 2542/**4***
ATWOOD Margaret	*La servante écarlate* 2781/**4***
AUEL Jean M.	*Les chasseurs de mammouths* 2213/**5*** et 2214/**5***
AURIOL H. et NEVEU C.	*Une histoire d'hommes / Paris-Dakar* 2423/**4***
AVRIL Nicole	*Monsieur de Lyon* 1049/**3***
	La disgrâce 1344/**3***
	Jeanne 1879/**3***
	L'été de la Saint-Valentin 2038/**2***
	La première alliance 2168/**3***
	Sur la peau du Diable 2702/**4***
AZNAVOUR-GARVARENTZ	*Petit frère* 2358/**3***
BACH Richard	*Jonathan Livingston le goéland* 1562/**1*** Illustré
	Illusions / Le Messie récalcitrant 2111/**2***
	Un pont sur l'infini 2270/**4***
BALLARD J.G.	*Le jour de la création* 2792/**4*** (Mai 90)
BALZAC Honoré de	*Le père Goriot* 1988/**2***
BARBER Noël	*Tanamera* 1804/**4*** & 1805/**4***
BARRET André	*La Cocagne* 2682/**6***
BATS Joël	*Gardien de ma vie* 2238/**3*** Illustré
BAUDELAIRE Charles	*Les Fleurs du mal* 1939/**2***
BÉARN Myriam et Gaston de	*L'Or de Brice Bartrès* 2514/**4***
	Gaston Phébus - Le lion des Pyrénées 2772/**6***
BEART Guy	*L'espérance folle* 2695/**5***

1519

Impression Brodard et Taupin
à La Flèche (Sarthe) le 27 avril 1990
6162C-5 Dépôt légal avril 1990
ISBN 2-277-21519-8
1er dépôt légal dans la collection : sept. 1983
Imprimé en France
Editions J'ai lu
27, rue Cassette, 75006 Paris
diffusion France et étranger : Flammarion